SANDRA ROTH-HAUERT

SICH UND ANDERE *stärken*

Resilienz fördern

novum pro

Dieses Buch ist auch als
e-book
erhältlich.

w w w . n o v u m v e r l a g . c o m

© 2021 novum Verlag

ISBN 978-3-99107-676-6
Lektorat: Bianca Brenner
Umschlagfotos: Artday94,
Olga Litvinova | Dreamstime.com
Umschlaggestaltung, Layout & Satz:
novum Verlag
Innenabbildungen:
siehe Bildquellennachweis S. 372

Die von der Autorin zur Verfügung
gestellten Abbildungen wurden in der
bestmöglichen Qualität gedruckt.

Gedruckt in der Europäischen Union
auf umweltfreundlichem, chlor- und
säurefrei gebleichtem Papier.

www.novumverlag.com

Bibliografische Information
der Deutschen Nationalbibliothek:

Die Deutsche Nationalbibliothek
verzeichnet diese Publikation in
der Deutschen Nationalbibliografie.
Detaillierte bibliografische Daten
sind im Internet über
http://www.d-nb.de abrufbar.

INHALTSVERZEICHNIS

VORWORT

Liebe Leserin und lieber Leser,

an diesem Buch schrieb ich schrieb ich über Jahre hinweg. Mehrmals überarbeitete ich es und fügte Änderungen und Ergänzungen ein. Dank der ermutigenden Unterstützung meiner Familie führte ich dieses Vorhaben zu Ende. Die Inhalte entwickeln sich auch nach der Drucklegung weiter. Auch Sie als Leserin oder Leser dieses Buches möchte ich ermutigen, diese weiterzuentwickeln.

Mit den Inhalten, die Sie hier finden, möchte ich mein Wissen und meine Erkenntnisse weitergeben. Diese mögen zur Inspiration dienen, um den eigenen Weg zu finden sowie Menschen zu unterstützen, sich selbst und die eigenen Bedürfnisse klarer wahrzunehmen und diese auch kommunizieren zu können. Das Förderprogramm soll diesen Prozess unterstützen. Es kann allein oder in Gruppen durchgeführt werden. Lehrpersonen haben die Möglichkeit, das Förderprogramm an die Klasse angepasst so zu übernehmen, wie es vorgeschlagen ist.

Durch das Arbeiten mit den Inhalten vertieft sich Ihr Wissen rund um Resilienz und Sie erfahren, wie Sie in alltäglichen Begegnungen, welche für Sie herausfordernd sind, in der Empathie bleiben können. Somit erleben Sie und Ihr Körpersystem weniger Stress. Zudem sind verschiedene Möglichkeiten aufgeführt, welche Sie selbst ausprobieren können, um sich den Alltag zu verschönern.

Herzlichst wünsche ich Ihnen beim Lesen viel Freude und Inspiration!

Sandra Roth-Hauert

EINLEITUNG

Die Bedeutsamkeit von Resilienz spielt für das Leben in unserer komplexen Welt, in der Menschen mit vielerlei Aufgaben, Anforderungen und Reizen konfrontiert sind, eine wichtige Rolle. Durch meine vielfältigen Tätigkeiten hatte und habe ich die Möglichkeit, in verschiedene Erfahrungswelten Einblick zu erhalten. So kann ich im schulischen Alltag beobachten, wie wichtig es ist, dass Menschen einander unterstützen, dass Menschen sich ermutigen und wertschätzend in Beziehung treten. Diese Beziehungsqualität wirkt unter dem Aspekt der Resilienz betrachtet als Ressource, die bei belasteten Lernenden als Schutzfaktor wirken kann.

Dasselbe gilt auch für Familien. Was können Mütter und Väter dazu beitragen, dass Ihre Töchter und Söhne Resilienz entwickeln können? Diese Frage ist eine sehr zentrale Frage, zumal die Familie der Ort ist, in dem die meisten Menschen sozialisiert werden. Familien sind durch unterschiedliche Situationen belastet. Es gibt wohl keine Familie, welche ohne herausfordernde Situationen lebt. Wie mit diesen Situationen umgegangen wird, hängt von vielerlei Aspekten ab. Letztendlich geht es jedoch darum herauszufinden, was es braucht, damit alle Familienmitglieder gesund und zufrieden leben können, ihr Potenzial entwickeln und das in die Welt bringen, was ihnen am Herzen liegt. Widerstände kommen von allein. Wie Menschen damit umgehen, hängt im Wesentlichen davon ab, welche Vorerfahrungen sie als junge Menschen innerhalb der Familie und innerhalb ihres Lebensumfeldes gemacht haben. Wie war das Klima in der Familie und in deren Umfeld? Was wirkte unterstützend? Was haben Menschen bei sich als Ressourcen entdeckt? Wie haben sie diese umgesetzt? Daher gehen Menschen mit Belastungen in sehr unterschiedlicher Weise um. Auch in verschiedenen literarischen Werken kann das Thema Resilienz, das dort nicht mit diesem Begriff vorkommt, gefunden werden. Meine Liebe zur Lyrik und mein großes Interesse am Lesen von Biografien lassen mich seit Jahren darüber staunen, wie es Menschen schaffen, mit äußerst belastenden, teilweise lebensbedrohlichen Situationen einen Umgang zu finden und dennoch einfühlsam und mitfühlend zu bleiben. Besonders deutlich wird dies in den Gedichten von Hilde Domin, die als Dichterin des Dennoch gilt (vgl. Scheidgen, 2009).

Unsere Kissen sind nass
von den Tränen
verstörter Träume.

Aber wieder steigt
aus unseren leeren
hilflosen Händen
die Taube auf.
Hilde Domin

Diese Hoffnungsschimmer, dieses Aufzeigen von Zuversicht hat möglicherweise die beiden Forscherinnen Emmy Werner und Ruth Smith interessiert. Sie begannen in den 50er-Jahren mit über vierzigjährigen Längsschnittstudie im Bereich der Resilienzforschung. Auf der hawaiianischen Insel Kauai begleiteten sie Menschen, die während ihres Lebens verschiedenen Widrigkeiten ausgesetzt waren.

Mit beeinflusst hat sie die Arbeit von Aaron Antonovsky, der sich dafür interessierte, wie es Menschen schaffen, gesund zu bleiben und berufliche Tätigkeiten erfolgreich anzugehen, auch wenn sie beispielsweise die Inhaftierung in einem Konzentrationslager überlebt hatten, während andere Menschen mit derselben Erfahrung nicht mehr Fuß fassen konnten. Er begründete die Theorie der Salutogenese.

Zu diesen Hintergründen wird im ersten Teil des Buches mehr zu lesen sein. Ebenso werden dort aktuelle Bestrebungen in der Resilienzforschung aufgezeigt, soweit sie mir bekannt sind. Zudem sind einige Resilienzförderprogramme, die teilweise zur Prävention erschaffen wurden und teilweise als Intervention gedacht sind, aufgeführt. Anschließend wird aufgezeigt, was Resilienzförderung in der Schule bedeuten könnte und wie das in Teil B vorgestellte Förderprogramm zustande kam. Die verschiedenen Elemente werden theoretisch begründet, damit die Zusammenhänge und der Aufbau verstanden werden können.

Wie bereits erwähnt wird im Teil B das Förderprogramm mitsamt den dazugehörenden Materialien und einem möglichen Lektionsverlauf vorgestellt. Die Einheiten ergänzte ich mit zusätzlichen Ideen zur Durchführung oder Vertiefung. Begonnen wird mit dem Stärken- und Schwächenansatz, welcher in vielen Resilienzförderprogrammen zu finden ist. Anschließend folgt eine Auseinandersetzung mit dem Thema Ressourcen. Gefühle werden als Ressourcen betrachtet und die Bedürfnisse, die dahinterstehen, gesucht. Zum Schluss gibt es eine Einführung in die Gewaltfreie Kommunikation nach Marshall Rosenberg. Dieses Förderprogramm wurde in sechs Schulklassen der Mittelstufe (10 bis 13 Jahre) durchgeführt. Parallel dazu fanden Elternkursabende zum Thema statt. Wenn Menschen, welche Heranwachsende begleiten, über ihre eigenen Stärken, Schwächen, Ressourcen, Gefühle und Bedürfnisse Bescheid wissen sowie selbst resilient sind und eine wertschätzende Kommunikation pflegen können, fällt es ihnen leichter, in Beziehung zu den jungen Menschen zu bleiben, auch wenn es schwierig wird, weil diese Widerstand leisten oder gegensätzliche Meinungen vertreten.

Die Weiterbildung für Mütter und Väter mit diesen Inhalten ist im Teil C dieses Buches vorgestellt. Dort werden die behandelten Themen und mögliche Umsetzungen aufgezeigt. Ergänzend sind weitere Fachbereiche eingeflochten, um Anregungen zu geben, damit sich die Lesenden mittels Literaturstudium in jene Felder vertiefen können, welche sie ansprechen. Wird in einer Schulklasse das Förderprogramm wie vorgeschlagen durchgeführt, so kann es hilfreich sein, wenn Sachkundige beigezogen werden, die Erfahrung und Wissen in den einzelnen Gebieten mitbringen.

Teil D stellt die Glücksinputs vor. Diese wurden während des Förderprogramms als tägliche kurze Impulse durchgeführt. Wie solche Glücksinputs aussehen könnten und weshalb überhaupt die Idee dazu entstand, ist in diesem letzten Teil des Buches nachzulesen. Theoretische Aspekte zur Glücksforschung sind in knapper Form erwähnt, da dies ein eigenes Themengebiet innerhalb der Positiven Psychologie darstellt. Wer sich vertiefen möchte, findet die gesamte von mir verwendete Literatur im Literaturverzeichnis.

THEORETISCHE HINTERGRÜNDE

In diesem Teil werden Begrifflichkeiten erklärt, Möglichkeiten der Resilienzforschung aufgezeigt und Förderprogramme zur Resilienzförderung vorgestellt. Außerdem wird Resilienz im schulischen Kontext und das von mir entwickelte Förderprogramm von der theoretischen Seite her erläutert.

Resilienz

Resilienz ist ein viel genannter Begriff. Er wird in unterschiedlichen Bereichen genutzt, und je länger dies der Fall ist, desto größerer Popularität erfreut er sich. Die Resilienzforschung begann bereits in den 1950er-Jahren und wurde laufend weiterentwickelt. Neue Aspekte und Erkenntnisse kamen hinzu. Insbesondere die Ergebnisse aus verschiedenen Längsschnittstudien waren wegweisend. Erwähnt seien an dieser Stelle die Studie von Emmy Werner und Ruth Smith, die Studie von Jack Block, die Arbeiten von Glen Elder, die Resilienzförderprogramme von Fröhlich-Gildhoff und Rönnau-Böse, die Interventionsprogramme von Günther Opp und Michael Fingerle, die Studien von Ann Masten sowie die Studien von Corina Wustmann Seiler. Diese Aufzählung enthält nur einige der für den deutschsprachigen Raum wegweisenden Resilienzforschenden. Die Zahl der Forschenden im Bereich der Resilienz, welche in ihrem Umfeld vieles bewirken konnten, ist groß und steigt stetig an.

Was ist Resilienz?

Je nach Quelle wird die Herkunft des Begriffs Resilienz unterschiedlich angegeben. Einerseits wird er auf das lateinische Wort ‚resiliere' (= zurückspringen) zurückgeführt, und andererseits heißt es, er stamme vom englischen Wort ‚resilience' (= Spannkraft, Widerstandsfähigkeit, Elastizität). Des Weiteren ist zu lesen, der Begriff sei aus dem Bereich der Werkstoffphysik bekannt und bezeichne Materialien, welche widerstandsfähig und zugleich elastisch seien, das heißt nach einer Kräfteeinwirkung wieder in die ursprüngliche Form zurückkehren. Resilienz wird unterschiedlich definiert und das Verständnis von ihr hat sich im Verlaufe der Jahre gewandelt. In den Anfängen der Resilienzforschung wurde damit Unverwundbarkeit in Verbindung gebracht. Darunter wurde verstanden, dass ein Mensch, der mit Resilienz geboren wurde, allen Widrigkeiten trotzen könne und gesund bleibe. Dieses Verständnis hat sich jedoch mit der Auseinandersetzung und der Erforschung im Rahmen von Längsschnittstudien gewandelt. Nach und nach wurde erfasst, dass Resilienz ein äußerst komplexes Phänomen ist. Jedoch gibt es Klarheit, wenn eine Formulierung festgelegt ist, damit die Lesenden wissen, wie ich den Begriff Resilienz verstehe. Im vorliegenden Werk sei Resilienz wie folgt definiert:

Mit Resilienz wird die Fähigkeit eines Menschen bezeichnet, Krisen und Belastungen im Lebenszyklus mittels persönlicher und sozialer Ressourcen zu meistern und sich dabei weiterzuentwickeln. Dieser Prozess ist dynamisch und multidimensional (vgl. Fröhlich-Gildhoff & Rönnau-Böse, 2014, S. 13; Garbe, 2015, S. 51; Welter-Enderlin, 2012, S. 13).

Mit dynamisch ist gemeint, dass Resilienz ein Prozess ist, und zwar ein sich in Bewegung befindender. Viele verschiedene Faktoren spielen mit, weshalb hier das Wort ‚multidimensional' verwendet wird.

Dennoch möchte ich einige weitere Definitionen erwähnen, welche in der Literatur zu finden sind. Die Forschenden sind bis heute auf der Suche nach einer genauen Begriffsdefinition. Diese zu finden ist deshalb schwierig, weil sich je nach Kontext und Schwerpunkt der Forschenden andere Nuancierungen ergeben. Jedoch spielt der Begriff der positiven Bewältigung mit hinein. Was Menschen darunter verstehen, ist kulturell geprägt, und deshalb fällt das Verständnis davon, was Resilienz ist, unterschiedlich aus. Raffael Kalisch (2017, S. 25) schreibt dazu: „Die großen Differenzen zwischen den einzelnen Definitionen sind natürlich ein Riesenproblem für die Wissenschaft. Wenn unterschiedliche Forscher ganz unterschiedliche Dinge mit demselben Begriff verbinden, wird es schwierig, sich zu unterhalten und auszutauschen."

Als Kurzdefinition könnte der Buchtitel „Resilienz – Gedeihen trotz widriger Umstände" (Welter-Enderlin & Hildenbrand, 2012) betrachtet werden. Die Autoren setzen sich mit den unterschiedlichen Begriffsdefinitionen auseinander. Dabei legen sie folgende Definition fest, welche sie am Kongress in Zürich zum Thema Resilienz im Februar 2005 verwendeten:

Unter Resilienz wird die Fähigkeit von Menschen verstanden, Krisen im Lebenszyklus unter Rückgriff auf persönliche und sozial vermittelte Ressourcen zu meistern und als Anlass für Entwicklung zu nutzen. Mit dem Konzept der Resilienz verwandt sind Konzepte wie Salutogenese, Coping und Autopoiese. Alle diese Konzepte fügen der Orientierung an Defiziten eine alternative Sichtweise bei. (Welter-Enderlin & Hildenbrand, 2012, S. 13)

Ebenso wird der Begriff Resilienz von Corina Wustmann Seiler diskutiert. Sie betrachtet ihn in Bezug auf die Kindheit. „Resilienz meint eine psychische Widerstandsfähigkeit von Kindern gegenüber biologischen, psychologischen und psychosozialen Entwicklungsrisiken" (Wustmann Seiler, 2015, S. 18). In ihrem Buch über Entwicklungstraumatisierungen wird Resilienz wie folgt definiert: „Resilienz ist die Stärke, auf Belastungen bewältigend zu reagieren und dabei stabil zu bleiben" (Garbe, 2015, S. 51). Differenziert zeigt Elke Garbe auf, was Traumatisierung bedeutet. Diese Thematik wird unter den Risikofaktoren aufgegriffen. Die beiden Autoren Rönnau-Böse und Fröhlich-Gildhoff erwähnen unterschiedliche Begriffsdefinitionen und diskutieren diese. Als Konklusion streichen sie heraus, dass Resilienz ein dynamischer Anpassungs- und Entwicklungsprozess, eine variable Größe, sowie situationsspezifisch und multidimensional ist (vgl. Rönnau-Böse & Fröhlich-Gildhoff, 2015, S. 16). Die amerikanische Professorin Ann S. Masten schlägt nachfolgende Definition vor: „Das Vermögen eines dynamischen Systems, sich erfolgreich an Störungen anzupassen, die seine Funktion, Lebensfähigkeit oder Entwicklung bedrohen" (Masten, 2016, S. 27).

Eine solche Definition kann auf unterschiedliche Bereiche angewendet werden, denn schließlich wird Resilienz mittlerweile in unterschiedlichen Kontexten verwendet: Physik, Psychologie, Pädagogik, Therapie, Wirtschaft, Management, Ökosysteme, Versicherungen, um nur einige zu nennen.

Wustmann Seiler erläutert, dass Resilienz eines spezifischen Lebensbereiches nicht auf andere übertragen werden könne. Es gibt Kinder, welche chronischen elterlichen Konflikten ausgesetzt sind und im Bereich sozialer Kontakte nicht resilient sind. Hingegen ist bei ihnen Resilienz in Bezug auf schulische Leistungsfähigkeit zu beobachten. Dies ist auch hinsichtlich anderer Risikofaktoren zu beobachten. Aus diesem Grund wird heutzutage von einer situations- und lebensbereichspezifischen Resilienz gesprochen. Mittlerweile gibt es AutorInnen, welche Bezeichnungen wie „emotional resilience", „academic/educational resilience", social resilience" oder „behavioral resilience" verwenden, damit sie präzisieren können, wovon sie sprechen (vgl. Wustmann Seiler, 2015, S. 32).

Resilienz bedeutet nach heutigem Forschungsstand keine stabile Immunität und absolute Unverwundbarkeit gegenüber negativen Lebensereignissen und psychischen Störungen, sondern ist ein Konstrukt, das über Zeit und Situationen hinweg variieren kann (Rutter, 2000; Waller, 2001). Resilientes Verhalten kann sich in der Entwicklung des Kindes sehr verändern (Scheithauer, Niebank & Petermann, 2000). So können sich neue Vulnerabilitäten und Ressourcen im Laufe der kindlichen Entwicklung und während akuter Stressepisoden herausbilden. Kinder können insofern zu einem Zeitpunkt ihres Lebens resilient sein, zu einem späteren jedoch, oder unter anderen Umständen, wesentlich verletzlicher erscheinen. Im kindlichen Entwicklungsverlauf gibt es Phasen erhöhter Vulnerabilität. Hinzu kommt, dass Studien die kumulativen Effekte im Leben einzelner Menschen aufzeigen, welche Widrigkeiten und Risiken ausgesetzt waren (vgl. Masten, 2016, S. 99).

In Bezug auf den Beginn der Resilienzforschung wird häufig die Kauai-Längsschnittstudie von Emmy Werner und Ruth Smith erwähnt, mit der die beiden Forscherinnen in den 50er-Jahren auf Kauai, einer hawaiianischen Insel, begonnen haben. „Ausgangspunkt der Resilienzforschung war die Kauai-Studie von Emmy Werner und Ruth Smith. Sie beobachteten knapp 700 Kinder über einen Zeitraum von 40 Jahren hinsichtlich ihrer seelischen Selbstheilungskräfte" (Karres, 2016, S. 57). In der gleichen Zeitperiode fand ein Paradigmenwechsel im Gesundheitsbereich statt. Mit dem Begriff der Salutogenese, der von Aaron Antonovsky geprägt wurde, wechselte die Sichtweise auf Gesundheitsfragen. Es ging darum, zu erforschen, was Menschen gesund hält. „Neben der Kauai-Studie geht die Resilienzforschung auf den Gedanken der Salutogenese zurück, der Ende der Siebzigerjahre aufkam und im Konzept des Soziologen Aaron Antonovsky (1923 in den USA geboren) seinen Niederschlag fand" (Karres, 2016, S. 58). Bisher wurde mit der Pathologie der Fokus auf Krankheiten, ihre Entstehung, ihren Entwicklungsverlauf und die Diagnostik gelegt. Antonovsky (1997) erwähnt Bewältigungsstrategien und prägt den Begriff Kohärenzgefühl. Mit Kohärenzgefühl ist das Empfinden von Stimmigkeit gemeint. Damit erklärt er sich, wie es

Menschen beispielsweise gelingen konnte, jahrelange Schwierigkeiten auszuhalten und sich dennoch im Leben zurechtzufinden. Das Kohärenzgefühl wird von drei Faktoren bestimmt: Sinnhaftigkeit, Handhabbarkeit und Bedeutsamkeit.

Exkurs zur Salutogenese

Aaron Antonovsky gilt als Begründer der Salutogenese. Er wuchs in den USA auf und stand während des Zweiten Weltkrieges auf der Seite der Alliierten. Für seinen Einsatz als Soldat musste er sein Studium in Geschichte und Wirtschaft an der Yale-Universität unterbrechen. Später studierte er an der Abteilung für Soziologie an der Yale-Universität, wo er einen M.A. (1952) und einen PhD (1955) erwarb. Im Jahr 1956 wurde er Leiter der Forschungsabteilung des Anti-Diskriminierungsausschusses des Staates New York. Danach arbeitete er als Professor für Soziologie an der Universität Teheran. Zusammen mit seiner Frau Helen (Entwicklungspsychologin) emigrierte er 1960 nach Israel. Neben seiner Tätigkeit als Medizinsoziologe für angewandte Sozialforschung widmete er sich der Stressforschung. Unter der Kohorte befanden sich auch jüdische Frauen, welche in nationalsozialistischen Konzentrationslager inhaftiert waren. Er selbst schreibt:

Im Jahre 1970 geschah etwas, das zu einer absoluten Kehrtwendung in meiner Arbeit als Medizinsoziologe führte. (…) Den absolut unvorstellbaren Horror des Lagers durchgestanden zu haben, anschließend jahrelang eine deplatzierte Person gewesen zu sein und sich dann ein neues Leben in einem Land neu aufgebaut zu haben, das drei Kriege erlebte … und dennoch in einem angemessenen Gesundheitszustand zu sein! Dies war für mich die dramatische Erfahrung, die mich bewusst auf den Weg brachte, das zu formulieren, was ich später als das salutogenetische Modell bezeichnet habe und das 1979 in Health, Stress an Coping veröffentlicht wurde. (Antonovsky, 1997, S. 15)

Anfang des 20. Jahrhunderts wurde der Fokus auf die Erforschung der Entstehung und Entwicklung von Krankheiten gelegt (Pathogenese). Die Einführung des Begriffs Salutogenese durch Antonovsky führte zu einem Paradigmenwechsel. Daraufhin bildeten sich teilweise Gegenpositionen: einige vertraten vehement die pathogenetische Sichtweise und andere die salutogenetische. Eine weitere Gruppe von Personen erkannte, dass es sinnvoll wäre, beide Ansätze in Verbindung zueinander zu sehen, weil beide Sichtweisen ihre Berechtigung, ihre Vor- und Nachteile haben. Antonovsky äußert sich selbst wie folgt dazu:

Nachdem ich somit einen eindeutigen Standpunkt bezogen habe, möchte ich klarstellen, dass ich auf keinen Fall die völlige Aufgabe der pathogenetischen Orientierung propagiere: Es ist beispielsweise wichtig, die Arbeit an der Theorie, Prävention und Therapie von Krebs fortzusetzen, pathogene Konsequenzen von Stressoren zu berücksichtigen und nach Wunderwaffen Ausschau zu halten. Ich plädiere vielmehr dafür, die beiden Orientierungen als komplementär zu betrachten und dafür, dass die intellektuellen und materiellen Ressourcen ausgeglichener verteilt werden, als dies gegenwärtig der Fall ist.
Sollte ich die wichtigste Konsequenz der salutogenetischen Orientierung in einem Satz zusammenfassen, so würde ich sagen: Salutogenetisches Denken eröffnet nicht nur den Weg, sondern zwingt uns, unsere Energien für die Formulierung und Weiterentwicklung einer Theorie des Coping [= Bewältigungsstrategie, Anm. v. S. Roth] einzusetzen. (Antonovsky, 1997, S. 30)

Im Austausch mit seiner Frau Helen über seine Arbeiten und die Suche nach einem passenden Begriff für das Phänomen, das es Menschen ermöglichte, dennoch gesund zu bleiben, schlug Helen den Begriff „Kohärenzgefühl" vor (vgl. Antonovsky, 1997, S. 20). Üblicherweise verwendet Antonovsky in seinen Schriften die Abkürzung SOC. Diese Abkürzung leitet sich vom englischen Begriff *sense of coherence* ab. Das Konzept des SOC war im Wesentlichen kognitiv. Durch das Überprüfen der Protokolle stieß Antonovsky auf drei Themen, welche bei Personen mit hohem Kohärenzgefühl zu identifizieren waren. Diese nannte er Verstehbarkeit, Handhabbarkeit und Bedeutsamkeit. Diese drei Begriffe definiert Antonovsky folgendermaßen:

Verstehbarkeit	Interne und externe Stimuli werden als kognitiv sinnhaft, geordnet, konsistent, willkürlich und als klare Information wahrgenommen.
Handhabbarkeit	Geeignete Ressourcen stehen zur Verfügung, um den Anforderungen zu begegnen, die durch interne und externe Stimuli ausgelöst werden.
Bedeutsamkeit	Das Leben wird emotional als sinnvoll und bedeutsam empfunden. Es ist lohnenswert, in die durchs Leben gestellten Anforderungen Energie zu investieren.

(vgl. Antonovsky, 1997, S. 34 ff)

Zwischen den drei Komponenten gibt es Wechselwirkungen. Sie beeinflussen sich gegenseitig. Hinzu kommt, dass sich das Kohärenzgefühl im Laufe einer Biografie weiterentwickelt. Je jünger ein Mensch ist, desto eingeschränkter kann beispielsweise eine Handhabbarkeit sein, weil Abhängigkeiten von seinem Umfeld ausgehen. Zudem verändert sich die Verstehbarkeit mit zunehmendem Alter. Die Lebenserfahrungen in den ersten Lebensjahren wirken sich auf das Kohärenzgefühl aus. Jedes Lebensalter bringt Entwicklungsanforderungen mit sich, welche zu bewältigen sind. Dieser Aspekt wird in der Resilienzforschung zur Lebensspanne aufgegriffen. Zudem spielt das Risiko- und Schutzfaktorenkonzept bei vielen Forschenden eine Rolle.

Risiko- und Schutzfaktoren

Die Risiko- und Schutzfaktoren werden je nach Autorenschaft leicht unterschiedlich definiert. Nach Fröhlich-Gildhoff und Rönnau-Böse (2014) kann zusammengefasst gesagt werden, dass Risikofaktoren Faktoren sind, welche die Entwicklung eines Menschen hemmen oder beeinträchtigen. Schutzfaktoren hingegen sind Faktoren, die stärkend auf Menschen wirken, welche einer belasteten Situation ausgesetzt sind. Schutzfaktoren können risikomildernd wirken. Zwischen den Risiko- und Schutzfaktoren bestehen Wechselwirkungen, die hochkomplex sind und sich von Individuum zu Individuum unterschiedlich gestalten. Zu Beginn der Resilienzforschung wurde vorwiegend mit Risikofaktoren gearbeitet. So wurden in vielen Längsschnittstudien Menschen, die hohen Risiken ausgesetzt waren, auf ihre Entwicklung hin genauer betrachtet. Beeinflusst durch Antonovskys Arbeiten identifizierten die Forschenden Schutzfaktoren.

Wichtig zu beachten ist, dass sich im Laufe des Lebens Schutzfaktoren zu Risikofaktoren entwickeln können. Säuglinge sind beispielsweise darauf angewiesen, dass sie Menschen um sich haben, welche präsent sind, ihre Bedürfnisse wahrnehmen sowie zu deren Erfüllung beitragen. Sie brauchen fürsorgliche, einfühlsame, liebevolle Bezugspersonen. Einige Jahre später jedoch kann eine solche vollumfassende Fürsorglichkeit die Entwicklung von jungen Menschen ausbremsen, da diese ihr Autonomie-Gefühl leben wollen. Erfahren sie dann, dass sie dies nicht können und ihre Selbstbestimmung zu sehr eingeschränkt wird, können sie ihre Entwicklungsaufgaben nicht angemessen wahrnehmen.

Damit eine Vorstellung davon entstehen kann, was Risiko- und Schutzfaktoren sind, gibt die folgende Tabelle einen Überblick für das Alter von 7 bis 12 Jahren. Die Aufzählung erhebt keinen Anspruch auf Vollständigkeit.

	Risikofaktoren	Schutzfaktoren
Personenbezogen, primär	• Geschlecht (männlich im Schulkindalter/ weiblich in der Adoleszenz) • chronische Krankheiten • genetische Faktoren • Körperbehinderungen • neuropsychologische Defizite • vor- und nachgeburtliche Schwierigkeiten • impulsives Verhalten • hohe Ablenkbarkeit • Hochsensibilität • Hochbegabung	• Geschlecht (weiblich im Schulkindalter/ männlich in der Adoleszenz) • erstgeborenes Kind • stabile Gesundheit
Personenbezogen, sekundär	• unsicherer Bindungsstil • geringe Fähigkeiten zur Selbstregulation von Anspannung und Entspannung	• sicherer Bindungsstil • Resilienzfaktoren als Ressource • Strategien im Umgang mit Stress

Risikofaktoren	Schutzfaktoren
Aus dem Umfeld · Erziehungsstil (Gleichgültigkeit gegenüber dem Kind, körperliche oder psychische Strafen, mangelnde Feinfühligkeit gegenüber dem Kind) · niedriger sozioökonomischer Status (z. B. chronische Armut, Arbeitslosigkeit) · lang andauernde familiäre Disharmonie · elterliche Trennung/ Scheidung · Erkrankungen eines Elternteils · Tod eines Elternteils, Geschwisterkindes oder engen Freundes · Alkohol-/Drogenmissbrauch der Eltern · Kriminalität der Eltern · Wohngegend mit hohem Kriminalitätsanteil · soziale Isolation der Familie · Geschwister mit einer Behinderung · Mobbing durch Gleichaltrige · außerfamiliäre Unterbringung	· mindestens eine stabile Bezugsperson · Erziehungsstil (autoritativ, demokratisch) · Zusammenhalt/Stabilität der Familie · enge Geschwisterbindungen · altersangemessene Verpflichtungen des Kindes im Haushalt · harmonische Paarbeziehung der Eltern · unterstützendes familiäres Netzwerk · hoher sozioökonomischer Status · kompetente fürsorgliche Erwachsene in der Nachbarschaft · Angebote der Gemeinden (Beratungsstellen, Familienbildung, Nachbarschaftshilfe …) · gute Arbeits- und Beschäftigungsmöglichkeiten · Freundschaften zu Gleichaltrigen · Vereine: aktive Teilnahme

	Risikofaktoren	Schutzfaktoren
Schule	• Große Klassen • Hohe Heterogenität in der Klasse • Autismus-Spektrum-Störung/ADHS • Hochbegabung (minderleistend) • Hochsensibilität • zu wenig personelle Ressourcen • Schulunlust • Lernbehinderungen • Beschämungen/Bloßstellungen • negative Fehlerkultur • fehlende oder mangelhafte Zusammenarbeit Kind-Eltern-Lehrpersonen	• klares Schulkonzept • konsistente Regeln • gutes Lehrer-Schüler-Verhältnis • Stärkung des Gefühls der Zugehörigkeit • individuelle Unterstützung • klar kommunizierte Leistungserwartungen • machbare Aufgabenstellungen • positives Klassenklima • Wertschätzung • positiver Umgang mit Fehlern • gute und wertschätzende Zusammenarbeit Kind-Eltern-Lehrpersonen

Zusammenstellung aus verschiedenen Quellen: (Fröhlich-Gildhoff & Rönnau-Böse, Resilienz, 2014); (Werner & Smith, 1976); (Siaud-Facchin, 2012); (Frick, 2015)

Bereits weiter oben wurde erwähnt, dass ein Schutzfaktor je nach Kontext und Person zu einem Risikofaktor für die Entwicklung werden kann. Auch führt nicht jeder Risikofaktor zu einer Entwicklungsgefährdung. Je nach persönlichen Eigenschaften kann ein Risikofaktor auch resilienzfördernd wirken.

Wir müssen im Auge behalten, dass es eine veränderliche Balance zwischen stresserzeugenden Lebensereignissen, die die kindliche Vulnerabilität verstärken, und schützenden Faktoren im Leben der Kinder gibt, die ihre Widerstandskraft stärken. Dieses Gleichgewicht kann sich in jedem Lebensabschnitt verschieben und ist auch abhängig vom Geschlecht des Kindes und dem kulturellen Kontext, in dem es lebt. (Werner E. E., 2008, S. 27)

Das Maß und die Wechselwirkungen spielen eine zentrale Rolle und wirken bei jedem Menschen unterschiedlich. Die Darstellung zeigt das Zusammenspiel von risikoerhöhenden und risikomildernden Bedingungen nach Petermann et al (2004).

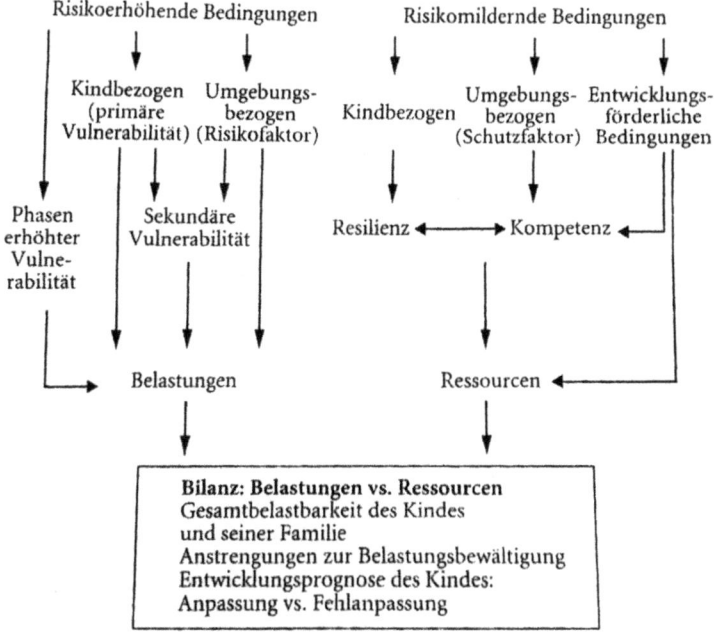

Abbildung 1: (Fröhlich-Gildhoff & Rönnau-Böse, Resilienz, 2014, S. 32)

Nachfolgend werden einige Risiko- und Schutzfaktoren in der Entwicklung von Menschen bis zur Adoleszenz ausführlicher beschrieben. Anschließend folgen einige Bemerkungen zu den Wechselwirkungen.

Risikofaktoren in der Entwicklung von Kindern

Grundsätzlich ist zu sagen, dass das Kindsein an und für sich bereits ein Risikofaktor sein kann, da Kinder von Erwachsenen abhängig sind und insbesondere von deren Wohlwollen und Beziehungskompetenzen. Kinder sind oftmals in ihrer Selbstbestimmung eingeschränkt und das Mitspracherecht wird ihnen je nach Umfeld mehr oder weniger zugesprochen. Viele Kinder verhalten sich dem Familiensystem gegenüber loyal und unternehmen oftmals größte Anstrengungen, sich anzupassen. Allgemein wurden nachfolgende Risikofaktoren identifiziert. „Zu den Risikofaktoren, deren Einfluss auf die kindliche Entwicklung langfristig untersucht worden ist, gehören: wirtschaftliche Notlage der Familie, psychische Krankheit und Alkoholismus der Eltern, Missbrauch und Vernachlässigung der Kinder sowie Komplikationen bei der Geburt des Kindes" (Werner E. E., 2012, S. 28). Nebst den oben genannten Risikofaktoren gibt es weitere, die in Bezug auf das jeweilige Entwicklungsalter von Kindern festgehalten wurden. Die nachfolgende Auswahl von Risikofaktoren, die beschrieben werden, möge einen Einblick geben: 1) physische Beeinträchtigungen, 2) Geschlecht eines Kindes, 3) Hochbegabung/Hochsensibilität, 4) Vernachlässigung, 5) Armut, 6) Trennung der Eltern, 7) Missbrauch/Misshandlung, 8) Migration/Flucht, 9) häufige Bindungsabbrüche, 10) Erziehungsstil, 11) traumatische Erfahrungen, 12) Suchtverhalten der Eltern, 13) biochemische und neurobiologische Aspekte, 14) Tabu-Themen, 15) Scham.

Physische Beeinträchtigungen

Viele Menschen kommen gesund zur Welt und können ihren Körper als gesund erleben und vielseitig einsetzen. Ihre Sinnesorgane sind ohne Beeinträchtigung. Nun gibt es Menschen, die mit körperlichen Beeinträchtigungen zur Welt kommen oder in ihrem Leben einen Unfall erleiden, bei dem plötzlich Körperfunktionen eingeschränkt werden. Diese Behinderungen sind ein Risikofaktor, weil die betroffenen Menschen viele Nachteile erleben und auf mehr Achtsamkeit und Fürsorge ihrer Mitmenschen angewiesen sind. Damit diese Menschen am Leben in der Gesellschaft partizipieren können, benötigen sie bestimmte Hilfsmittel sowie Anpassungen in der Lebensumgebung. Rauh (2008) erwähnt Erkenntnisse aus verschiedenen Langzeitstudien und hält fest:

Die Risiken wurden meist um die Geburt herum erfasst, wobei die biologischen Probleme sich nur auf diesen Zeitraum bezogen, die sozialen Probleme in der Regel von anhaltender Natur waren. Entsprechend ließen sich Nachwirkungen biologischer Risiken am deutlichsten in den ersten Lebensjahren des Kindes nachweisen und nahmen dann an Wirkung ab, während soziale Risiken sich oft über die Lebenszeit kumulierten und erhebliche Langzeitwirkungen aufwiesen. (Rauh, 2008, S. 177)

Hier wird deutlich, dass es Krankheiten gibt, welche auf das gesamte Leben einschneidend wirken können. Sehr oft fällt es nicht auf, wenn ein Mensch eine chronische Krankheit hat und deshalb viel Verständnis benötigt, weil er rascher ermüdet. Diese Menschen müssen meistens Medikamente zu sich nehmen, die unterschiedliche Nebenwirkungen haben. Sie sind darauf angewiesen, dass die Mitmenschen, die für sie verantwortlich sind, dies wissen und gemeinsam nach Wegen zu suchen bereit sind, wie der (schulische) Alltag gestaltet wird, damit die Anforderungen an die Möglichkeiten angepasst sind. Gerade im Bereich der Schule ist das Wissen über Auswirkungen auf einen Körper durch Medikamenteneinnahme zu gering.

Geschlecht eines Kindes

Je nach Umfeld, in dem ein Kind aufwächst, kann das Geschlecht ein Risikofaktor sein, weil Erwachsene Erwartungen an Mädchen oder Jungen haben, die diese nicht erfüllen können. Forschungen zeigen, dass Jungen im Schulkindalter vulnerabler sind als Mädchen. „Die meisten Studien in Nordamerika haben gezeigt, dass Jungen verletzlicher sind als Mädchen, wenn sie chronischer und intensiver familiärer Disharmonie in der Kindheit ausgesetzt sind" (Werner E. E., 2008, S. 27). Womit die erhöhte Vulnerabilität von Jungen zusammenhängt, ist meines Wissens noch nicht geklärt. Allenfalls könnten die hormonellen Entwicklungsunterschiede einen Einfluss haben. Vielleicht sind es auch die Erwartungen an Knaben, welche diese unter Druck setzen.

Hochbegabung/Hochsensibilität

Manchmal sind Hochbegabung und Hochsensibilität gekoppelt. Auch wenn dies nicht der Fall ist, so gibt es im Schulkindalter, manchmal auch schon vorher, herausfordernde Situationen zu bewältigen. Hochbegabung und Hochsensibilität können den Risikofaktoren zugeordnet werden.

> Être surdoué n'est pas une garantie de résilience, ce n'est pas une force en soi. Au contraire, le fait d'être surdoué comporte plutôt des risques de fragilité.
> (Siaud-Facchin, 2012, S. 220)

> Hochbegabt zu sein gibt keine Garantie für Resilienz, es ist keine Stärke an sich. Im Gegenteil birgt die Hochbegabung eher das Risiko der Zerbrechlichkeit.
> (übersetzt von François Cueff)

Die französische Psychologin Jeanne Siaud-Facchin hat viel Erfahrung in der Zusammenarbeit mit hochbegabten Kindern und ihren Familien.

Pourtant, malgré la médiatisation dont ils sont l'objet, malgré la demande des parents, désemparés devant les difficultés scolaires et psychologiques de leur enfant, les surdoués sont mal connus: mal connus des psy, mal connus des enseignants, mal connus des chercheurs. Dans le système scolaire, en dépit des textes de loi qui énoncent le devoir de l'école de s'intéresser à chaque élève dans sa différence, aucune formation spécifique n'est encore dispensée aux enseignants, et l'école avoue son impuissance à gérer et faire réussir cette catégorie d'enfants si différents. (Siaud-Facchin, 2012, S. 19 f.)

Dennoch, trotz der Berichterstattung, die sie in den Medien geniessen, trotz dem Wunsch ihrer Eltern – hilflos gegenüber den schulischen und psychologischen Schwierigkeiten ihres Kindes – werden die Hochbegabten durch die Psychologen, die Lehrer und die Forschung verkannt. Im Schulsystem – trotz der Gesetzgebung, welche die Pflicht der Schule stipuliert, sich jedem Schüler in seiner Eigenartigkeit zu widmen – wird den Lehrkräften immer noch keine spezifische Ausbildung angeboten. Die Schule gibt die Unfähigkeit zu, diese Kategorie von andersartigen Kindern zu bedienen und zum Erfolg zu führen.
(übersetzt von François Cueff)

Hochbegabung wird mehr und mehr zum Thema, doch existieren teilweise Vorstellungen zu Hochbegabung, die den Betroffenen nicht gerecht werden. Karres (2016) schreibt: „Hochbegabung ist nicht nur ein kognitives Potenzial, sondern ist Teil der Persönlichkeit. Erst wenn diese angemessen berücksichtigt wird, kann sich das Potenzial entfalten" (41). Hochbegabte Kinder können

Schwierigkeiten in der Schule haben, wenn sie und ihre andere Art zu denken nicht angenommen werden.

Confronté à de multiples liens associatifs, à de nombreuses idées divergentes, il ne sait plus sélectionner et organiser l'information pertinente qui lui permettra de répondre précisément à la question posée.
(Siaud-Facchin, 2012, S. 104)

Konfrontiert mit mehrfachen assoziativen Verbindungen und zahlreichen auseinander laufenden Ideen, kann er die treffende Information nicht mehr auswählen und einordnen, welche ihm eine präzise Antwort auf die gestellte Frage ermöglichen würde.
(übersetzt von François Cueff)

Hochsensibilität ist ein Bereich, der noch nicht sehr lange erforscht wird. Betroffene Kinder werden manchmal nicht als solche erkannt, leiden jedoch unter den Umweltbedingungen, denen sie ausgesetzt sind. Erwachsene, die mit diesen Kindern im Alltag zurechtkommen wollen, stossen oftmals an ihre Grenzen.

Être surdoué, c'est penser dans un Système différent, c'est disposer d'une forme d'intelligence particulière. C'est aussi grandir avec une hypersensibilité, une affectivité envahissante, qui marquent la personnalité.
(Siaud-Facchin, 2012, S. 19)

Hochbegabt zu sein, heisst in einem anderen System zu denken und über eine besondere Form von Intelligenz zu verfügen. Es bedeutet auch, mit einer Hochsensibilität, einer überbordenden Affektivität aufzuwachsen, Eigenschaften, welche die Persönlichkeit prägen.
(übersetzt von François Cueff)

Hochsensible Menschen denken anders und fallen auf. Viele Kinder unternehmen enorme Anstrengungen, um sich anzupassen, weil sie nicht auffallen wollen. Diese Anpassungsleistung ist kräftraubend. Hinzu kommt, dass diese Menschen durch ihre erhöhte Sensibilität verwundbarer sind. Reichert (2016) schreibt dazu: „Werden ihre Werte nicht ernst genommen, geringgeschätzt, ins Lächerliche gezogen oder gar negiert, sehen sie ihre Authentizität infrage gestellt und sind dadurch oftmals tief verletzt" (S. 45).

Vernachlässigung

Wenn die Bedürfnisse von Kindern übersehen werden oder keine Bezugsperson Anregungen einbringt, fühlen sich Kinder einsam und allein.

Kinder brauchen für gesundes Wachstum ein ausgewogenes Maß an Stimulierung von außen, das sowohl ihr Explorationsbedürfnis als auch ihr Bindungsbedürfnis befriedigt. Es muss Zeiten der Aktion und Zeiten der Ruhe und der Erholung beinhalten. Während wir sexuellen Missbrauch und Misshandlung eher als Überstimulierung verstehen können, als ein zu viel an Reizen, ist Vernachlässigung eher eine Form der Unterstimulierung, also ein zu wenig an Reizen.
(Garbe, 2015, S. 45)

Vernachlässigung kann aus meiner Sicht unterschiedliche Ursachen haben: 1) Eltern sind sich nicht bewusst, dass das Kind Anregungen und einen achtsamen Umgang für eine gesunde Entwicklung benötigt, 2) Eltern haben keine Kraft, sich um das Kind zu kümmern, 3) Eltern sind verunsichert durch die Einmischung des Umfeldes in die Erziehung ihres Kindes, 4) Eltern haben hohe Erwartungen an ihr Kind und freuen sich deshalb nicht über seine Entwicklung, 5) Eltern sind mit dem Begleiten ihres Kindes überfordert.

Kinder, deren Bedürfnisse vom Umfeld nicht wahrgenommen werden, gelangen in einen Mangel. Garbe (2015) schreibt: „Vernachlässigte Kinder sind oft stille Kinder. Sie haben erfahren, dass es sich nicht lohnt, auf sich aufmerksam zu machen, weil sowieso keiner kommt" (S. 46).

Wenn ein Säugling beispielsweise nicht mit ausreichend Flüssigkeit versorgt wird, so stellt dies bereits nach kurzer Zeit im Säugling einen lebensbedrohlichen Zustand dar, verbunden mit den psychischen Reaktionen innerer Panik. Ähnliche Wirkung kann unzureichende Kleidung, Nahrung und fehlende Betreuung haben. Auch ein Mangel an emotionaler Zuwendung, positiver körperlicher Berührung und kognitiver Anregung stellen Formen von Vernachlässigung dar, die bleibende neuronale Schäden hinterlassen können. Häufen sich diese Erfahrungen im Säuglingsalter, bilden sich neuronal innere Muster von erhöhter Stressbereitschaft aus. Diese haben umso mehr diffusen Charakter, je jünger das Kind ist. Der Säugling ist noch nicht in der Lage, die Quelle und den Grund seiner lebensbedrohlichen Situation zu erfassen. Mit zunehmendem Alter erkennt er aber die Bedingungszusammenhänge deutlicher, kann sie kognitiv einordnen und verstehen. (ebd.)

Im Zitat oben wird deutlich, dass ein Mangel an emotionaler Zuwendung ebenso als Vernachlässigung betrachtet werden kann. Einerseits bedeutet dies, dass Kinder von den Bezugspersonen getadelt werden, wenn sie unerwünschte Emotionen zeigen. Andererseits kann es auch sein, dass die Bezugspersonen keine Emotionen zeigen, selbst keinen Zugang zu ihren Emotionen haben und nicht wissen, wie sie mit starken Emotionen umgehen sollen.

Eine sichere Bindung entwickelt sich aus einer Balance zwischen der kognitiven Komponente der Mustersuche (oder später Konzeptsuche) und der emotionalen Komponente der Gefühle. Klammert sich das Kind an die kognitive Information, etwa den gegebenen Zeitrhythmus, erhält aber keine Reaktion auf seine Gefühle oder sogar Abwendung auf seine negativen Gefühle (z.B. bei einer depressiven Mutter), dann beginnt es, seine eigenen negativen Gefühle zu hemmen und, im weiteren Entwicklungsverlauf, eine falsche Heiterkeit aufzusetzen, wenn es Zuwendung erfährt. (Rauh, 2008, S. 186)

Dass auf Gefühle nicht eingegangen wird, hat oftmals mit der eigenen Sozialisierung der Mütter und Väter zu tun, die ebenfalls Gefühle unterdrücken mussten, weil es nicht gesellschaftskonform war. Eltern sind manchmal durch den anstrengenden Berufsalltag und die Herausforderungen in der Betreuung ihrer Kinder, insbesondere Neugeborener und Kleinkinder, so sehr herausgefordert, dass sie erschöpft sind und es ihnen deswegen nicht möglich ist, die (von ihnen selbst) gewünschte Aufmerksamkeit dem Kind gegenüber zu leben.

Forschende untersuchten Mütter und Kinder hinsichtlich ihrer Stressreaktionen. In der ersten Gruppe waren Mütter, welche ihren Kindern viel Zuwendung schenkten, die Mütter in der zweiten Gruppe kümmerten sich hingegen kaum um ihre Kinder. Dies hatte Folgen für die psychosomatische Gesundheit.

Die im ersten Jahr vernachlässigten Kinder dieser Gruppe reagierten stärker auf Stress als jene der anderen Gruppe; sie waren zudem ängstlicher und schüchterner, insbesondere Fremden gegenüber, und sie neigten zu deprimierten Gefühlen und negativen Affekten. Sie fielen aber auch durch eine merkwürdige Asymmetrie der Hirnströme im präfrontalen Kortex auf: Der Frontalkortex der rechten Hemisphäre war bei ihnen viel stärker aktiviert als der linke. (Rüegg, 2009, S. 232f)

Die Ergebnisse zeigten zudem, dass die vernachlässigten Kinder bei Stress einen überhöhten Cortisolwert im Blut aufwiesen. Die

Wahrscheinlichkeit, an stressbedingten psychosomatischen Störungen zu erkranken, ist somit höher. Eine weitere Forschergruppe wies nach, dass sich bei unsicher gebundenen Kindern die Oxytocin-Werte beim Spielen und Kuscheln kaum erhöhten – im Gegensatz dazu stiegen bei den sicher gebundenen Kindern in Spielsituationen die Oxytocin-Werte deutlich an.

Armut

Kinder, die in Armut aufwachsen, sind von ihrem Umfeld her Bedingungen ausgesetzt, die ihnen während der Freizeit geringere Möglichkeiten gestatten. Die Auswirkungen für das einzelne Kind können umso gravierender sein, wenn der Unterschied in der Umgebung zwischen Arm und Reich weit auseinanderklafft, weil ein Kind sieht, welche Möglichkeiten die Gleichaltrigen wahrnehmen können.

Die Erkenntnisse der Armutsforschung zeigen, dass *Armut eine multidimensionale Lebenslage* ist, die im Einzelfall sehr unterschiedliche Merkmale aufweisen kann. Kinder, die in Armutslagen aufwachsen, haben im Vergleich zu materiell und immateriell besser gestellten Gleichaltrigen, *risikoreichere Ausgangsbedingungen*. Die durch Armut erzeugte Risikokonstellation kann eine solche Intensität und Reichweite haben, dass dadurch sowohl das Wohlbefinden als auch die Entwicklungsmöglichkeiten der Kinder beeinträchtigt sein können. In Kategorien des Resilienzkonzeptes formuliert, haben wir es – je nach Ausprägung und Dauer der Armutslage – in der Regel mit einer ‚Kumulation von Risiken‘ zu tun. Außerdem stellt Armut in der entwicklungspsychologischen Betrachtungsweise ein ‚nicht-normatives Risiko‘ dar, im Gegensatz zu ‚normativen‘ Entwicklungsrisiken, die dem kindlichen Entwicklungsprozess inhärent sind.
(Zander M., 2010, S. 122)

Es will jedoch nicht bedeuten, dass Menschen, welche in Armut aufwachsen, vernachlässigt sind oder Gewalt erleben. Die Lebenssituation kann dies vom Umfeld her begünstigen – je nach Wohnort und Wohnsituation. Jedoch kenne ich persönlich einige Familien, welche wenig finanzielle Mittel zur Verfügung hatten und ihr Geld sehr überlegt ausgeben mussten, jedoch ihren Kindern viel Geborgenheit, Schutz und Autonomie vermittelten. Diese jungen Menschen wuchsen mit fürsorglichen und liebevollen Bezugspersonen auf. Dennoch bleibt Armut ein Risikofaktor für die Entwicklung. Teilweise wird der Begriff Armut in erweitertem Sinne verwendet. Kinder, welche zwar materiell gut versorgt, jedoch sich selbst überlassen sind, werden manchmal ebenfalls als von Armut betroffen bezeichnet. Diesen Aspekt ordne ich der emotionalen Vernachlässigung zu. Wie oben im Zitat erwähnt, können armutsbetroffene Kinder von mehreren Risikofaktoren betroffen sein.

Trennung der Eltern

Die Trennung des Elternpaars kann für Kinder belastend oder erleichternd sein. Viele Kinder sind diesem Trennungsprozess ‚ausgeliefert‘, weil in den meisten Fällen die Erwachsenen über die weiteren Schritte entscheiden.

Die Scheidungssituation löst bei Kindern das Gefühl aus, in einer unberechenbaren und nicht gestaltbaren Situation zu leben. Ihr Glaube, ihr Leben in den wichtigen Bereichen der Familie mit gestalten zu können, Entscheidungen mit beeinflussen zu können und alters entsprechende Mitbestimmungsmöglichkeiten zugestanden zu bekommen, geht verloren. Weil auf der Paarebene eine Entscheidung gefallen ist, wird auch die Familie aufgelöst. Über die weitere Zusammensetzung der Familie bestimmen die Eltern aus Sicht des Kindes oft willkürlich und über seine Bedürfnisse hinweg. (Aichinger, 2011, S. 172)

Die Gefahr, dass über die Bedürfnisse der Kinder hinweg entschieden wird, besteht vor allem dann, wenn die Eltern sich weder sehen noch miteinander sprechen wollen. Aichinger (2011) äußert sich zu weiteren möglichen Belastungen von Scheidungskindern: „Weiterhin werden Kinder auch mit neuen Partnern konfrontiert, ohne dass sie darauf Einfluss haben. Zwangsläufig und strukturell bedingt kommt es daher für Kinder zum Einbruch der Selbstwirksamkeitsüberzeugung" (173). Für Kinder ist es herausfordernd, sich auf diese neuen Bezugspersonen einzulassen, insbesondere dann, wenn sie sich von diesen nicht angenommen fühlen.

Dass ein Elternteil die Familie verlässt, lässt ein Kind zweifeln, ob es wertvoll und geschätzt genug ist. Und sein Bemühen um den fehlenden Elternteil, seine Erfahrungen mit der Unzuverlässigkeit der Absprachen, dem Zurückhalten von Unterhaltsbezahlungen und dem Verlassenwerden (nach zwei Jahren hat ein Drittel der Kinder keinen Kontakt mehr zum Vater) kränken seinen Selbstwert. Auch die gegenseitigen Abwertungen der Eltern verunsichert es in seinem Selbstwert als Junge oder Mädchen. Und der ökonomische und soziale Abstieg vermittelt ihm das Gefühl der Unterlegenheit und des Ausgeschlossenseins. Kinder geraten unverschuldet in einen Trennungshaushalt, in dem das Risiko für eine prekäre wirtschaftliche Situation hoch ist.
(Aichinger, 2011, S. 174f)

Je nach Situation in einer Familie kann es für die Entwicklung von Kindern besser sein, wenn ein Elternpaar sich trennt, insbesondere dann, wenn ein Elternteil das Familienleben durch Gewalt oder Süchte belastet und nicht bereit ist, sich damit auseinanderzusetzen. Für Kinder kann es belastend sein, jahrelang in einer familiären Disharmonie leben zu müssen (vgl. Wustmann Seiler, 2015, S. 49).

Missbrauch/Misshandlung

Leider gibt es auch heute noch Kinder, die regelmäßig geschlagen, auf der psychischen Ebene misshandelt oder gar sexuell missbraucht werden.

> Heute unterscheiden wir zwischen psychischer und physischer Misshandlung. Schlagen mit Gegenständen, verbrennen, kneifen, schubsen, stoßen, festbinden, einsperren, zum Essen zwingen sind Formen physischer Misshandlung. Verbale und nonverbale Entwertungen, Missachtungen, Ausgrenzungen, Beschimpfungen und Bestrafungen durch Schweigen sind Formen psychischer Misshandlung.
> (Garbe, 2015, S. 41)

Psychische Gewalt ist sehr schwierig zu erfassen, da sie oft subtil und für Heranwachsende somit noch schwieriger einzuordnen ist als physische Gewalt. In Worte zu fassen, was empfunden und gefühlt wird, ist bei psychischer Misshandlung äußerst anspruchsvoll, weil der Wortschatz dazu oftmals fehlt. Dies trifft ebenso für sexuellen Missbrauch zu.

> Qualitäten von Bindung und Bedrohung werden im Erleben des Kindes verzahnt mit Gefühlen der sexuellen Lust eines körperlich-sexuell ausgereiften Täters. Das Kind schwankt innerlich zwischen den Gefühlen der Scham und der Schuld und der Bedürftigkeit nach Bindung und Zuwendung hin und her. Diese neuronal gespeicherten Erfahrungen machen es vielen Opfern später nur schwer möglich, befriedigende Beziehungen zu sich selbst und zu Anderen aufzubauen, weil diese enge Verzahnung für sie nicht aufzulösen ist. Sie fühlen sich oft zerrissen zwischen ihrem Bedürfnis nach Nähe und ihrer Angst davor.
> (Garbe, 2015, S. 44f)

Kinder, die unter solchen Bedingungen aufwachsen, sind enormen Belastungen ausgesetzt. Auch als Erwachsene leiden diese Menschen häufig.

Migration/Flucht

Flüchtlingskinder haben auf ihrer Flucht unter Umständen Traumatisierendes erlebt. Zudem sind viele von ihnen aus ihrem bekannten Umfeld gerissen worden, haben oftmals nicht einmal verstanden, was geschieht, sondern lediglich mitbekommen, dass die ganze Familie sehr rasch aufgebrochen ist und nach einer langen Reise in einem fremden Land angekommen ist. In diesem Land ist alles anders: Es gelten andere Regeln, die Eltern verhalten sich allenfalls anders als in der Heimat, alle Freunde sind weg und sie müssen zu Beginn in ‚Lagern' leben, in denen sehr viele Menschen wohnen. Sie müssen eine Schule besuchen, in der sie die anderen Kinder nicht verstehen, und werden allenfalls mit einer Schrift konfrontiert, deren Zeichen sie nicht kennen. Die Familie steht unter Druck, weil sie nicht weiß, ob sie im neuen Land aufgenommen wird und bleiben darf. Dieser Druck wird manchmal an die Kinder weitergegeben. Hinzu kommt, dass Eltern für ihre Kinder ein besseres Leben wollen und einige Kinder deshalb unter Leistungsdruck stehen. Zudem können nicht alle Flüchtlingskinder zusammen mit ihren Eltern fliehen. Garbe (2015) schreibt: „Kinder fliehen vor Bürgerkriegen, der Rekrutierung als Soldaten, Zwangsheirat oder Prostitution. So unterschiedlich ihre Geschichten sind, eines haben alle Flüchtlingskinder gemeinsam: die fehlende Zukunftsperspektiven in ihrer Heimat. Viele müssen ihr Land ohne ihre Eltern verlassen" (S. 48 f.).

Häufige Bindungsabbrüche

Die Wichtigkeit einer stabilen Bindung zu Bezugspersonen wird wieder und wieder betont. Brisch (2008) schreibt: „Eine unsichere Bindungsentwicklung dagegen ist ein Risikofaktor, so dass bei Belastungen häufiger eine psychische Dekompensation droht oder Konflikte in einer Beziehung weniger sozial kompetent geklärt werden" (S. 140). Ist eine Bindung an eine Bezugsperson, welche feinfühlig und wertschätzend reagiert, nicht gegeben, erlebt die Person wenig Geborgenheit, Sicherheit und Wertschätzung in ihren jungen Jahren.

Wird das Bindungsbedürfnis von Kindern nicht adäquat beantwortet, kann sich in der Folge auch das Explorationsbedürfnis des Kindes nicht ausreichend entwickeln. Wiederholen sich diese Erfahrungen mit verschiedenen Bindungs- und Betreuungspersonen im Laufe ihrer Entwicklung, gelingt es nicht, ein Grundvertrauen in die Welt aufzubauen. Schließlich kann das Bindungsverhalten zusammenbrechen. Jugendliche lassen sich nicht mehr auf Beziehung ein und sind damit schwer erreichbar und lenkbar. Sie werden schwierig und belastend für neue Bezugspersonen und schliesslich oft nicht mehr aushaltbar. Der Jugendliche erlebt sich als Wesen, welches niemand haben will. (Garbe, 2015, S. 47)

Bowlby weist darauf hin, dass unsicher gebundene Kinder ein Risiko tragen. Ebenso kann die Situation, dass die primäre Bindungsperson weggeht, einen ernsten Risikofaktor darstellen. Zu lange und zu häufige Trennungen von der primären Bezugsperson lassen den Cortisolspiegel bei Säuglingen und Kleinkindern ansteigen, insbesondere dann, wenn die Betreuungspersonen häufig wechseln.

Längere Zeiten ohne Zugang zu einer Bindungsfigur im Rahmen der Tagesbetreuung stellen für die betroffenen

Kinder wahrscheinlich ein entwicklungspsychologisches Risiko dar, ein Risiko, das zwar im Augenblick nicht als solches erkannt wird, das aber die Vulnerabilität der Kinder in Bezug auf später auftauchende soziale und emotionale Probleme möglicherweise erhöht. Eine Tagespflege in Kindertagesstätten ohne die gebührende Kontinuität der persönlichen Betreuung sollte als das erkannt werden, was sie ist: ein die emotionale Entwicklung hemmendes Unternehmen, und in Großbritannien nicht immer noch weiter gefördert werden.
(Bowlby, 2009, S. 222f)

Die Fachpersonen weisen hier auf die Wichtigkeit von Kontinuität in der Betreuung von Neugeborenen und Kleinkindern hin. Wenn ich daran denke, wie schlecht bezahlt die Frauen und Männer sind, welche in Kindertagesstätten arbeiten, so empfinde ich dies als ungerechtfertigt, da diese Menschen eine grundlegende Aufgabe übernehmen. Sie sind jene, die dafür sorgen, dass Menschen, welche nicht durch ihre Mütter und Väter betreut werden, sicher gebunden aufwachsen können.

Alles an uns – Gehirn, Geist und Körper – ist auf Zusammenarbeit in sozialen Systemen angelegt. Dies ist unsere wirksamste Überlebensstrategie, der Schlüssel zum Erfolg unserer Spezies, und genau dies fällt bei den meisten Formen psychischen Leidens aus. Wie wir im zweiten Teil dieses Buches gesehen haben, sind die neuronalen Verbindungen zwischen Gehirn und Körper von größter Bedeutung für das Verständnis menschlichen Leidens; allerdings darf man dabei die Grundlagen unserer menschlichen Existenz nicht ignorieren: Beziehungen und Interaktionen, die unseren Geist und unser Gehirn formen, wenn wir noch jung sind, und die unserem Leben Substanz und einen Sinn geben.
(Van der Kolk, 2016, S. 202).

Erziehungsstil

Der Erziehungsstil, sowohl in der Schule als auch zuhause, kann sich als Risikofaktor erweisen, wenn er von Drohungen, übermäßiger Kontrolle und Bestrafung geprägt ist. Krohne und Hock (1994) untersuchten Zusammenhänge zwischen Erziehungsstil von Eltern und der Entwicklung von Ängstlichkeit bei Kindern und hielten fest: „Durchgängig bestätigt wurde auch die Hypothese, dass die Ängstlichkeit des Kindes mit dem elterlichen Tadel, der Einschränkung und der Inkonsistenz der Erziehung zunimmt" (S. 195). Erwachsene außerhalb des familiären Systems, von denen Kinder abhängig sind, wie beispielsweise Lehrpersonen oder Trainer, können durch oben genanntes Verhalten ebenso Ängste bei den Heranwachsenden auslösen. Ein autoritärer Erziehungsstil schafft häufig Situationen wie sie oben beschrieben sind. Aus diesem Grund gilt ein solcher als Risikofaktor für die Entwicklung von Kindern.

Traumatische Erfahrungen

Wie sich traumatische Erfahrungen bei einem Menschen auswirken, ist von Person zu Person verschieden. Dies zeigen auch viele Beispiele von Holocaust-Überlebenden.

Traumatische Erfahrungen können ein Leben völlig verändern, nichts ist mehr so wie vorher. Wenn der Betroffene Glück hat, gibt es einen Anfang und ein Ende. Also ein Leben vor dem Trauma und eines danach. Die Erfahrung der Sicherheit konnte vorher gemacht werden. Als Ressource hilft sie, das Trauma zu überleben und ermöglicht im Idealfall nach Beruhigung wieder ein sich neu eröffnendes sicheres Leben schrittweise anzunehmen. (Garbe, 2015, S. 22)

Die Folgen von traumatisierenden Entwicklungsbedingungen im Schulkindalter sind Schulversagen, Störungen des Sozialverhaltens, Dysphorie, Lustlosigkeit, depressive Symptome, Selbstwertproblematik, geringe soziale Kompetenz (vgl. Garbe, 2015, S. 37).

Gerade in ihrem Entwicklungsumfeld erfahren traumatisierte Kinder oft schon sehr früh, dass die Bindungsperson kein Gefühl der Sicherheit und Geborgenheit vermitteln kann. Angst, Schmerz und Einsamkeit werden so schnell als Normalzustand wahrgenommen. Erst wenn sie mit anderen Lebenswelten – z. b. der Besuch bei der Oma, der Nachbarin, im Kindergarten, in der Schule – in Berührung kommen und älter geworden sind, fangen sie an zu vergleichen, zu hinterfragen.
(Garbe, 2015, S. 23)

Mit der Traumatisierung gehen oftmals Hilflosigkeit und Ohnmacht einher. Menschen fühlen sich einer Situation ‚ausgeliefert‘. Hinzu kommen nicht selten Schuld- und Schamgefühle, welche vielen verunmöglichen über die Ereignisse zu sprechen, welche zur Traumatisierung geführt haben.

Die meisten Menschen denken, ein Trauma sei ein ‚psychisches‘ Problem oder gar eine ‚Gehirnstörung‘. Ein Trauma passiert auch im Körper. Wir erstarren vor Angst oder aber brechen zusammen, überwältigt und am Boden zerstört in hilflosem Entsetzen. Ein Trauma macht das Leben zunichte.
(Levine, 2010, S. 53)

Menschen mit posttraumatischen Belastungsstörungen (verzögerte, lang anhaltende Reaktion auf ein traumatisches Erlebnis) zeigen oftmals Verhaltensweisen, welche vom Umfeld nicht verstanden werden. Dies erschwert einen einfühlsamen Umgang mit den traumatisierten Menschen, was bewirkt, dass sie weiterhin in ihrer Ohnmacht bleiben und ein Gefühl der Einsamkeit erleben.

Wer sich vertieft mit dem Thema Trauma auseinandersetzen möchte, findet in den Büchern von Peter A. Levine und Bessel Van der Kolk viele wertvolle Hinweise und Informationen dazu. Beide befassen sich seit Jahrzehnten intensiv mit der Thematik.

Suchtverhalten der Eltern

Kinder mit suchtbelasteten Eltern sind mehrfachen Risiken ausgesetzt. Suchtbelastete Personen sind in ihrem Leben mit vielfältigen Schwierigkeiten konfrontiert. Diese bleiben nicht ohne Auswirkung auf ihr Umfeld. „Mütterliche Alkoholabhängigkeit erweist sich – wohl aufgrund der engeren Mutter-Kind-Bindungen und der längeren Interaktionszeiten zwischen Müttern und Kindern – als risikoreicher als eine rein väterliche Abhängigkeit" (Aichinger, 2011, S. 146). Schwierig wird es für die Kinder, wenn beide Eltern suchtbelastet sind. Kinder und Jugendliche mit alkoholhängigen Eltern sind mehrfachen Belastungen ausgesetzt.

1. Sie erleben mehr Streit, konflikthafte Auseinandersetzungen und Disharmonie zwischen den Eltern.
2. Sie sind extremeren Stimmungsschwankungen und Unberechenbarkeiten im Elternverhalten ausgesetzt.
3. Sie geraten häufiger in Loyalitätskonflikte zwischen den Eltern.
4. Sie erfahren weniger Verlässlichkeit und Klarheit im familiären Ablauf. Versprechen, Ankündigungen oder Vorsätze werden häufig nicht eingehalten.
5. Vernachlässigung, sexueller Missbrauch und aggressive Misshandlungen kommen häufiger vor. (vgl. ebd.)

Aichinger (2011) äußert sich zu Kindern von drogenabhängigen Eltern wie folgt: „Die Schädigung bei Kindern von drogenabhängigen Eltern sind in mehreren Bereichen gravierender als bei Kindern Alkoholabhängiger" (S. 148). In der Schweiz kam Anfang 2020 der Film *Platzspitzbaby* in die Kinos. In diesem Film werden viele Aspekte aufgegriffen, welche zeigen, wie sich die

Sucht einer Mutter auf die Mutter-Tochter-Beziehung auswirkt. Auch ist darin zu sehen, wie die Peers auf eine solche Situation reagieren.

Biochemische und neurobiologische Aspekte

Biochemische Prozesse spielen bei jedem Lebewesen eine Rolle und haben Auswirkungen auf das Wohlbefinden. Damit diese wie vorgesehen ablaufen können, benötigt ein Mensch eine vitamin- und mineralstoffreiche Nahrung. Bei Mangelernährung, die unterschiedliche Ursachen haben kann, fehlen unter Umständen einzelne Stoffe. „Fehlt am Anfang der Produktionskette ein Vitamin, kann weiter hinten in der Herstellung auch nichts laufen, oder es müssen Umwege gemacht werden. Der Stoffwechsel verlangsamt sich und Ihre Leistungsfähigkeit fällt ab" (Jopp, 2010, S. 16).

Der Neurowissenschaftler Gerald Hüther hat sich den Risikofaktoren für die Gehirnentwicklung gewidmet. Er betont, dass bereits vorgeburtlich gemachte Erfahrungen sich im Hirn verankern und das Fundament für alle weiteren Lernerfahrungen bilden, da ein Mensch jede neue Erfahrung an etwas anknüpft, das bereits da ist. Je sicherer ein Mensch ist, desto größer ist seine Bereitschaft, etwas Neues auszuprobieren. Da der Mensch mit einem offenen, lernfähigen, durch eigene Erfahrungen formbaren Gehirn zur Welt kommt, können die Einflüsse aus dem Umfeld eines Heranwachsenden prägend wirken. Um die Hirnstrukturen ausformen zu können, brauchen bereits Neugeborene die lebendige Interaktion mit anderen Menschen. Immer dann, wenn zu einem späteren Zeitpunkt die gleichen neuronalen Netzwerke aktiviert werden, kommt es zu einem „Wiedererkennen". Zudem wirken neue Erfahrungen bis auf die Ebene der Gene. Dies wiederum hat eine Wirkung auf die Gensequenzen, welche entweder abgeschrieben oder stillgelegt werden. Zu Beginn der Entwicklung wird die erfahrungsabhängige Neuroplastizität im Gehirn am stärksten geprägt. Dass die Lernfreude, Neugierde und Begeisterungsfähigkeit bei vielen Kindern bereits vor dem Schuleintritt verkümmert, hat mit den Bedingungen zu tun, unter denen eine Person aufgewachsen ist. Verunsicherungen, Angst und Druck lösen im Gehirn Unruhe aus. Diese Unruhe kann so groß werden, dass daraus ein Durcheinander entsteht, sodass auch bereits Gelerntes nicht mehr erinnert werden kann. Menschen fallen dann auf alte, festgefahrene Denkweisen (Angriff, Verteidigung, Rückzug) zurück (vgl. Hüther, 2008, S. 45 ff.). Zu biologischen Risikofaktoren gibt es bisher wenige Studien. In diesen wurden Zusammenhänge zwischen einem emotional-modulierten Schreckreflex und der Lateralisierung frontaler kortikaler Hirnaktivierung aufgezeigt. Diese lassen bereits im Alter von zehn Monaten die kindliche Reaktion auf eine vorübergehende, kurze Trennung von der Mutter vorhersagen. Des Weiteren wurde eine Studie durchgeführt, welche sich auf das Erforschen des serotonergen Systems konzentrierte. Dabei wurde beobachtet, dass Menschen mit einer oder zwei Kopien des kurzen Allels des Serotonin-Transporter-Gens (5-HTT) mehr depressive Symptome in Abhängigkeit von belastenden Lebensereignissen zeigten als jene Menschen mit dem langen Allel desselben Gens. Eine weitere Untersuchung zeigte, dass sich delinquente Jugendliche von unauffälligen jungen Erwachsenen dadurch unterschieden, dass sie im Alter von 15 Jahren einen höheren Ruhepuls sowie eine erhöhte Hautleitfähigkeit aufwiesen. Auf diese Weise wurden vereinzelt Risikofaktoren oder protektive Faktoren im Bereich der biologischen und physiologischen Entwicklung ermittelt (vgl. Holtmann & Laucht, 2008, S. 32 ff.).

Tabu-Themen

Gesellschaftlich bedingt gibt es unterschiedliche Tabuthemen wie beispielsweise Scham oder Aggression. Familien, die Tabuthemen oder Familiengeheimnisse aufrechterhalten, können unter Umständen die Entwicklung der Kinder hemmen. „Zwischenmenschliche Beziehungen und die Entwicklung von Resilienz werden nicht durch den Schutz der Privatsphäre behindert, sondern vielmehr durch Heimlichtuereien" (Imber-Black, 2012, S. 100). Wenn nicht in Frage gestellt werden darf oder gewisse Themen nicht aus- und angesprochen werden dürfen, kann dies unter Umständen für die Kinder zur Belastung werden.

> In Suchtfamilien wird mit Kindern meist nicht über die Sucht und die damit verbundenen Erfahrungen geredet, sie wird verharmlost, verdrängt oder tabuisiert. Diese massive Verleugnung dient der Abwehr der Familie, ist oft der einzig gangbare Weg, um trotz zahlloser Enttäuschungen, Verletzungen, Ängste und Schuldgefühlen weiter leben zu können. Daher ist es für Kinder, vor allem für Kinder unter zehn Jahren, äußerst schwer, über ihre Erlebnisse zu reden, ohne das Tabu der Familie zu brechen. (Aichinger, 2011, S. 152)

In jeder Familie gibt es vermutlich Tabus. Manchmal sind diese nicht bewusst, die Kinder spüren jedoch, dass da Themen sind, über die nicht gesprochen werden darf. Es kann sein, dass diese die Entwicklung eines Kindes nicht beeinträchtigen. Manchmal ist es für die Kinder hilfreich, wenn sie außerhalb der Familie unbelastet sind von diesen Themen. So können sie sich unbeschwert erleben und werden nicht mit Mitleid konfrontiert. Mitleid wird oftmals als Belastung erlebt.

Scham

Scham könnte unter die Tabu-Themen eingeordnet werden, da dieses Gefühl gesellschaftlich gesehen tabuisiert wird. Es ist jedoch ein so großes Themengebiet, dass es sich lohnt, darüber zu schreiben und nachzudenken. Beschämungen und Bloßstellungen erleben viele Menschen im Alltag, und erfahren dabei, wie zerstörerisch diese wirken können.

Wir leben in einer Welt, in der die meisten Menschen immer noch der Meinung sind, dass Scham ein gutes Instrument sei, um jemanden ,zur Ordnung zu rufen'. Das ist nicht nur falsch, es ist auch gefährlich. Scham korreliert sehr stark mit Sucht, Gewalt, Aggression, Depression, Essstörungen und schikanösem Verhalten gegenüber Schwächeren.
(Brown, 2013, S. 93)

Scham ist so facettenreich und manchmal auch nicht eindeutig zu erkennen. Viele Menschen sind sich auch nicht bewusst, dass sie durch ihre Aussagen oder ihr Handeln andere beschämen oder beschämt haben. Selten wird es wohl auch Beschämte geben, welche diesen Umstand aus- und ansprechen. Viel eher ist es so, dass sich die beschämten Personen zurückziehen und darüber schweigen. Manchmal tun sie dies auch, weil sie die Schuld bei sich suchen. Leider beeinträchtigt dies auch die Beziehungen zu anderen Menschen. Der französische Psychotherapeut Boris Cyrulnik schreibt dazu: „Man passt sich an die Scham an – indem man ausweichende Verhaltensweisen annimmt, sich vergräbt oder sich zurückzieht. All das beeinträchtigt die Beziehungen" (Cyrulnik, 2011, S. 30). Mit ein Grund für das Schweigen ist auch die Reaktion der anderen, die befürchtet wird. Diese können die Einsamkeit eines Menschen vertiefen, weil er sich weder gehört noch ernst genommen fühlt. Das ist der Grund, aus dem es für Opfer oftmals so schwierig ist, über das Erlebte zu sprechen. Die Reaktionen, die bei den Zuhörenden ausgelöst werden, können nicht vorausgesehen werden. Stephan Marks unterscheidet zwischen verschiedenen Arten von Scham. Er nennt die Anpassungsscham, welche nach außen gerichtet ist. Sie wird ausgelöst, wenn ein Mensch die Normen und Erwartungen der Gruppe oder der Gesellschaft nicht erfüllt. Darunter fällt auch die Körperscham, weil ein Körper nicht dem ,Ideal' der Gesellschaft entspricht. Ein Mensch kann diese Scham sich selbst gegenüber empfinden oder durch Bemerkungen von außen beschämt werden. Zudem gibt es Menschen mit erblichen Krankheiten, welche sichtbare Auswirkungen auf den Körper haben. Die Betroffenen und ihre Familien leiden oftmals schon sehr darunter und werden in der Öffentlichkeit regelmäßig mit abschätzigen Bemerkungen konfrontiert, anders ausgedrückt *beschämt*. Zudem ist die Anpassungsscham kulturbedingt. Eine weitere Form von Scham ist die Gruppen-Scham. Diese Form von Scham kann einzelne Personen, Gruppen, Familienangehörige oder eine Nation betreffen. „Als *Gruppen-Scham* bezeichne ich die Schamgefühle in Bezug auf andere Personen, die von den herrschenden Normen, Werten oder Verhaltensweisen abweichen: Man schämt sich ‚für‘ sie" (Marks, 2011, S. 25). Des Weiteren gibt es die empathische Scham. Diese wird dann empfunden, wenn ein Mitmensch beschämt wird und die Zeugen mitfühlen. Diese Art von Scham kommt unter anderem auch in Schulklassen vor. Die Intimitäts-Scham ist eine Art von Scham, welche die schützende Funktion von Scham anspricht. Sie spricht die Grenze der Privatsphäre eines Menschen an. Sie hat demnach auch zwei Ausrichtungen. Einerseits schützen wir Teile unserer Persönlichkeit und andererseits wägen wir stets ab, wie weit wir uns zeigen wollen. Dies hängt von unterschiedlichen Faktoren ab und wird uns meist erst dann bewusst, wenn eine Grenze verletzt wurde. „Intensive oder wiederholte Verletzungen der Intimitäts-Grenzen können zu pathologischer und im Extrem zu traumatischer Scham führen" (Marks, 2011, S. 30). Eine weitere Form von Scham ist die Gewissensscham. Diese ist dazu da, die Integrität eines Menschen zu schützen, und sie verursacht Schuldgefühle, wenn wir nicht in Übereinstimmung mit unserem Gewissen gehandelt haben.

Schutzfaktoren in der Entwicklung von Kindern

Schutzfaktoren wirken stärkend auf einen Menschen, der einer belastenden Situation ausgesetzt ist. Sie können vorhandene Risikofaktoren abschwächen. Schutzfaktoren haben bei Menschen ohne Belastungen oftmals keine Wirkung.

Zu den Schutzfaktoren für Resilienz gehören:

- positive Lebensmodelle (Vorbilder),
- Entwicklung von guten Beziehungen zu Vertrauenspersonen,
- Entwicklung von Eigenverantwortlichkeit,
- Beziehungen, die auf Gegenseitigkeit angelegt sind,
- Glaube an die eigene Kraft, der es ermöglicht, Schwierigkeiten anzupacken, Überwindung der Tendenz, sich als Opfer zu fühlen,
- Entwurf realistischer Ziele im Rahmen einer Langzeitperspektive, gut für sich selber sorgen,
- mit Mut auf belastende Lebensereignisse zu reagieren.

(Welter-Enderlin, 2010, S. 20)

Für Kinder ist es wichtig, dass sie viele Erfahrungen sammeln können, in denen sie sich selbstwirksam erleben. „Multiple schützende Bedingungen – also multiple Ressourcen – können die Chance für eine gute Anpassung trotz schwieriger Lebensbedingungen erheblich verbessern (sie summieren oder verstärken sich dann gegenseitig)" (Wustmann Seiler, 2015, S. 47). Nachfolgend werden einige Schutzfaktoren näher beschrieben: 1) Sichere, wertschätzende Beziehungen, 2) Autonomie, 3) Interessen/Hobbys, 4) Humor, 5) Freundschaften, 6) Erziehungsstil, 7) Trennung der Eltern, 8) Biochemische Aspekte. Diese Auswahl erhebt keinen Anspruch auf Vollständigkeit.

Sichere, wertschätzende Beziehungen

Bindungssicherheit wird in der Resilienzforschung als Schutzfaktor betrachtet. „Mit Bindungssicherheit geht eine größere Kompetenz im Umgang mit emotionaler Belastung, d. h. einer effektiven Emotionsregulation, einher; ein sicheres Bindungsverhalten stellt insofern eine gute Voraussetzung dar, um Belastungen erfolgreich bewältigen zu können" (Wustmann Seiler, 2015, S. 99). In der Kauai-Längsschnittstudie wurden die resilienten Kinder ebenfalls hinsichtlich ihrer Beziehungen zu anderen betrachtet.

The resilient children also found emotional support outside of their own families. They tended to have at least one and usually several close friends, especially girls. (Werner & Smith, 2001, S. 58)

Die resilienten Kinder fanden auch emotionale Unterstützung ausserhalb ihrer eigenen Familie. Sie neigten dazu, mindestens einen, gewöhnlich sogar mehrere enge Freunde, vor allem Mädchen, zu haben.
(übersetzt von François Cueff)

Indem sich diese Kinder Hilfe holen konnten und diese Unterstützung erhielten, erlebten sie sich selbstwirksam. Brisch (2008) äußert sich wie folgt: „Sicher gebundene Kinder reagieren mit einer größeren psychischen Widerstandskraft (‚resilience') auf emotionale Belastungen, wie etwa eine Scheidung der Eltern" (S. 140).

Warmes-wertschätzendes, ferner stimulierendes sowie wenig dirigierendes Verhalten von 90 Müttern gegenüber ihren Kindern in Verkehrsmitteln, Wartezimmern von Ärzten und Restaurants – durch Beobachter mitprotokolliert – hing zusammen mit größerer Spontaneität und Selbstständigkeit ihrer Kinder sowie mit harmonischer-gelöster-entspannter Beziehung zwischen Mutter und Kind. (Tausch & Tausch, 1979, S. 150)

Laut Bowlby sind Menschen auf der biopsychischen Ebene daran interessiert, emotionale Bindungen einzugehen und aufrechtzuerhalten, weil ihr Überleben untrennbar damit verbunden ist. Nachfolgende Grundannahmen liegen der Bindungstheorie nach Bowlby zugrunde:

1. Enge emotionale Bindungen zwischen Individuen haben einen primären Status und eine biologische Funktion;
2. die Art, wie mit einem Kind umgegangen wird, ist von erheblichem Einfluss auf seine Entwicklung und auf das spätere Funktionieren seiner Persönlichkeit;
3. Bindungsverhalten muss als Teil eines Organisationssystems gesehen werden, das sich ein ‚inneres Arbeitsmodell‘ des Selbst und der andren zunutze macht, an dem sich Erwartungen und Verhaltensplanungen ausrichten können;
4. Bindungsverhalten ist grundsätzlich verhaltensresistent, es gibt aber ein immer vorhandenes Veränderungspotenzial, so dass es lebenslang sowohl schädlichen wie günstigen Einflüssen zugänglich bleibt. (Steele, 2009, S. 336)

Da die Prägung des Bindungsverhaltens grundlegend wichtig ist und sich auf späteres Verhalten auswirkt, sind die Pflege und Betreuung von Säuglingen relevant. Es wurde nachgewiesen, dass die Hirnstrukturen von Kindern, die Fürsorglichkeit und Geborgenheit erfahren haben, anders aussehen als jene von misshandelten Kindern (vgl. Steele, 2009). Karl Heinz Brisch schreibt, dass eine sichere Bindungsentwicklung für psychischen Schutz bei auftretenden Widrigkeiten im Leben sorge. Bindungspathologisch geschädigten Kindern kann durch das Vermitteln von viel Sicherheit und Ressourcen ein emotionaler Heilungsprozess angestoßen werden, sodass diese auf neue, emotional sichere Bindungserfahrungen zurückgreifen können (vgl. Brisch, 2009). Kinder spüren, unabhängig davon, was sie erlebt haben, welche Personen Sicherheit und Verlässlichkeit auf der Beziehungsebene geben. Dies können nebst Mutter und Vater auch NachbarInnen, Lehrpersonen, Verwandte oder FreundInnen der Eltern sein.

Diese positiven Erfahrungen im Bereich der Beziehung zu anderen Menschen können sich zu einem späteren Zeitpunkt als Schutzfaktor erweisen.

Autonomie

Das Autonomiebedürfnis ist eines der psychologischen Grundbedürfnisse. Viele Kinder wollen die Welt, die sich mit jedem Lebensalter erweitert, entdecken. Sie sind neugierig und wollen lernen. Bei ihren Erkundigungen stoßen sie an Grenzen und lernen mittels geeigneter Unterstützung auftretende Schwierigkeiten zu bewältigen. Frick (2011, S. 209) schreibt: „Die erfolgreiche Bewältigung von Schwierigkeiten und Krisen kann übrigens sogar die Entwicklung zusätzlich fördern (Erwerb von Handlungskompetenzen und Coping-Strategien, die auch für spätere Problem- und Stresssituationen nützlich sein können)." Erwachsene, die dieses Streben achtsam begleiten und dafür sorgen, dass eine dem Kind angepasste Ausgewogenheit zwischen Entdeckerfreude und Schutz gewährleistet ist, ermöglichen Heranwachsenden Erfahrungen, welche ihre Autonomie fördern (vgl. Frick, 2011, S. 159). Die jungen Menschen erleben sich selbstwirksam und lernen sich selbst und ihre Möglichkeiten realistisch einzuschätzen. Bei jedem Menschen ist dieses Bedürfnis nach Autonomie unterschiedlich. Deshalb ist es wichtig, dass die Bezugspersonen individuell auf dieses Bedürfnis eingehen. Autonomie hängt auch mit Selbstbestimmung zusammen. Menschen wollen gerne selbst bestimmen, was sie zu tun gedenken oder lieber bleiben lassen. „Um dieses Bedürfnis befriedigen zu können, müssen Menschen sich selbst als Urheber/innen ihres eigenen Verhaltens wahrnehmen" (Martinek, 2014, S. 7).

Interessen/Hobbys

Menschen, welche eigenen Interessen und Hobbys nachgehen, eignen sich erweiterte Fähigkeiten und Fertigkeiten auf einem Gebiet an. Die Heranwachsenden erfahren, dass sie in diesem Bereich Fortschritte machen und erleben sich selbstwirksam. Oftmals werden Hobbys innerhalb von Interessensgruppen ausgeübt. So kommen die Kinder miteinander in einen Austausch, teilen

Freude und manchmal auch Frustration, beispielsweise wenn die eigene Mannschaft einen Wettkampf verliert oder ihr gestecktes Ziel nicht erreicht.

Freizeitbeschäftigungen bedeuten eine Abwechslung oder gar eine Gegenwelt zum belastenden Alltag und verhelfen unter günstigen Umständen zu einer Selbstwertstabilisierung. Besonders wenn sie mit FreundInnen geteilt werden können, können sie Trost, Abwechslung, Freude, Ablenkung oder Bestätigung vermitteln. (Frick, 2011, S. 208)

Nachfolgend werden drei Interessensgebiete und deren mögliche Wirkung als Schutzfaktoren beschrieben. Manche Menschen wenden sich der Musik zu. Auf diese kann in unterschiedlicher Weise zurückgegriffen werden, einerseits durch Hören, andererseits durch das aktive Musizieren. Bereits ab der 28. Schwangerschaftswoche ist es dem Fötus möglich, Gehörtes zu verarbeiten, sei es die Stimme der Mutter, des Vaters oder Musik, welche die Mutter hört. Zusammen mit dem Gehörten werden auch die emotionale Stimmung und die Bewegungen zur Musik wahrgenommen. Null- bis Sechsjährige mögen es, Klangquellen sehend und hörend zu erkunden und zu fühlen. Zudem hat Musik (auch das Summen) Auswirkungen auf den Atem und den Herzrhythmus (vgl. Wybronik, 2016).

Junge Menschen spielen gern. Dabei erkunden sie die Welt und sammeln Erfahrungen. Das Spielen unterstützt die Entwicklung und regt die Kreativität an. Im Spiel erleben sich Menschen mit allen Sinnen und eignen sich ,nebenher' diverse Fertigkeiten an. Manche Personen können sich diese Spielfreude bis ins hohe Lebensalter erhalten.

Viele Menschen brauchen Bewegung, um sich wohlzufühlen. Welche Art der Bewegung ein Mensch für sich wählt, hängt von seinen Vorlieben ab. Im Vorschulalter mögen es die Allermeisten, sich frei zu bewegen und ihre Umgebung auf diese Weise zu erkunden, sei es dass sie auf Bäume klettern, über Mauern balancieren, einen Bach durchwaten, Ski fahren lernen, schwimmen, Fahrrad fahren, Stelzen laufen oder akrobatische Übungen ausprobieren. Diese Bewegungserfahrungen sind im Körper gespeichert und können wieder abgerufen werden. Zudem erleben sich Menschen selbstwirksam, wenn sie eine neue Bewegungsqualität erfahren und erlernen.

Humor

Kinder lachen häufig. Ihr Lachen wirkt umso freier und unbeschwerter, je jünger sie sind. Humor, der nicht auf Kosten anderer geht, hilft Menschen, mit schwierigen Lebenssituationen umzugehen. Dazu meint Frick (2011): „Mit Humor können schwierige Situationen emotional besser reguliert werden, etwa durch Ablenkung und Distanzierung. Humor ermöglicht zudem einen Perspektivenwechsel" (S. 208).

Es gibt Humortraining oder Lach-Yoga. Dort werden Möglichkeiten aufgezeigt, wie das Lachen und der Humor im Alltag vermehrt gelebt werden können.

Freundschaften

Soziale Einbindung ist eines der drei psychologischen Grundbedürfnisse. Wird sie ausreichend erfüllt, so wirkt sie als Schutzfaktor. Für alle Menschen sind soziale Kontakte zu anderen von Bedeutung. Freundschaften zu Gleichaltrigen sind für die Heranwachsenden wichtig. Sie lernen sich sozial-emotional zu verhalten und erleben Gemeinschaft.

Freundschaften verstärken sich durch ähnliche Vorlieben und Abneigungen und vertiefen sich dann besonders im Schulalter. Damit werden Freundschaften stabiler, Freunde weniger austauschbar und unverwechselbarer. Freundschaft bedeutet nun eine reziproke Beziehung, das heißt

Freunde gehen gegenseitig auf ihre Bedürfnisse ein, sie unterstützen, trösten und helfen einander bei der Lösung von Problemen. (Frick, 2011, S. 142)

Des Weiteren wirken auch freundschaftliche Beziehungen zu Erwachsenen, beispielsweise Großeltern, Nachbarn oder Tanten und Onkel, unterstützend, insbesondere dann, wenn die jungen Menschen sich dort Hilfe zu holen trauen. Werner (2008) schreibt: „Die Jungen und die Mädchen, die in ihrer Kindheit auf umfangreiche emotionale Unterstützungsangebote zurückgreifen konnten, erlebten weniger Stress im weiteren Lebenslauf als andere, die weniger emotionale Unterstützung erlebt hatten" (S. 321).

Erziehungsstil

Wustmann Seiler (2015) weist darauf hin, dass die Förderung eines autoritativen Erziehungsstils, einer konstruktiven Kommunikation, eines positiven Modellverhaltens, effektiver Erziehungstechniken, des elterlichen Kompetenzgefühls und der elterlichen Konfliktlösestrategien einen positiven Effekt auf die Beziehung zum Kind nach sich zieht (S. 137). Der autoritative Erziehungsstil ist einerseits geprägt durch demokratisches Verhalten und andererseits durch das Festlegen von Grenzen, welche der Entwicklung des Kindes angepasst sind. Tausch und Tausch (1979) schreiben zu den Auswirkungen von Achtung-Wärme-Rücksichtnahme: „Achtung–Wärme fördert bei gleichzeitiger Echtheit und fördernden nicht-dirigierenden Einzeltätigkeiten die seelische Funktionsfähigkeit, die seelische Gesundheit und den gefühlsmäßigen Erlebnisreichtum des anderen" (S. 146).

Frank (2008) orientiert sich an den Grundannahmen von Tausch und Tausch (1979), wenn sie über die Bedeutung der emotionalen Beziehung zwischen Lehrpersonen und Lernenden schreibt:

Demnach sind vor allem vier Elemente der emotionalen Beziehung zwischen Lehrer und Schüler von Bedeutung:

- Achtung, Wärme, Rücksichtnahme
- Vollständiges empathisches Verstehen
- Echtheit, Übereinstimmung, Aufrichtigkeit
- Förderliche, nicht-dirigierende Einzelaktivitäten

Diese bilden zusammen die Grundlage für personenzentrierte Unterrichtung und Erziehung. In diesen Elementen wird ein Zusammenhang zum Vertrauenskonzept ersichtlich. (Frank, 2008, S. 77)

Die oben genannten vier Elemente können auf die Beziehung zwischen Eltern und Kindern übertragen werden.

Ein solcher Umgang ermöglicht es den Kindern sich weiterzuentwickeln und in ein selbstbestimmtes, selbstorganisiertes Handeln zu kommen. In einer solchen Atmosphäre gelingt es den Kindern eher mit Frustration umgehen zu können. Zudem wird die Beziehungsfähigkeit gestärkt. Dies ist besonders für Kinder wichtig, die Entwicklungsrisiken ausgesetzt sind oder waren. „Selbstvertrauen, Autonomie und Kompetenz entwickeln sich in einem Zusammenspiel von kindlicher Aktivität mit der unterstützenden Kommunikation durch fürsorgliche Erwachsene" (Opp, 2008a, S. 234).

Familiärer Zusammenhalt

„Neben dem positiven Erziehungsklima erwiesen sich in den meisten Untersuchungen zu Resilienz *familiale Stabilität* und *familiärer Zusammenhalt* (Kohäsion) als wesentliche Schutzfaktoren" (Wustmann Seiler, 2015, S. 110). Kinder, die über Jahre hinweg in einem angespannten oder konfliktreichen familiären Umfeld leben, können es als erlösend erleben, wenn sich Eltern trennen (vgl. Wustmann Seiler, 2015, S. 49). Zwar vermissen sie den anderen Elternteil, aber der entspanntere Alltag kann sich für sie als segensreich und entwicklungsfördernd erweisen, sofern die beiden Elternteile eine wertschätzende Beziehung gegenüber den Kindern pflegen. Bei einigen Eltern, die sich geschieden haben, kommen neue Partner dazu. Es kann sein, dass die neuen Partner des Vaters und der Mutter für ein Kind zu wichtigen Bezugspersonen werden. Hier geht es um das psychologische Grundbedürfnis nach sozialer Einbindung. Wird dieses innerhalb einer Familie erfüllt, auch bei Trennung von Mutter und Vater, so wird die Familie als Ort erlebt, der Geborgenheit und Sicherheit vermittelt.

Biochemische und neurobiologische Aspekte

Es gibt gewisse Genotypen, welche die Entwicklung von Resilienz bei Jungen, welche Risikobedingungen ausgesetzt waren, begünstigen (vgl. Holtmann und Laucht, 2008, S. 34 ff.). „Die höhere MAOA-Aktivität kann somit nach Überzeugung der Autoren als biologisches Korrelat von Resilienz gegen spätere psychische Folgen von Misshandlung im Kindesalter gelten" (Holtmann & Laucht, 2008, S. 37). Mit MAOA ist das Enzym Monoaminooxidase A gemeint.

Die Aufnahme von vitamin- und nährstoffreicher Nahrung ist hilfreich für ein aktives Leben und Ausgeglichenheit. Jopp (2010) schreibt: „Es gibt viele gute Beispiele für die Wirkungsweise der B-Vitamine im Nervensystem. Vitamin B_1 zum Beispiel ist an der Weiterleitung von Nervenimpulsen im Gehirn beteiligt" (S. 77). Eine ausreichende Versorgung mit Nährstoffen wirkt schützend auf den Organismus.

Mit der Entdeckung der Spiegelneuronen gewannen die Neurobiologen neue Erkenntnisse. Die Frage nach Resonanz stand im Raum. „Die neurobiologische Resonanz, die wir in der Gegenwart anderer, von uns wahrgenommener Menschen erleben, beschränkt sich nicht auf die motorische und sensible Dimension. Spiegelungsvorgänge beziehen auch Wahrnehmungen unserer inneren Organe und das emotionale Befinden mit ein" (Bauer, 2016, S. 49). Begibt sich ein Mensch in ein gesundes und mitfühlendes Umfeld, so wirkt dies stärkend auf seinen Organismus.

Wechselwirkungen

Da jeder Mensch einzigartig ist, gibt es keine allgemeingültige Regel, welches Maß an Risiko- und Schutzfaktoren für einen Menschen entwicklungsfördernd oder -hemmend sein könnte. Hinzu kommt das Betrachten einer Langzeitperspektive. Je nachdem, welche personenbezogenen Faktoren ein Mensch mit sich bringt, können Schutzfaktoren zu Risikofaktoren werden. Das gesamte Resilienzthema braucht eine umsichtige Herangehensweise und hängt von vielen Feinheiten ab. Deshalb ist beim Prognostizieren der die Entwicklung begünstigenden Maßnahmen Vorsicht geboten. Die Wechselwirkungen zwischen den Risiko- und Schutzfaktoren sind hochkomplex, weil die unterschiedlichen Ebenen und die Lebensphase mit hineinwirken. „Die Komplexität der angenommenen Wechselwirkungen erhöht sich noch, weil solche Interdependenzen nicht nur zwischen Risiko- und Schutzfaktoren vermutet werden, sondern auch zwischen den auf den verschiedenen Ebenen (Kind, Familie, soziales Umfeld) angesiedelten Faktoren" (Zander M., 2010, S. 42f). Hinzu kommt, dass jeder Mensch ein Individuum ist und sich somit alle Bereiche individuell gestalten, auch die Wechselwirkungen.

Wustmann Seiler (2015, S. 56ff) erläutert vier Resilienzmodelle, welche die Wechselwirkungen zwischen Risiko- und Schutzfaktoren beschreiben:

1. Modell der Kompensation: Das Ausmaß des risikoerhöhenden Faktors wird durch den risikomildernden Faktor kompensiert.
2. Modell der Herausforderung: Bei diesem Modell stellen die Risikobedingungen eine Herausforderung für das Kind dar. Kann es diese bewältigen, gewinnt es an Kompetenz.

3. Modell der Interaktion: Der risikomildernde Faktor wirkt dann, wenn ein risikoerhöhender Faktor vorhanden ist. Ansonsten zeigt er keine Wirkung.
4. Modell der Kumulation: Mehrere risikoerhöhende Faktoren bzw. risikomildernde Faktoren können sich kumulieren (vgl. ebd.).

Innerhalb des Modells der Kompensation wird zwischen zwei verschiedenen Formen unterschieden. Das Haupteffekt-Modell besagt, dass die risikomildernden und die risikoerhöhenden Faktoren direkt auf das Entwicklungsergebnis des Kindes einwirken. Werden Situationen mit diesem Modell betrachtet, so hat dies zur Folge, dass die Schutzfaktoren erhöht werden. Es werden die Kompetenzen des Menschen gefördert. Demgegenüber steht das Mediatoren-Modell, welches das Elternverhalten dazwischenschaltet. Dies bedeutet, dass die Risiko- und Schutzfaktoren indirekt auf ein Kind einwirken, da die Eltern als Mediatoren wirken. Hier werden die Eltern unterstützt und weitergebildet, damit sie in ihren Erziehungskompetenzen gestärkt werden.

Beim Modell der Herausforderung werden zu bewältigende Lebenssituationen als Chance zur Weiterentwicklung betrachtet. Bereits bewältigte kritische Lebensereignisse unterstützen einen Menschen dabei, neu eintretende kritische Lebensereignisse zu bewältigen und dabei an Kompetenzen zu gewinnen.

Im Modell der Interaktion wird davon ausgegangen, dass die Risiko- und Schutzfaktoren in Interaktion sind. Risikomildernde Faktoren haben keinen Effekt, wenn keine Risikofaktoren vorhanden sind. Präventions- und Interventionsprogramme werden hier für Menschen erstellt, welche einer Risikogruppe angehören.

Das Modell der Kumulation ist eine Erweiterung des Interaktions-Modells. Es besagt, dass sich Risiko- und Schutzfaktoren kumulieren können. Dieselbe Belastung wird größer, wenn wenig risikomildernde Bedingungen vorhanden sind, und kleiner, wenn mehrere Schutzfaktoren vorhanden sind. „Die aufgezeigten Modellvorstellungen des Zusammenwirkens von risikoerhöhenden und -mildernden Bedingungen schließen sich gegenseitig nicht aus" (Wustmann Seiler, 2015, S. 61). Hingegen ist klar erwiesen, welche Risikofaktoren sich schädlich auf einen Menschen auswirken. In der Realität ist es leider der Fall, dass es Kinder gibt, die Risikofaktoren ausgesetzt sind und damit keinen Umgang finden oder daran zerbrechen. Aus diesem Grund ist es enorm wichtig, die Risikofaktoren zu kennen und diesen dementsprechend etwas entgegenzusetzen, das bei dem betroffenen Menschen schützend wirkt. Je nach Risikosituation und Entwicklungsphase sind die Wirkungen verschieden, d. h. dass Schutzfaktoren zu Risikofaktoren werden können und umgekehrt (vgl. Wustmann Seiler, 2015, S. 50 ff.). Als Pädagogen können wir im schulischen Umfeld viel bewirken, wenn wir uns vertieft damit auseinandersetzen, welche Risikofaktoren und Schutzfaktoren das schulische Umfeld birgt.

Zu den wichtigsten Erkenntnissen der neueren Entwicklungspathologie gehört es, dass Risiko- oder Schutzfaktoren ein ‚Doppelgesicht‘ haben können. Das heißt, unter bestimmten Umständen kann der ansonsten ‚günstige‘ Pol eines Merkmals zu einer Störungsentwicklung beitragen und umgekehrt der ‚ungünstige‘ Pol eine protektive Funktion haben.
(Lösel & Bender, 2008, S. 64)

Das Rahmenmodell nach Kumpfer möchte einen Überblick verschaffen, der die Komplexität der Resilienzthematik veranschaulicht. Darin werden sechs Dimensionen hervorgehoben. Diese sind in Anlehnung an Wustmann Seiler (2015, S. 62 ff.) im Anschluss an die Abbildung erläutert.

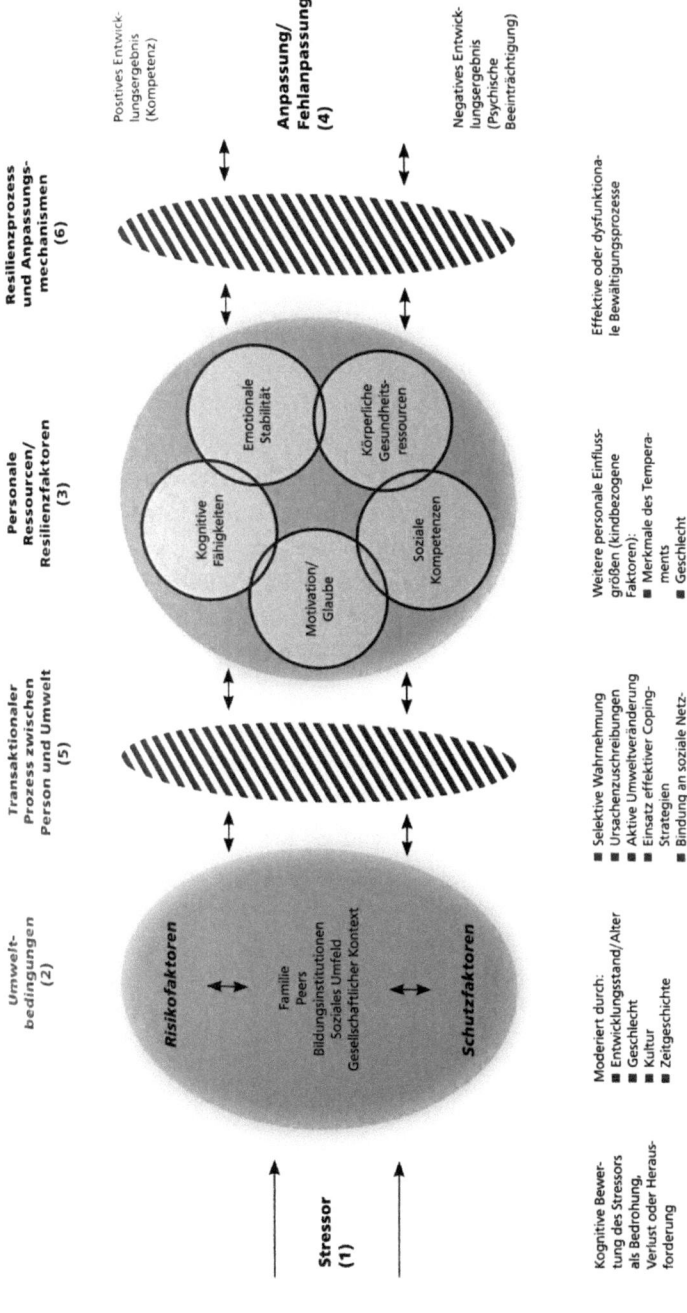

Abbildung 2: Rahmenmodell von Resilienz (Wustmann Seiler, 2015, S. 65)

1. Stressor: das Gleichgewicht eines Menschen wird gestört und der Resilienzprozess wird ausgelöst.
2. Umweltbedingungen: Je nach Kontext, in dem sich ein Mensch befindet, gestaltet sich das Zusammenspiel von Risiko- und Schutzfaktoren unterschiedlich.
3. Personale Ressourcen/Resilienzfaktoren: Die Kompetenzen und erworbenen Fähigkeiten eines Menschen wirken hier hinein. Diese werden von unterschiedlichen Bereichen beeinflusst.
4. Anpassung/Fehlanpassung: Je nachdem wie ein Mensch mit dem Stressor umgegangen ist, erwirbt sich dieser Mensch neue Kompetenzen oder wird psychisch beeinträchtigt.
5. Transaktionaler Prozess zwischen Person und Umwelt: Die betroffene Person nimmt, beeinflusst durch ihre personalen Ressourcen, selektiv wahr, welche Art der Unterstützung (z. B. Empathie, Ablehnung) aus dem Umfeld kommt. Dadurch wird ein Resilienzprozess angeregt.
6. Resilienzprozess und Anpassungsmechanismen: Der interne Prozess eines Menschen führt zum Entwicklungsergebnis. Wie sich diese Prozesse gestalten, ist meines Wissens noch wenig erforscht.

Wustmann Seiler (2015) erwähnt die Problematik der konzeptionellen Unterschiede im Bereich der Resilienzforschung. Diese lassen Angriffsflächen am Resilienzkonzept offen und verunmöglichen den Vergleich der Ergebnisse verschiedener Studien. Dennoch sind sich die Forschenden darüber einig, dass es notwendig ist, dem Resilienzphänomen auf den Grund zu gehen.

Personelle Resilienzfaktoren

Die Resilienzfaktoren beziehen sich auf die personale Ebene. Fröhlich-Gildhoff und Rönnau-Böse (2014, S. 41) erwähnen, dass sechs Kompetenzen auf personaler Ebene besonders wichtig sind, und beschreiben sie als personelle Resilienzfaktoren. Diese können erworben und weiterentwickelt werden.

BEWÄLTIGUNG

angemessene Selbsteinschätzung und Informationsverarbeitung

Überzeugung, Anforderungen bewältigen zu können

Regulation von Gefühlen und Erregung: Aktivierung oder Beruhigung

Unterstützung holen, Selbstbehauptung, Konfliktlösung

allg. Strategien zur Analyse und zum Bearbeiten von Problemen

Fähigkeit zur Realisierung vorhandener Kompetenzen in der Situation

Selbst- und Fremdwahrnehmung

Selbstwirksamkeit (-serwartung)

Selbststeuerung

Soziale Kompetenz

Problemlösefähigkeit

Adaptive Bewältigungskompetenz

Entwicklungsaufgaben, aktuelle Anforderungen, Krisen

Abbildung 3: Resilienzfaktoren (Fröhlich-Gildhoff & Rönnau-Böse, Resilienz, 2014, S. 42)

Bei diesen sechs Faktoren handelt es sich nicht um voneinander unabhängige Konstrukte, sondern sie stehen in einem engen Zusammenhang. So ist z. B. die Fähigkeit zur Selbst- und Fremdwahrnehmung ebenso wie eine gute Selbststeuerungsfähigkeit eine Voraussetzung zum Aufbau sozialer Kompetenzen usw. Eine getrennte Betrachtung ist aus analytischen Gründen sinnvoll, wird aber der Komplexität des Seelenlebens nur ansatzweise gerecht. (ebd., S.41)

Nachfolgend wird jeder der personellen Resilienzfaktoren erklärt (vgl. Rönnau-Böse & Fröhlich-Gildhoff, 2014).

Selbst- und Fremdwahrnehmung

Selbstwahrnehmung bedeutet, dass sich die Wahrnehmung, die ein Mensch von sich selbst hat, mit derjenigen von außenstehenden Personen vereinbaren lässt. Dies bedeutet, dass ein Mensch seine Emotionen, Gedanken und Handlungen ganzheitlich und adäquat wahrnehmen kann. Ebenso spielt die Selbstreflexion dabei eine wichtige Rolle. Bei der Fremdwahrnehmung geht es darum, andere Menschen so in ihren Gefühlszuständen wahrnehmen zu können, dass diese Einschätzung zu der Wahrnehmung des Gegenübers passt. Sich in die Sicht- und Denkweise des Gegenübers hineinversetzen zu können, gehört ebenso in diesen Bereich.

Konkret bedeutet dies, dass ich an mir wahrnehme, wenn ich wütend, traurig, fröhlich … bin oder ob ich gerade jetzt die Nase rümpfe, mit den Ohren wackle oder mit den Beinen zittere. Im Bereich der Fremdwahrnehmung geht es darum, dass ich den Schilderungen meines Gegenübers von etwas Erlebtem folgen kann und mich in seine Sichtweise hineinversetzen, seine Bewertung des Ereignisses nachvollziehen kann.

Selbstwirksamkeit

Als selbstwirksam erlebt sich ein Mensch, dem das Lösen eines Problems durch den Einsatz seiner selbstbestimmten Möglichkeiten gelungen ist. Dadurch gewinnt dieser Mensch Vertrauen in seine Fähigkeiten, ein bestimmtes Ziel erreichen zu können. Dieses Vertrauen hat ebenso Auswirkungen auf die Erwartungen, wenn eine Aufgabe angegangen wird. Menschen, die sich als selbstwirksam erleben, haben oftmals auch die Erwartung, die Situation beeinflussen zu können. Zudem können sie Ereignisse auf ihre Ursachen hin realistisch einschätzen.

Wenn eine Schülerin, welche sich häufig als selbstwirksam erlebt hat, eine schwierige Mathematikaufgabe erhält, so geht sie davon aus, dass sie diese lösen kann. Mit dieser Erwartung beginnt sie an der Aufgabe zu arbeiten und fragt entsprechend nach, wenn sie zusätzliche Informationen benötigt.

Selbstregulation

Bei der Selbstregulation geht es darum, innere Zustände regulieren zu können. Hauptsächlich handelt es sich hierbei um Gefühle und Spannungszustände, die aufrechterhalten, beruhigt oder intensiviert werden können. Je nach Situation ist das eine oder das andere gefragt, sodass das Verhalten den Umständen angepasst ist. So wird beispielsweise vor einem 100-Meter-Lauf die Intensität der Spannung anders reguliert als vor einer Feier mit Freunden. Hierzu wird ein Wissen zu möglichen Strategien und Handlungsalternativen benötigt, welche situationsangepasst und individuell wirkungsvoll sind.

Soziale Kompetenz

Diese Kompetenz beschreibt unterschiedliche Aspekte. Zum einen geht es darum, dass ein Mensch Kontakte aufnehmen, aufrechterhalten und auf eine angemessene Weise wieder beenden kann. Auch wird darunter verstanden, dass eine Person soziale Situationen einschätzen und adäquate Verhaltensweisen zeigen kann. Des Weiteren ist damit gemeint, sich in andere Menschen einfühlen zu können, anderen empathisch begegnen, sich selbst behaupten sowie Konflikte angemessen lösen zu können. Ein Wissen zu möglichen Strategien der Konfliktbewältigung sowie zum Thema Kommunikation gehört ebenso dazu. Ein wichtiger Aspekt der sozialen Kompetenz ist die Fähigkeit, sich Unterstützung zu holen, wenn dies nötig ist.

Problemlösefähigkeit

Darunter wird verstanden, dass ein Mensch komplexe, nicht eindeutig zuordenbare Sachverhalte erfassen und in eine Ordnung bringen kann, indem er auf sein vorhandenes Wissen zurückgreift. Daraus können Handlungsmöglichkeiten oder Vorgehensweisen entwickelt werden. Diese Handlungsweisen werden auf die Sachverhalte/Situation hin bewertet und dann, wenn sie als angemessen erscheinen, umgesetzt. Fähigkeiten, die dazu hilfreich sind: systematisch vorgehen, analysieren, abwägen, einschätzen, ausprobieren und umsetzen können. Unterschiedliche Problemlösestrategien können hinzugezogen und angewandt werden.

Adaptive Bewältigungskompetenz

Hier geht es darum, stressige Situationen angemessen einzuschätzen, zu bewerten und zu reflektieren sowie darauf mittels eigener Fähigkeiten in wirkungsvoller Weise zu reagieren, um die Stress-Situation zu bewältigen. In den meisten Fällen sind hier aktive Strategien gefragt, etwa sich Informationen zur Bewertung der Situation zu suchen, sich Unterstützung zu holen, eine direkte Auseinandersetzung mit dem Problem oder ein aktives Herangehen. Manchmal kann es auch angemessen sein, sich zurückzuhalten und zu beobachten. Hilfreich ist es auch hier, verschiedene Herangehensweisen und Strategien im Umgang mit Stress-Situationen zu kennen. Damit die Stressbewältigung gelingt, braucht es ein Verständnis für die Stresssituation und ein frühzeitiges Wahrnehmen solcher Situationen.

Wechselwirkungen

Zwischen den sechs personellen Resilienzfaktoren gibt es Wechselwirkungen sowie in konkreten Situationen ein Zusammenspiel der einzelnen Faktoren. Werden die einzelnen Faktoren gestärkt, so kann es dazu führen, dass ein Mensch in einer Stress-Situation angemessener reagieren kann als ohne die Auseinandersetzung mit den einzelnen Resilienzfaktoren. Das erfolgreiche Bewältigen einer Belastungssituation führt zu einem erhöhten Selbstwirksamkeitserleben. Dies beeinflusst wiederum den Attributionsstil eines Menschen.

Resilienz über die Lebensspanne

Neuere Forschungen betrachten auch die Entwicklungsaufgaben unter dem Aspekt der Resilienz. Jede Entwicklungsphase bringt Aufgaben mit sich und fordert Menschen heraus. Diese Phasen werden je nach Risiko- und Schutzfaktoren und den daraus entstehenden Wechselwirkungen auf unterschiedliche Weise bewältigt. In der Literatur werden fünf zentrale Prinzipien erwähnt, welche für die Entwicklung über die Lebensspanne wichtig sind:

- Wechselwirkungen von Entwicklungsdeterminanten
- Entwicklungsdynamik und Eigenaktivität
- Kontinuität und Veränderung
- Kontextgebundener Prozess der Passung
- Bedeutung der Entwicklungspfade
  (vgl. Rönnau-Böse & Fröhlich-Gildhoff, 2015, 31 ff.).

Rönnau-Böse und Fröhlich-Gildhoff meinen: „Die Betrachtung der Entwicklung von Resilienz über die Lebensspanne sollte sich an den o. g. allgemeinen Leitvorstellungen einer Entwicklungspsychologie der Lebensspanne orientieren" (2013, S. 35). Dieses Konzept miteinzubeziehen ist hilfreich, weil es darum geht, mit Herausforderungen und Belastungen einen Umgang zu finden und diese erfolgreich zu bewältigen. Beeinflusst werden die Entwicklungsaufgaben unter anderem von biologischen Faktoren, gesellschaftlichen Vorgaben und individuellen Zielsetzungen. Deshalb gestalten sich die Entwicklungsaufgaben von Lebensphase zu Lebensphase verschieden. Ob ein Mensch resilient ist oder nicht, kann sich in verschiedenen Entwicklungsphasen unterschiedlich zeigen. Die Entwicklungsaufgaben über die Alterspanne gestalten sich wie folgt (Rönnau-Böse & Fröhlich-Gildhoff, 2015, S. 37f):

Lebensalter	Beschreibung der Entwicklungsaufgabe
Aufgaben im Säuglingsalter	Aufbau sensomotorischer Schemata Erster Aufbau von Bindungsrepräsentationen Auf- und Ausbau von physiologischen und affektiven Regulationsfertigkeiten
Aufgaben im Kleinkindalter (bis ca. 3 Jahre)	Aufbau eines differenzierten Emotionsspektrums Aufbau von frühen Denk- bzw. Problemlösungskompetenzen Erwerb von sprachlichen Kompetenzen Erster Aufbau kohärenter Selbst-Strukturen
Aufgaben von ca. 3 bis ca. 6 Jahren	Entwicklung der Fähigkeit zur Perspektivenübernahme Ausbau von sozialen Kompetenzen (Konfliktlösefähigkeit, angemessene Selbstbehauptung; Fähigkeit, sich Unterstützung zu holen) Erster Aufbau von moralischen Kompetenzen Vorsichtige Lösung von den Bezugspersonen und erster Aufbau tragfähiger Beziehungen zu Gleichaltrigen und anderen Erwachsenen Erwerb von Geschlechterrollenkompetenzen
Aufgaben im Schulalter (ca. 7 bis ca. 12 Jahre)	Differenzierung des Selbstkonzepts Erwerb von schulbezogenen Fähigkeiten (Anpassung an die Normen der Schule, Bereitschaft zur Anstrengung, Aufbau schulbezogener Leistungsmotivation)* Ausbau sozialer Kompetenzen, besonders im Umgang mit Gleichaltrigen

Lebensalter	Beschreibung der Entwicklungsaufgabe
Aufgaben in der Adoleszenz (ca. 13 bis ca. 20 Jahre)	Erwerb von Kompetenzen zur Identitätsfindung (Geschlecht, Werte und Normen, Berufsorientierung, Partnerschaft)* Aufbau erster individueller Sinn- und Zielstrukturen Erwerb eines stabilen Körper-Selbstkonzepts und sexueller Kompetenzen Erwerb von Kompetenzen zur Loslösung von den Eltern
Aufgaben des Erwachsenenalters (ca. 21 bis ca. 65 Jahre)	Berufliche Orientierung und möglicher Einstieg in eine berufliche Tätigkeit (Sicherung der eigenen wirtschaftlichen Kompetenz) Orientierung in der Partnerschaft (oder: Entscheidung gegen Partnerschaft) Entscheidung für oder gegen Familiengründung und dann ggf. verantwortliche Übernahme der Elternrolle Neuorientierung nach Beendigung der ‚engen‘ Elternphase (Lösung/Auszug der Kinder) Wahrung bzw. Ausbau sozialer Beziehungen Entscheidung für (oder gegen) Formen gesellschaftlichen/sozialen Engagements
Aufgaben des ‚jungen‘ Alterns (ca. 65 bis ca. 80 Jahre)	Auseinandersetzung mit der Beendigung der ‚regulären‘ Berufstätigkeit Neuorientierung hinsichtlich der Alltagsgestaltung und entsprechender Aktivitäten (gesellschaftliches Engagement, Übernahme von Großelternrolle, Pflege von Verwandten …)
Aufgaben des ‚hohen‘ Alterns (ab ca. 80 Jahren)	Auseinandersetzung mit Verlusten im sozialen Bereich Auseinandersetzung mit Krankheit Auseinandersetzung mit dem eigenen Tod

Die Angaben in der Tabelle sind kulturspezifisch, hier auf unser westeuropäisch geprägtes Leben bezogen. In anderen Ländern und Kulturen gestalten sich einzelne Bereiche anders.

Zudem zeigen neuere Forschungen zu den Entwicklungsaufgaben, dass sich diese Stufen nicht starr aufrechterhalten lassen. So gibt es neben diesem ‚klassischen‘ Konzept übergreifende, vom Altern unabhängige Entwicklungsthemen:

- aktive Gestaltung der Beziehungen zu anderen Menschen
- Sicherung und Stärkung des eigenen Selbstwerts
- Entwicklung und Modifikation von Lebenszielen und Lebenssinn

Mitzuberücksichtigen sind Übergänge zwischen Altersphasen. Die Art und Weise des Gelingens dieser Übergänge hat Einfluss auf die individuelle Herangehensweise an neue Übergangssituationen (vgl. Rönnau-Böse & Fröhlich Gildhoff, 2015, S. 39 ff.). Bei der Bewältigung von Entwicklungsaufgaben spielen verschiedene Systeme eine Rolle, beispielsweise Familie, Peers, Schule, Stadt/Dorf. Bronfenbrenner gibt mit seinem sozialökologischen Modell eine Übersicht, wie Individuen in ein soziales Netz eingebunden und wie sich die Wirkungsweise dieser ineinander verschachtelten Systeme gestalten könnte. In diesem Modell ist auch die Beeinflussung der verschiedenen Systeme durch das Individuum zu erkennen.

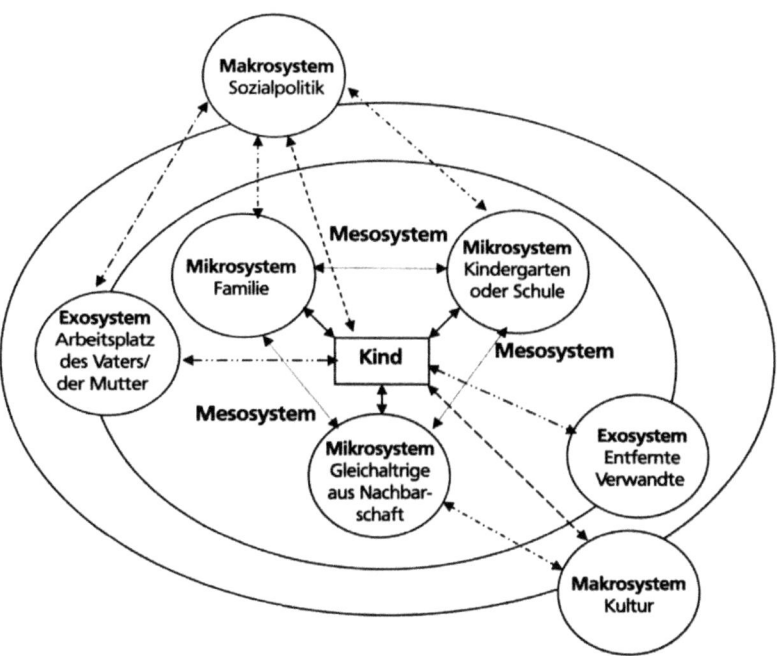

Abbildung 4: Systemtheoretische Betrachtung von Entwicklungsumwelten nach Bronfenbrenner (Rönnau-Böse & Fröhlich-Gildhoff, 2015, S. 44)

Um die Begrifflichkeiten in der Abbildung zu verstehen, werden diese kurz erläutert.

Mikrosystem	Die in Entwicklung begriffene Person kann in diesen Systemen leicht in die direkte Interaktion mit anderen treten.
Mesosystem	Damit werden die Wechselbeziehungen zwischen den Lebensbereichen, an denen das Individuum direkt beteiligt ist, beschrieben.

Exosystem	Dies sind Lebensbereiche, in denen Ereignisse stattfinden, die den Lebensbereich des Individuums beeinflussen, auf die es keinen direkten Einfluss nehmen kann.
Makrosystem	Hier werden dem System zugrunde liegende Weltanschauungen und Wertevorstellungen beschrieben.

Mittels dieses Modells wird ersichtlich, dass Interventionen einerseits auf der Mikroebene notwendig sind, andererseits jedoch die Zusammenhänge zu den anderen Ebenen mitgedacht werden sollten.
Mitzuberücksichtigen sind die Erkenntnisse der Hirnforschung. Ein Bereich darin ist die Entwicklung der exekutiven Funktionen, welche teilweise im Zusammenhang mit den personellen Resilienzfaktoren zu sehen sind.

Zur Einschätzung der Resilienz im Leben eines Menschen müssen zwei Dinge berücksichtigt werden: zum einen die Widrigkeitsexposition und zum anderen das Wohlergehen der Betroffenen währenddessen und hinterher. (Masten, 2016, S. 29)

Resilienzförderung

Resilienzförderung wird einerseits präventiv betrieben, um Menschen zu stärken und ihre Denk- und Handlungsmöglichkeiten zu erweitern, oder als Intervention durchgeführt, wenn sich Menschen bereits in widrigen Situationen befinden oder diese durchlebt haben. Bei Interventionen werden die Risikofaktoren minimiert und/oder die Schutzfaktoren erhöht. „Eine Entwicklung und Förderung der Resilienz kann nur gelingen, wenn sie kontinuierlich im Alltag verankert ist. Vieles von dem, was Eltern und Fachkräfte tun, fördert die Resilienz, ohne dass ihnen dies bewusst ist" (Rönnau-Böse & Fröhlich-Gildhoff, 2015, S. 89).

Ziehen wir Bronfenbrenners Modell heran, so zeigt sich, dass einigen Entwicklungsrisiken, wie beispielsweise Wohnungsknappheit, Armut oder Arbeitslosigkeit, nur durch politische Entscheide wirkungsvoll begegnet werden kann. Die bestehenden Rahmenbedingungen sind wesentlicher Bestandteil für das Einschätzen der Möglichkeiten, wie Menschen unterstützt werden können. Beim Zusammenstellen von Interventions- oder Präventionsprogrammen zur Resilienzförderung ist es wichtig, das Entwicklungsalter und die Möglichkeiten innerhalb des Mikrosystems miteinzubeziehen. So wurden je nach Bedarf unterschiedliche Resilienzförderprogramme entwickelt. Um ein Präventions- oder Interventionsprogramm durchführen zu können, ist es notwendig, dass die Durchführenden ein Bewusstsein für ihre eigene Resilienz haben und für die damit zusammenhängenden Thematiken sensibilisiert sind.

Bestehende Resilienzförderprogramme

An dieser Stelle werden verschiedene Programme aus dem deutschsprachigen Raum vorgestellt. Diese werden oder wurden bereits durchgeführt und einige davon evaluiert. Die Programme sind zusammenfassend in der Tabelle beschrieben und im Anschluss ausführlicher erläutert. Diese Aufzählung ist nicht vollständig.

Programme, welche zur Intervention eingesetzt werden, sollten durch erfahrene und kompetente Fachpersonen durchgeführt werden, weil die Zusammenhänge sehr komplex sind. Bei den Programmen zur Prävention ist es sinnvoll abzuschätzen, wie intensiv an den Inhalten gearbeitet wird und wer die Zielgruppe ist. Je nachdem ist es hilfreich, als Team und/oder mit Beizug von Fachpersonen zu arbeiten.

Bezeichnung	Zielgruppe	Beschreibung Quelle
EFFEKT	Eltern Kinder (Vorschulalter)	Das Kindertraining umfasst 15 Einheiten im Bereich der sozial-kognitiven Problemlösung und Problemlösefertigkeiten. Das Ziel des Elternkurses ist es, die Eltern-Kind-Beziehung zu stärken. Mittlerweile gibt es auch eine Version für Menschen mit Migrationshintergrund (vgl. Fröhlich-Gildhoff & Rönnau-Böse, 2014, S. 68 f.).
Emotionstraining in der Schule	Schulkinder	Dieses Trainingsprogramm ist als Präventionsmaßnahme gedacht. Das Ziel ist es, die emotionalen Kompetenzen zu fördern (vgl. Petermann, Petermann & Nitkowsi, 2016).
Fit for Life	Jugendliche (13 bis 21 Jahre)	Das Ziel ist es, die eigenen Stärken zu kennen und diese im Hinblick auf die Berufsfindung einsetzen zu können. Das Programm enthält zwölf Module. Es konnte eine Zunahme der sozialen Kompetenzen beobachtet werden (vgl. Fröhlich-Gildhoff & Rönnau-Böse, 2014, S. 77 f.).

Bezeich-nung	Zielgruppe	Beschreibung Quelle
Fit und stark fürs Leben	Kinder (1.–8. Klasse)	Es ist ein schulisches Programm, bei dem die Förderung der sozial-emotionalen Kompetenzen im Vordergrund steht. Eine Weiterbildung für Lehrpersonen wird auf freiwilliger Basis angeboten (vgl. Fröhlich-Gildhoff & Rönnau-Böse, 2014, S. 73 f.).
Geschichten	Kinder Jugendliche	Ausgewählte Geschichten enthalten eine Möglichkeit, über die Bewältigungsstrategien der Protagonisten zu sprechen. Es kann über anti-resilientes oder resilientes Verhalten nachgedacht werden (vgl. Wustmann Seiler, 2015, S. 129 ff.).
Grundschule macht stark!	Kinder (1.–4. Klasse)	Es ist ein Resilienzförderprogramm, welches Inhalte zur Stärkung der Resilienzfaktoren hat. Lehrpersonen, welche mit dem Programm gearbeitet haben, konnten Entwicklungsschritte bei den Kindern beobachten (vgl. Fröhlich-Gildhoff & Rönnau-Böse, 2014, S. 74 f.).
Integrative Imaginationsarbeit	Kinder Jugendliche Erwachsene	In dieser Arbeit geht es darum, dass die Menschen mittels ihrer Imagination zu ihrer Kraft finden. Ausgebildete Personen können dies für die Präventions- und Interventionsarbeit nutzen (vgl. Lerch, 2017).
KEKU	Kinder Jugendliche Erwachsene	KEKU = Körperübungen für Entspannung und Konzentration im Unterricht In diesem Programm geht es vor allem um Atemübungen und die Achtsamkeit gegenüber dem eigenen Atem (vgl. Jerabek, 1998).

Bezeichnung	Zielgruppe	Beschreibung Quelle
Kinderpsychodrama	Kinder Jugendliche	Das Kinderpsychodrama wurde zur Intervention entwickelt, damit Heranwachsende traumatische Ereignisse verarbeiten können. Mittlerweile gibt es Angebote zur Prävention (vgl. Aichinger, 2011).
Konzept der neuen Autorität	Kinder Jugendliche Eltern	Dieses Konzept wurde zur Intervention konzipiert, wenn Gewalt in Familien vorherrscht. Im Fokus steht das gewaltfreie Zusammenleben von Kindern und Erwachsenen (vgl. Omer & von Schlippe, 2012).
Lichtpunkt-Projekte	Kinder	Diese Projekte wurden 2008 gestartet, um benachteiligte und von chronischer Armut betroffene Kinder zu stärken. Es wurden 22 verschiedene Projekte lanciert (vgl. Zander, Alfert & Kruth, 2011, S. 513 ff.).
Lubo aus dem All	Kinder (Kindergartenalter, 1.&2. Schuljahr)	Dieses Programm dient der Förderung sozial-emotionaler Kompetenzen. Es wurde auf der Basis der Resilienzforschung entwickelt. (vgl. Hillenbrand et al., 2016).
Meditation	alle Menschen	In diesem Bereich gibt es so viele unterschiedliche Praktiken, dass Menschen auswählen können, welche ihnen am besten entspricht. Wichtig ist hier die Regelmäßigkeit.
Papilo	Kinder (Vorschulalter) Eltern Fachkräfte	Das Ziel dieses Programms ist es, Verhaltensauffälligkeiten zu vermindern, indem sozial-emotionale Kompetenzen gefördert werden. Das Programm wurde von 2003 bis 2005 durchgeführt (vgl. Fröhlich-Gildhoff & Rönnau-Böse, 2014, S. 66 f.).

Bezeich-nung	Zielgruppe	Beschreibung Quelle
Perik-Beob-achtungsbo-gen	Kinder (Vorschul-alter)	Der Beobachtungsbogen wird einge-setzt, um die emotionalen und sozia-len Kompetenzen von Kindern ein-zuschätzen (Berndt, 2014, S. 165 ff.).
Positive Peerkultur	Kinder Jugendliche	Es ist ein pädagogisches Arbeitskon-zept, welches Kinder und Jugendliche durch verstärkte Partizipation und unterstützte Selbstverantwortung da-rin fördert, sich gegenseitig zu stärken (vgl. Opp & Fingerle, 2006).
PRiK	Kinder (Kindergar-tenalter) Eltern Lehrperso-nen	Kinder lernen, wie sie Belastungen bewältigen können. Es findet zusätz-lich eine Vernetzung mit Vereinen und Einrichtungen der Umgebung statt. Ziel des Projektes ist es, den Kindern Wege aufzuzeigen, wie sie mit belastenden Situationen umgehen können (vgl. Fröhlich- Gildhoff & Rönnau-Böse, 2014, S. 70 f.).
Ressourcen-aktivierung	Erwachsene	Ressourcenaktivierungsprogramme richten sich an Erwachsene, meistens im Bereich der Beratung und The-rapie. In adaptierter Form können einzelne Übungen mit Heranwach-senden durchgeführt werden (vgl. Flückiger & Wüsten, 2008).
Service Le-arning	Kinder Jugendliche	Zusammen mit Menschen aus der Umgebung wird ein gemeinnütziges Projekt entwickelt und umgesetzt (vgl. Seifert, 2011).
Theaterpä-dagogisches Arbeiten	Kinder Jugendliche	Theaterpädagogische Kurse und Übungen verhelfen zu einer größeren Flexibilität, ermöglichen Perspekti-venwechsel und erweitern die Verhal-tensmöglichkeiten (vgl. Metzenthin, 1988).

Bezeich-nung	Zielgruppe	Beschreibung Quelle
Trainings-programm zur Resilienz-förderung bei Risiko-kindern	Kinder	Dieses Trainingsprogramm wurde für nicht-resiliente Kinder entwickelt. Es beinhaltet die Themen Attribution, Gefühle, Kontrollüberzeugungen und Mobilisierung sozialer Unterstützung (vgl. Julius & Goetze, 1998).

An dieser Stelle werden die Programme ausführlicher beschrieben, damit Interessierte einen Einblick erhalten, wo, zu welchem Zeitpunkt und von wem dieses Programm entwickelt und durchgeführt wurde.

EFFEKT

EFFEKT ist eine Abkürzung für Entwicklungsförderung in Familien: Eltern- und Kindertraining. Dieses Programm war in eine Studie zur Entstehung und Verfestigung von Verhaltensauffälligkeiten bei Kindern im Vorschulalter eingebettet. Dieses Kindertraining wurde in drei unterschiedlichen Durchführungsarten mit jeweils einer Kontrollgruppe durchgeführt. Das Kindertraining umfasst 15 Einheiten im Bereich der sozial-kognitiven Problemlösung und Problemlösefertigkeiten. Das Ziel des Elternkurses ist es, die Eltern-Kind-Beziehung zu stärken. Es fanden fünf Sitzungen im Wochenrhythmus statt. Das Programm wurde evaluiert und weiterentwickelt. Die Evaluation war in die Erlangen-Nürnberg-Studie eingebettet. Diese untersuchte umfassend die Entstehung und Verfestigung von Verhaltensauffälligkeiten (vgl. Fröhlich-Gildhoff & Rönnau-Böse, 2014, S. 68 ff.). „Deutlich wurde außerdem, dass vor allem die Kinder von dem Training profitierten, bei denen zu Beginn des Trainings besonders große Probleme bestanden hatten" (Fröhlich-Gildhoff & Rönnau-Böse, 2014, S. 70).

Emotionstraining in der Schule

Petermann et al. (2016) haben ein Emotionstraining für Schulkinder erstellt. Das Programm umfasst 11 Sitzungen à 90 Minuten, die in einem wöchentlichen Abstand durchgeführt werden. Die Lernenden erhalten Hausaufgaben, die dazu dienen, das Gelernte im Alltag zu verankern. Das Förderprogramm enthält Übungen zum Emotionsverständnis, zum Emotionsbewusstsein, zur Empathie und zur Emotionsregulation, da diese vier emotionalen Kompetenzen für die Entwicklung von Menschen von Bedeutung sind. „Emotionen beeinflussen nicht nur das Lernen, sondern auch den Körper insgesamt. Dies kann anhand des Phänomens ‚Angst' verdeutlicht werden. Bei starker Angst vergisst man leicht alles um sich herum und das strukturierte Denken fällt schwer" (Petermann, Petermann, & Nitkowski, 2016, S. 19).

Im Laufe des Lebens lernen Menschen ihre Emotionen zu regulieren. Emotionsregulation kann je nach Situation und Kontext (über)lebensnotwendig sein. Sie ist jedoch anspruchsvoll, wenn ein Mensch sehr belastet oder verletzt ist. „Die Emotionsregulation stellt die bekannteste Fähigkeit unter den emotionalen Kompetenzen da. Zu dieser Thematik wurde bislang am meisten geforscht. Ohne weitere Schlüsselkompetenzen ist die Emotionsregulation jedoch nicht gut funktionsfähig" (Petermann, Petermann, & Nitkowski, 2016, S. 20).

Fit for Life

Dies ist ein Trainingsprogramm für Jugendliche im Alter von 13 bis 21 Jahren, das zum Ziel hat, den Teilnehmenden die eigenen Stärken bewusst zu machen, damit sie diese im Hinblick auf die Berufsziele einsetzen zu können. Die Wirksamkeit des Programms wurde untersucht und ergab eine signifikante Steigerung der sozialen Kompetenzen und sozialer Problemlösefähigkeiten (vgl. Fröhlich-Gildhoff & Rönnau-Böse, 2014, S. 77 f.).

Dies geschieht mit Hilfe von zwölf Modulen:

- Motivation,
- Gesundheit,
- Selbstsicherheit,
- Körpersprache,
- Kommunikation,
- Fit für Konflikte,
- Freizeit,
- Gefühle,
- Einfühlungsvermögen,
- Lebensplanung,
- Beruf und Zukunft,
- Lob und Kritik.

(Fröhlich-Gildhoff & Rönnau-Böse, 2014, S. 77)

Fit und stark fürs Leben

Dieses Unterrichtsprogramm kann von der 1. bis zur 8. Klasse eingesetzt werden. Es sind in jeder Klasse 20 Unterrichtseinheiten von 60 bis 90 Minuten vorgesehen. Das Programm wird seit den 1990er-Jahren in vielen Schulen umgesetzt. Das Programm wurde auf seine Wirksamkeit hin geprüft und es zeigte sich, dass sich aggressives Verhalten verringerte, ängstlich-depressives Verhalten sowie delinquentes Verhalten abnahmen und die sozialen Kompetenzen der Lernenden stiegen (vgl. Fröhlich-Gildhoff & Rönnau-Böse, 2014, S. 73 f.).

Im Vordergrund stehen vor allem die Prävention hinsichtlich Gewalt, Aggression, Stress und Sucht. Ziel ist die Entwicklung von Lebenskompetenzen, konkret die Förderung von

- Selbstwahrnehmung/Selbstwertgefühl,
- Kommunikation,
- Umgang mit Stress und negativen Emotionen,
- kreativem und kritischem Denken,

- Entscheidungsfähigkeit,
- sozialen Kompetenzen (wie z.B. Empathie),
- Problemlösefähigkeit und
- Informationsvermittlung.
- (Fröhlich-Gildhoff & Rönnau-Böse, 2014, S. 73)

Geschichten

In vielen Kinder- und Jugendbüchern können Bewältigungsstrategien der Protagonisten gefunden werden. Das Lesen dieser Geschichten mit Blick auf diese Strategien und das Diskutieren darüber könnte die Lernenden neue Strategien entdecken lassen. Wustmann Seiler (2015, S. 129ff) weist darauf hin, dass anhand von Märchen und Geschichten resiliente und antiresiliente Verhaltensweisen veranschaulicht werden können, da sie einen Perspektivenwechsel ermöglichen, Verhaltensmodelle vermitteln und ablenkend oder entlastend wirken können. Sie erwähnt die Merkmale von resilienzfördernden Märchen und Geschichten, wie beispielsweise das Lösen des Problems durch den Protagonisten, das Im-Zentrum-Stehen der Bewältigung eines Problems, die Verantwortungsübernahme des Protagonisten, den Glauben des Protagonisten an die eigenen Fähigkeiten, das Problem lösen zu können. Als Alternative nennt Wustmann Seiler (2015, S. 131) die Möglichkeit, zusammen mit dem Kind eine Geschichte zu entwickeln, in der es um die Bewältigung einer schwierigen Situation geht.

Grundschule macht stark! – Resilienzförderung in Grundschulen

Dieses Programm wurde für die 1.–4. Klasse entwickelt und evaluiert. Es wurde von den Beteiligten positiv aufgenommen. Inhaltlich werden nachfolgende Themen bearbeitet: Gefühle, Fähigkeiten, Begabungen, Erfolge, gemeinsames Erleben, Förderung von Problemlösefähigkeit und adaptiver Bewältigungskompetenz.

Das Programm sollte möglichst in einem Mehrebenen-Konzept im Rahmen von Schul-/Organisationsentwicklung implementiert werden, das Konzept kann aber auch ,für sich' in Klassen umgesetzt werden. Dabei sollte eine Adaption auf die jeweilige Gruppe/Klasse erfolgen und die einzelnen Elemente sollten auch auf den pädagogischen Alltag im Unterricht übertragen werden.

Das Programm ist im Sinne eines Spiralcurriculums aufgebaut; d. h. Elemente des Konzepts werden in höheren Klassen wieder aufgegriffen. Es liegt ein Manual mit genauen Beschreibungen von Unterrichtseinheiten (i. S. eines Kursprogramms) und weiterer Anregungen für die Resilienzförderung im Unterrichtsalltag vor. (Fröhlich-Gildhoff & Rönnau-Böse, 2014, S. 74f)

Dieses Programm kann als resilienzförderlicher Schulentwicklungsprozess gesehen werden, da die Schulkultur insofern profitierte, als sich die Wertschätzung im Team verbesserte und sich bis auf die Ebene der Lernenden auswirkte, was durch die Evaluation mittels quantitativen und qualitativen Methoden nachgewiesen wurde (vgl. Rönnau-Böse & Fröhlich-Gildhoff, 2015, S. 96; Fröhlich-Gildhoff & Rönnau-Böse, 2014, S. 75 f.).

Humor in der Schule

„Humor und Lachen unterstützen massgeblich das Gelingen von Kommunikation und schaffen die Voraussetzung für eine gute Atmosphäre" (Wende-Ochsenbein & Brugger, 2004, S. 185). Manche Kinder haben die Gabe so zu lachen, dass die Menschen in ihrer Umgebung davon ‚angesteckt' werden. Dieses Lachen hat oftmals eine befreiende Wirkung. Durch Lachen bauen Menschen Spannungen ab. Der Ursprung des Lachens kann unterschiedlich sein. Humorvolle Menschen scheinen mit mehr Leichtigkeit durchs Leben zu gehen.

Humor stellt eine wichtige Quelle dar, um den ständig wechselnden Anforderungen zu begegnen. Verschiedene Formen von Humor haben Einfluss auf das persönliche Wohlbefinden der Lehrerinnen und Lehrer, sie weisen eine Stress abbauende Wirkung auf und leisten somit einen wertvollen Beitrag zur Psychohygiene. (Wende-Ochsenbein & Brugger, 2004, S. 187)

Das Lachen kann jedoch unterschiedlich interpretiert werden oder manchmal auch auf Kosten anderer sein. Diese Art von Lachen führt zu Beschämung, was Menschen letztlich in ihrer Lebensfreude blockiert. Damit steigt die Spannung eher, als dass sie sinkt. „Humor wirkt als Ventil in belastenden Situationen und hilft Distanz zu nehmen, dabei soll er aber keinesfalls abwertend, oder auf die Kosten einzelner gerichtet sein" (Wende-Ochsenbein & Brugger, 2004, S. 188). Wenn wir Kinder beobachten, so stellen wir fest, dass sie häufiger lachen als Erwachsene. Dieses Lachen ist in den meisten Situationen Ausdruck von Lebensfreude. Im Laufe der Jahre scheint diese sich zurückzubilden. Dazu meinen Wende-Ochsenbein und Brugger (2004): „Besonders Kinder haben einen natürlichen Zugang zum Humor und lachen erwiesenermassen viel häufiger als Erwachsene. So stellt Humor bereits in der Kindheit eine wichtige persönliche Ressource dar" (S. 188). Damit auch Erwachsene humorvoll bleiben,

herzhaft mitlachen und somit ihrer Lebensfreude Ausdruck verleihen können, ist es notwendig, dass sie sich mit diesem Thema
in Bezug auf sich selbst auseinandersetzen.

> Humor hat eine grosse Bedeutung und einen hohen Stel-
> lenwert in der pädagogischen und heilpädagogischen Ar-
> beit, sowohl auf der persönlichen wie auf der sozialen
> Ebene. Es lohnt sich daher, ihm mehr Aufmerksamkeit zu
> schenken. Er stellt eine wichtige Quelle dar, um schwie-
> rige Situationen besser zu bewältigen.
> (Wende-Ochsenbein & Brugger, 2004, S. 190)

Integrative Imaginationsarbeit

In dieser Arbeit reisen die Menschen mit ihrer Imagination begleitet von einem Krafttier, das sich ihnen zeigt. Diese innere
Reise wird wie in einem Traumzustand erlebt. Es zeigen sich
Bilder und Geschichten. Der Prozess wird sehr achtsam begleitet, sodass die innere Welt des Menschen Raum und Zeit erhält.
Die Krafttiere verhelfen dabei zu Erkenntnissen, ermutigen und
stärken. „In jedem Menschen steckt ein tiefer, weiser Kern. Steht
ein Mensch in Verbindung mit diesem Kern, weiß er, was er
braucht, um sein Leben zu leben, seine Kraft auszudrücken und
seine Verletzungen zu heilen" (Lerch, 2017, S. 24). Durch diese Arbeit fanden schon viele Menschen aus sich heraus Lösungen im Umgang mit Schwierigkeiten, welche unüberwindbar
schienen. Die Geschichten und Bilder, welche auftauchen, werden intensiv erlebt. Häufig kommt es vor, dass das Krafttier im
Anschluss an eine Sitzung den Menschen durch den Alltag begleitet und ihn in den herausfordernden Situationen unterstützt.
Auf diese Weise werden Menschen selbstermächtigt und können
gestärkt ihren Weg gehen.

KEKU (Körperübungen für Entspannung und Konzentration im Unterricht)

In diesem Programm geht es um das Thema Entspannung. Dieses wird zunächst in einem theoretischen Teil erläutert. Wichtige Aspekte zum Thema Atmung werden aufgegriffen. „Die Atmung ist die wichtigste biologische Funktion des Organismus überhaupt. Sie hat einen direkten Einfluss auf alle anderen Funktionen" (Jerabek, 1998, S. 17). Danach folgen konkrete Lektionsvorschläge sowie die Erklärungen mit Fotos zu den einzelnen (Atem-)Übungen.

(Kinder-)Psychodrama

Das Kinderpsychodrama unterscheidet sich von einem theaterpädagogischen Arbeiten, denn das Erstere verfolgt ein Ziel und möchte damit auf die Psyche des Kindes wirken. Im theaterpädagogischen Arbeiten geht es um das Erleben und das Erfahren. Die Methode des Kinderpsychodramas sollte ausgebildeten Fachpersonen überlassen werden. „Im psychodramatischen Symbolspiel erlebt das Kind eine Erweiterung seiner eigenen Handlungsmöglichkeiten. Dieser erlebte Zuwachs an eigener Selbstwirksamkeit führt zu einem Zuwachs an Spontaneität" (Aichinger, 2011, S. 13f).

Aichinger (2011) beschreibt Präventionsprojekte, die er zusammen mit weiteren Psychodramatikern für Kinder aufgebaut und durchgeführt hat. Einige dieser Projekte eignen sich für Klassen, andere für Gruppen, die von einem ähnlichen Thema betroffen sind, wobei Letztere therapeutischen Charakter haben.

Das Präventionsprojekt zielt darauf, die Beziehungs- und Konfliktfähigkeit der Kinder zu fördern. Über das psychodramatische Symbolspiel sollen die Kinder Vertrauen in die eigene Kraft und die eigenen Fähigkeiten gewinnen, sich selbst als wertvoll erleben, sich selbstwirksam zu fühlen und gute Beziehungen zu den Gleichaltrigen aufzubauen. (Aichinger, 2011, S. 57)

Wenn solche Projekte in Klassen von ausgebildeten Personen durchgeführt werden, profitieren die Kinder und Jugendlichen davon. „Erfreulicherweise haben Kinderpsychodramatiker in den letzten Jahren zunehmend weitere Gruppenangebote für Kinder in besonderen Lebenssituationen zur Förderung von Resilienz entwickelt" (Aichinger, 2011, S. 179).

Konzept der neuen Autorität

Das Konzept der neuen Autorität eignet sich in erster Linie als Interventionsprogramm, wenn bereits ein hoher Anteil an Gewalt in Familien oder Schulen besteht. Dennoch kann es als Präventionsprogramm eingesetzt werden, indem die Gedanken der Gewaltfreiheit und des Vernetzens ins Zentrum gestellt werden. Wenn Lehrpersonen in Zusammenarbeit mit Eltern es verstehen, eine Zusammenarbeit aufzubauen, die im Fokus das gewaltfreie Zusammenleben von Kindern und Erwachsenen hat, so wirkt sich dies förderlich auf die Entwicklung aller Beteiligten aus. Jedoch kann dieser Ansatz schädigend wirken, wenn die Erwachsenen diesen benutzen, um die jungen Menschen unter Druck zu setzen, damit sie gehorchen. Die betroffenen Heranwachsenden erleben in diesem Fall weitere Erniedrigungen, Beschämungen und Zurückweisungen.

„Die Idee, Kinder entwickelten Störungen aus einem Mangel an Akzeptanz und Wärme heraus, ist ja nicht falsch, und elterliche Präsenz heißt nicht, dass diese Qualitäten aus der Familie verbannt werden sollten" (Omer & von Schlippe, 2012, S. 22). Einfühlsames Handeln und Mitgefühl wirken in Beziehungen unterstützend. Mitleid hingegen wirkt sich negativ aus.

Beim ‚Mit-Leiden' würdige ich den Schmerz des anderen, weil ich meinen eigenen ähnlichen Schmerz ernst nehme. Anders bei Mitleid: Der Schmerz des anderen füllt das ganze Bild aus, und der andere wird nicht als mir selbst ähnlich wahrgenommen. Mitleid schließt deshalb Gegenseitigkeit aus. Eltern können, wenn sie mit diesem Unterschied konfrontiert werden, den Schlag für das Selbstwertgefühl des Kindes verstehen, den von Mitleid getragene Ausdrücke und Handlungen mit sich bringen – wir können nicht bemitleiden, ohne gleichzeitig ein Bild vom anderen als minder fähig zu übermitteln.
(Omer & von Schlippe, 2012, S. 166)

Das Thema Resilienz betrifft alle Menschen und hat konsequenterweise zur Folge, dass gesellschaftspolitische Fragen aufgeworfen werden. Es sollte nicht nur um Förderung gehen, sondern vielmehr braucht es einen Wandel, sodass alle Menschen ohne diese hohen Risiken aufwachsen können. Eine unbelastete, inspirierende Umgebung wirkt sich positiv auf die Entwicklung aus. Dazu ist es notwendig, Menschen zu sensibilisieren, insbesondere auch Politiker, damit sie sich der gravierenden Auswirkungen von Entwicklungsrisiken bewusst werden. Solche Veränderungsprozesse dauern lange, jedoch hat jede Person die Möglichkeit innerhalb ihres Wirkungsfeldes Menschen zu unterstützen und zu sensibilisieren. Deshalb sind Heilpädagogen und Lehrpersonen dazu aufgerufen, sich innerhalb des schulischen Bereiches für eine Situation jedes Kindes einzusetzen, die sich förderlich auswirkt – nebst dem Beachten der Qualität der Beziehungen, die sie zu den jungen Menschen pflegen.

Wir können aber Resilienz in einzelnen Kindern fördern. Dazu bedarf es keiner großen Summen, sondern einfach nur Zeit und Fürsorge. Wenn Kinder Personen begegnen, die ihnen eine gesicherte Vertrauensgrundlage bieten, sie zur eigenen Initiative ermutigen und ihnen zu Kompetenz verhelfen, dann können sie erfolgreich sein. Dieser Erfolg gibt ihnen Hoffnung, *realistische Hoffnung*. Dies ist ein Geschenk, das jeder von uns zuhause, im Klassenzimmer, auf dem Spielplatz und in der Nachbarschaft machen kann. (Werner, 2011, S. 45)

Lichtpunkte-Projekte

Diese 22 Projekte wurden in Deutschland gestartet, um benachteiligte Kinder zu stärken. Die Projekte setzen sich gegen Kinderarmut ein und verfolgen einen stärke- und ressourcenorientierten Ansatz. „Dieser stärkenorientierte pädagogische Ansatz wurde in der Projektlaufzeit gezielt durch eine Hinwendung zur ‚Resilienzförderung' erweitert" (Zander, Alfert, & Kruth, 2011, S. 515). Zander et al. (2011, S. 518) beschreiben, unter welchen Rahmenbedingungen die 566 Kinder unterschiedlichen Alters aufwachsen. Der Wechsel von der Stärken- und Ressourcenorientierung zur Resilienzförderung warf Fragen auf, die geklärt werden mussten (vgl. Zander, Alfert & Kruth, 2001, S. 523 ff.). Dabei wurden die Begrifflichkeiten Ressourcen und Schutzfaktoren voneinander abgegrenzt, um Klarheit zu schaffen. „Ein zentraler Unterschied zwischen Ressourcen und Schutzfaktoren besteht nämlich auch darin, dass man in Wirkungsmodellen, welche die spezifischen (differenziellen) Funktionen von Schutzfaktoren, nicht aber die viel allgemeiner definierten Ressourcen als Variablen einsetzen kann" (Zander, Alfert, & Kruth, 2011, S. 526). Die Lichtpunktprojekte orientierten sich an der Förderung von einzelnen Resilienzbereichen, insbesondere an der Förderung von Problemlösefähigkeiten und sozialen Kompetenzen (vgl. Zander, Alfert & Kruth, 2011, S. 528).

Lubo aus dem All

Das Programm gibt es für das Kindergartenalter sowie für das erste und zweite Schuljahr. Für das Kindergartenalter umfasst es 34 Einheiten, welche in den Alltag integriert werden können. Ziel ist es, Grundlagen für eine gelingende Förderung emotionaler und sozialer Kompetenzen zu schaffen. Mitberücksichtigt bei der Erstellung dieses Programms wurden Erkenntnisse aus der Resilienzforschung sowie entwicklungsspezifische Themen. Ebenfalls miteinbezogen wurde das Modell der sozial-kognitiven Informationsverarbeitung, das die beiden Wissenschaftler Nicki A. Crick und Kenneth A. Dodge entwickelt haben. Die Arbeiten der beiden Wissenschaftler basieren auf den Arbeiten des Psychologen Albert Bandura. Im Programm enthalten sind Spielvorschläge, Materialien und Lektionsvorschläge. (Hillenbrand, Hennemann, & Schell, 2016)

Das Programm für die 1. und 2. Klasse enthält 30 Einheiten. Hier ist es möglich, Vertiefungslektionen durchzuführen und zusätzlich ein Schülerheft einzusetzen.

Meditation

Mittlerweile ist nachgewiesen, dass sich Meditation und Achtsamkeitsübungen stärkend auf Menschen auswirken. Es gibt viele unterschiedliche Traditionen. Da gibt es unzählige Praktiken aus den verschiedenen buddhistischen Richtungen, weitere aus den hinduistischen Traditionen sowie auch aus anderen Kulturen und Religionen wie beispielsweise dem Christentum, dem Judentum oder dem Islam. Buddhistische Mönche wurden wissenschaftlich untersucht, indem ihre Hirnströme gemessen wurden, und die Ergebnisse bestätigen die Wirksamkeit von Meditation. Forscher fanden heraus, dass jahrelange Praxis von Meditation die grauen Zellen verändern kann und somit unser Denken und unser Fühlen beeinflusst. Ebenso wurde bei der russischen Schamanin Aayla ein solches Experiment durchgeführt. Die Ergebnisse zeigen auf, dass Menschen, welche jahrelang meditieren oder Rituale zur Reinigung ihres Körpers durchführen, andere Bewusstseinszustände erreichen. Im vierten Teil dieses Buches werden einige Praktiken erwähnt und vorgestellt. Da diese dazu verhelfen, ein glücklicheres und entspannteres Leben zu führen, passen sie wunderbar in den Bereich der Glücksinputs.

Papilo

In dieses Programm werden sowohl die Kinder als auch die Eltern und die Fachkräfte miteinbezogen. Ziel ist es, Verhaltensauffälligkeiten zu vermindern, indem sozial-emotionale Kompetenzen gefördert werden.

Die theoretische Grundlage für das Programm basiert auf einem Konzept der entwicklungsorientierten Sucht- und Gewaltprävention und orientiert sich an verhaltenstherapeutischen Verfahren. Die drei Hauptziele des Programms sind: 1. Risiken für die Entwicklung von Sucht und Gewalt reduzieren, 2. Schutzbedingungen fördern, 3. Die altersgemäße Entwicklung unterstützen. (Fröhlich-Gildhoff & Rönnau-Böse, 2014, S. 66).

Dieses Programm wurde in 25 Kindertageseinrichtungen mit 700 Kindern durchgeführt und evaluiert. Es wurde wissenschaftlich begleitet. Nach Einschätzung der Erziehenden und Eltern konnten ein verbessertes prosoziales Verhalten und höhere sozial-emotionale Kompetenzen beobachtet werden (vgl. Fröhlich-Gildhoff & Rönnau-Böse, 2014, S. 67).

Perik-Beobachtungsbogen

Dieser Beobachtungsbogen hat zum Ziel, die emotionalen und sozialen Kompetenzen von Kindern einzuschätzen. Er wird im Vorschulalter eingesetzt.

> Schon seit Herbst 2008 füllen die Erzieher in Bayerns Kindergärten den Perik-Beobachtungsbogen aus, den Michaela Ulich und Toni Mayr am Staatsinstitut für Frühpädagogik in München entwickelt haben; es geht darin um ‚Positive Entwicklung und Resilienz im Kindergartenalter‘. Mit Hilfe von Perik sollen die Erzieher unter anderem die sozialen und emotionalen Kompetenzen der Kinder einschätzen lernen.
> (Berndt, 2014, S. 165f)

Berndt (2014) erläutert: „Sechs Bereiche des sozialen Wesens Kind werden mit Perik abgefragt: Wie groß sind seine Kontaktfähigkeit, seine Selbststeuerung/Rücksichtnahme, seine Selbstbehauptung, seine Stressregulierung, seine Aufgabenorientierung und seine Explorationsfreude?" (S. 166).

Positive Peerkultur

Die Positive Peerkultur kommt aus den US-amerikanischen Staaten. Günther Opp (2006, S. 11) lernte dieses Interventionsprogramm während eines Aufenthaltes in den USA kennen.

Der Ansatz basiert auf dem Resilienzkonzept und möchte durch verstärkte Partizipation und unterstützte Selbstverantwortung Kinder und Jugendliche darin fördern, sich gegenseitig zu stärken. Nicht die Defizite sollen kompensiert, sondern das Vertrauen des Jugendlichen in die eigenen Fähigkeiten gefördert werden. Dies wird vermittelt

über Erfahrungen von Erfolg, Bestätigung, Anerkennung und Respekt.
(Fröhlich-Gildhoff & Rönnau-Böse, 2014, S. 78)

Opp (2006, S. 59) beschreibt das Einsetzen von Scaffolding für die sprachliche Aneignung und Internalisierung von Erfahrungen im Konzept der Positiven Peerkultur. „Positive Peerkultur ist ein pädagogisches Arbeitskonzept, das von wenigen grundlegenden Überzeugungen getragen wird und in der Praxis relativ flexibel ausgeformt werden kann" (Opp, 2006, S. 67).

Es ist eine pädagogische Herausforderung, der epidemisch wachsenden Zahl dieser Kinder und Jugendlichen die Aufmerksamkeit und Fürsorge zukommen zu lassen, die sie benötigen, um die Bedrängnisse eines schwierigen Alltags zu meistern. Positive Peerkultur kann nicht ersetzen, was diesen Kindern und Jugendlichen in ihren angestammten Lebenswelten vorenthalten wurde. Aber Positive Peerkultur kann soziale Unterstützung und soziale Einbindung anbieten, durch die die Autonomieentwicklung der Jugendlichen gestützt und befördert wird.
(Opp, 2006, S. 69)

Ungar (2006, S. 168 ff.) stellt einen Leitfaden auf, wie eine Positive Peerkultur entwickelt werden kann. Zudem weist sie darauf hin, dass für pädagogisch Tätige innerhalb dieser Arbeit eine Neudefinition der Rolle zwingend erforderlich ist.

Forschungsergebnisse der Universität von Michigan zeigten, dass Positive-Peerkultur-Gruppen die grösßten Effekte mit resilienten Jugendlichen hatten. Von mehr Problemen bedrängte Jugendliche profitierten auch von positiven Gruppen, brauchten aber zusätzlich starke heilende Beziehungen zu fürsorglichen Erwachsenen.
(Brendtro & Opp, 2006, S. 95)

Nach Brendtro und Opp (2006, S. 96) sind Kombinationen mit anderen Programmen möglich, solange diese die Überzeugungen eines Stärkenansatzes teilen.

PRiK

Diese Abkürzung steht für: Kinder stärken! Prävention und Resilienzförderung in Kindertageseinrichtungen. Dieses Präventionsmodell ist für das Kindergartenalter konzipiert.

Neben der Förderung der Kinder und der Unterstützung der Erziehungskompetenz der Eltern, werden die pädagogischen Fachkräfte in die Arbeit mit einbezogen und das soziale Umfeld der Kindertageseinrichtung berücksichtigt. Das Ziel des Projekts bestand darin, Kindern präventiv unterschiedliche Wege aufzuzeigen, wie sie Belastungen in einer entwicklungsförderlichen Weise bewältigen und diese Belastungen meistern können. (Fröhlich-Gildhoff & Rönnau-Böse, 2014, S. 70)

In dieses Projekt sind die Ebenen der Kinder, der pädagogisch Tätigen und der Eltern involviert. Zusätzlich wurde eine Vernetzung mit Vereinen und Einrichtungen im Umfeld unterstützt. Das Konzept wurde mit 247 Kindern und 44 Erziehenden von der Evangelischen Hochschule Freiburg von 2005 bis 2007 durchgeführt und evaluiert. Es ist mittlerweile in weiteren Kindertageseinrichtungen umgesetzt. Weiterbildungen werden angeboten (vgl. Fröhlich-Gildhoff & Rönnau-Böse, 2014, S. 70 ff.).

Ressourcenaktivierung

Der Ressourcenaktivierung geht eine Ressourcenanalyse voraus. Nach Flückiger und Wüsten (2008) dient die Ressourcenanalyse bestehenden Fallkonzeptionen, wie sie in Beratung und Therapie eingesetzt werden. Das Arbeiten mit Ressourcen wird in den vergangenen Jahren vermehrt im schulischen Kontext miteinbezogen. „Mit dem Schwenken und Fokussierens eines Lichtkegels vergleichbar, kann eine Ressource aus verschiedenen Perspektiven betrachtet werden. Diese Perspektiven zeichnen sich jeweils durch zwei gegensätzliche Pole aus. Die beiden Pole einer Perspektive ergänzen einander" (Flückiger & Wüsten, 2008, S. 17). Für eine vertieftere, intensivere Arbeit mit Ressourcen geben die nachfolgenden Erläuterungen Anregungen und Hinweise.

Es lassen sich die folgenden Perspektiven mit jeweils zwei gegensätzlichen Polen unterscheiden:

1. Wahrnehmen und verstärken *unmittelbar dargebotener* Ressourcen und aktives Heranführen an *brachliegende* Ressourcen
2. *Verbalisieren* von Ressourcen und unmittelbares *Erlebbarmachen* von Ressourcen
3. *Potentiale* Ressourcen nutzen und *motivationale* Ressourcen integrieren
4. *Persönliche* Ressourcen verstärken und Ressourcen des *sozialen Umfeldes* fördern
5. Auf *problemunabhängige* Ressourcen fokussieren und *problemrelevante* Ressourcen nutzen
6. *Verbrauchbare* Ressourcen optimieren und *trainierbare* Ressourcen fördern und aufrechterhalten.

(Flückiger & Wüsten, 2008, S. 18)

Flückiger und Wüsten (2008, S. 39ff) erläutern Möglichkeiten von ressourcenaktivierenden Interventionen:

- Lebenspanorama
- Geno- und Ecogramm unter Ressourcenperspektive
- Wunderfragen und Zielvisionen
- Personen als Ressourcen-Modell
- Bewältigungsressourcen aktivieren durch Rollentausch
- Genuss planen
- Ressourcenaktivierung mit imaginativen Verfahren
- Ressourcentagebuch
- Differenzieren positiver Gefühle und Stimmungen
- Reframing- und Normalisierungs-Sammlung

Einzelne Methoden, wie beispielsweise das Ressourcentagebuch, eignen sich in adaptierter Form für das Arbeiten mit Klassen.

Service-Learning

Im Konzept des Service-Learning geht es darum, dass die Kinder einer Klasse oder einer Schule ein gemeinsames, gemeinnütziges Projekt zusammen mit Menschen aus der Umgebung entwickeln und dieses umsetzen. Dabei wird zuerst der Bedarf abgeklärt, aus dem dann Projekte entstehen. Diese Arbeit fördert die Selbstwirksamkeit und soziale Kompetenzen. Service-Learning stammt aus Amerika und wird dort seit einigen Jahren erfolgreich umgesetzt. In der Schweiz gibt es ebenfalls Service-Learning-Projekte. Die positiven Effekte von Service-Learning werden von vielen Forschenden hervorgehoben. Seifert (2011) schreibt dazu: „Service-Learning bietet die Möglichkeit, in authentischen Kontexten zu lernen, in denen sich die Schüler als kompetent erleben und Beziehungen zu Mitschülern, Lehrern und Engagement-Partnern entwickeln können" (S. 73). Seifert (2011, S. 28f) führt aus, dass das Service-Learning auf die lerntheoretische Idee von Dewey zurückzuführen sei. Dewey habe betont, wie wichtig das Lernen anhand realer Herausforderung sei, weil der Ausgangspunkt des Denkens immer ein reales Problem sei. Viele Forschende bezögen sich auf das Modell von Dewey. Dewey hatte eine klare Vorstellung und Ausrichtung. „Eine demokratische Gemeinschaft entsteht nach Dewey, wenn jeder Bürger seine eigenen Bedürfnisse dann am besten verwirklichen kann, wenn er gleichzeitig das Wohl derer im Blick hat, mit denen er Erfahrungen teilt oder im Austausch steht" (Seifert, 2011, S. 31). In vielen Service-Learning-Projekten überwiegt jedoch der eine oder andere Faktor: Die Ausrichtung ist stärker bei den Lernenden oder beim Einsatz fürs Umfeld.

Theaterpädagogisches Arbeiten

Kinder, die regelmäßig theaterpädagogische Lektionen besuchen, lernen flexibler zu reagieren, entwickeln Einfühlungsvermögen, erfahren sich ganzheitlich und erweitern ihr Repertoire an Verhaltensweisen. Innerhalb der Kindergruppe erleben sie, wie mit gruppendynamischen Prozessen umgegangen werden kann. Zudem erleben sie ihren Körper und wie sie mit diesem spielerisch umgehen können – sie entwickeln ihr Körpergefühl. Menschen, die Theater spielen, profitieren für sich persönlich davon und werden oftmals gestärkt.

Die Bereitschaft zur Spontaneität, oder anders ausgedrückt: die Übung, aus einer momentanen Spielsituation das Beste zu machen, kann sich außerhalb des Spiels auswirken. Kinder, die vom darstellenden Spiel her gewöhnt sind, auf etwas Unvorhergesehenes spontan zu reagieren, übertragen dies vielleicht auch auf das wirkliche Leben. (Metzenthin, 1988, S. 22)

Traningsprogramm zur Resilienzförderung nach Julius und Goetze

Julius und Goetze (1998) entwickelten dieses Trainingsprogramm zur Resilienzförderung von nicht-resilienten Kindern. Dabei werden nachfolgende Themen bearbeitet:

- Verstehen, was Attributionen sind
- Gefühle können aus Gedanken entstehen
- Die emotionalen Effekte verschiedener Attributionen verstehen
- Realistische Kontrollüberzeugungen und Mobilisierung sozialer Unterstützung (vgl. Julius & Goetze, 1998, S. 16 ff.).

Die hier ausgewählten Faktoren zielen auf die Erhöhung kognitiver Ressourcen der betroffenen Kinder im Sinne eines Attributionstrainings ab. Hinter diesem Zugriff verbirgt sich die inzwischen gut belegte Einsicht, dass diese Kinder maladaptive Zuschreibungen vornehmen, wenn sie unkontrollierbare, negative Ereignisse ihrer Umwelt internal attribuieren. (Julius & Goetze, 1998, S. 6)

Das Programm besteht aus neun Einheiten und kann mit einer Klasse durchgeführt werden. Das Training wurde mit sechs Schülern aus einer Erziehungshilfe-Schule durchgeführt und evaluiert.

Resilienzförderung in der Schule

Die Frage stellt sich, ob Resilienzförderung in der Schule überhaupt möglich ist. Aus Sicht verschiedener Autoren zu Resilienz ist es wichtig, dass in Schulen ein Bewusstsein über die Risiko- und Schutzfaktoren, die der schulische Alltag birgt, vorhanden ist.

In der Hauptsache ist die Schule also für Bildung und Erziehung einzelner Kinder zuständig. In dieser Rolle pflegt sie Bereiche des menschlichen Kapitals, die für Resilienz wichtig sind. Gerade für Kinder mit einem Risiko aufgrund von Armut oder anderen familienbedingten Widrigkeiten ist die Entwicklung kognitiver Fähigkeiten im Form von Lesen, Schreiben und Rechnen, kritischem Denken, Problemlösevermögen und anderen Aspekten schulischer Leistung außerordentlich wichtig. (Masten, 2016, S. 215)

Diese Aussage zeigt, dass Schulen als Schutzfaktor wirken können und die Möglichkeit haben, Menschen sich bilden zu lassen. Damit dies für alle heranwachsenden Menschen, welche sich in Schulen befinden, der Fall ist, braucht es aufmerksame Lehrpersonen sowie engagierte Personen in den Leitungspositionen. Dies allein reicht jedoch noch nicht aus. Dass Schulen nicht zum Risikofaktor werden, liegt in den Händen aller Menschen, welche in die Organisation der Schule involviert sind. Auf der politischen Ebene braucht es Entscheide, welche die Qualität des Zusammenlebens in Schulen steigern. Konkret heißt dies genügend Lehrpersonen, die sowohl fachlich als auch auf der sozial-emotionalen Ebene ein vertieftes Wissen mitbringen, kleine Klassen, damit die Lernenden genügend Aufmerksamkeit und Unterstützung erhalten können, Rahmenbedingungen, welche für das selbstbestimmte Lehren und Lernen Raum lassen, und rasche Wege, wenn zusätzliche Unterstützung innerhalb einer Gruppe benötigt wird.

Die interessanten Studien von Tausch & Tausch über das Lehrerverhalten und dessen Auswirkungen zeigen auf, in welche Richtung sich die Qualität an Schulen entwickeln könnte. Zu Beginn ihrer Arbeit stellten sich die beiden Forschenden einige Fragen.

Nachdem einer von uns 1954 eine Dozentur an einer Pädagogischen Hochschule übernahm, wurden wir persönlich sehr tief in folgende Fragen verwickelt: Ist das Ver-

halten, das Lehrer überwiegend in Schulen leben, ferner auch Eltern in ihren Familien, nicht im Hinblick auf eine konstruktive Persönlichkeitsentwicklung und seelische Gesundheit häufig unangemessen? Ist es nicht ebenfalls unangemessen für ein späteres Leben in einer nicht-diktatorischen Gesellschaft? Besonders irritierend war für uns, dass die Art des Verhaltens von Lehrern und Erziehern oft sehr erheblich unterschiedlich war von dem Verhalten, das sie als wünschenswert angaben und das sie anstrebten. Waren die Auffassungen vieler Lehrer und Eltern richtig, dass eine Erziehung in Schulen und Familien ohne deutliche Dirigierung und ohne Zwang nicht möglich sei? Oder waren unsere hierzu gegensätzlichen Auffassungen richtig? Heftige Diskussionen mit Dozenten und Lehrern sowie manche Konflikte mit ihnen veranlassten uns, intensiv empirische Forschungsuntersuchungen in Schulen und Familien durchzuführen. Wir wollten damit unsere Standpunkte und Auffassungen klären.
(Tausch & Tausch, 1979, S. 10f)

Die beiden Forschenden standen dem personenzentrierten Ansatz von Carl Rogers nahe. Für sie war die Begegnung von Person zu Person bedeutsam. Ihrer Forschung lagen nachfolgende vier Dimensionen zugrunde:

1. Achtung – Wärme – Rücksichtnahme
2. Vollständiges einfühlendes Verstehen
3. Echtheit – Übereinstimmung – Aufrichtigkeit
4. Viele fördernde, nichtdirigierende Tätigkeiten
   (vgl. Tausch & Tausch, 1979, S. 100)

Am Schluss unterstreichen Tausch und Tausch (1979) die Wichtigkeit der Persönlichkeitsbildung von Erziehenden. Sie vermuten, dass nur Erwachsene die Persönlichkeitsentwicklung eines Jugendlichen fördern können, die selbst wesentliche Vorgänge in ihrer Persönlichkeit entwickelt haben (vgl. Tausch & Tausch, 1979, S. 374 ff.).

Diesen Ansatz teilt Ann Masten ebenfalls, indem sie erwähnt, dass Lehrpersonen in schwierigen Klassen Unterstützung bräuchten, weil Stress die Selbstregulation hemme und somit verhindere, dass Lehrpersonen darin beeinträchtigt wären, ein Vorbild zu sein, die Selbstregulation der Lernenden zu fördern und sich emotional auf die Beziehung zu den jungen Menschen einzulassen.

Die Risiko- und Schutzfaktoren, welche weiter vorn für junge Menschen zusammengestellt sind, gelten auch für den schulischen Bereich. Bei der Schule kommen weitere Faktoren hinzu, die ausreichend erforscht sind: Qualität des Unterrichts, Qualität der Beziehung zwischen der Lehrperson und den Lernenden, Qualität innerhalb einer Klasse, Fehlerkultur, Ressourcenorientierung.

Angela Frank hat die Belastung von Kindern im schulischen Alltag der Grundschule untersucht. Dabei werden nachfolgende Punkte genannt, die durch das Zusammenleben mit den Mitlernenden belastend wirken: rüder Umgangston, Bloßstellungen, Besserwisserei, körperliche Gewalt, auslachen, beschimpfen, gemeine Ausdrücke, gemeine Gesten, Spott, Mobbing (vgl. Frank, 2008, S. 56 f.).

Des Weiteren erwähnt Angela Frank die Bedeutung des Erziehungsstils, der die Entwicklung von Ängstlichkeit begünstigt: bedrohliches Erzieherverhalten, Bestrafungen, Drohungen, Nichtgewährung von Unterstützung beim Ausbau von Kompetenzen (vgl. Frank, 2008, S. 75 f.). Hinzu kommen Bloßstellungen und Beschämungen. Brené Brown (2013) bezweifelt, dass es ,schamfreie' Schulen oder Organisationen gibt und begründet: „Sobald ich erläutert habe wie Schamverhalten funktioniert, kommen nämlich in der Regel ein oder zwei Lehrpersonen auf mich zu und erklären mir, dass sie tagtäglich mit den Schamgefühlen ihrer Schüler arbeiten" (S. 226).

Zu beachten ist jedoch, dass es Lehrpersonen gibt, die einen wertschätzenden, respektvollen Umgang zu den Lernenden pflegen und eine entspannte und vertrauensvolle Beziehung zu den jungen Menschen aufbauen, was sich förderlich auf das Lernen auswirkt. Als unterstützend für die Entwicklung von Lernenden wirken sich Einfühlungsvermögen, Offenheit, Ausgeglichenheit, Humor und Ehrlichkeit aus (vgl. Roos & Grünke, 2011, S. 426).

Die schulische Lernumgebung sollte so gestaltet sein, dass adaptive Attributionen, rationale Denkmuster, hohe Selbstwirksamkeitserwartungen und realistische Kontrollüberzeugungen von Seiten der Lehrkräfte stets und überall kultiviert werden. Eine isolierte Förderung (während einzelner Trainingseinheiten) ist dem Ziel einer umfassenden und nachhaltigen Steigerung von Resilienz weniger zuträglich als eine *ganzheitliche*. Insofern bietet es sich an, die relevanten Prinzipien mit dem regulären Unterrichtsstoff in Verbindung zu bringen oder sie auf informelle Art in die Interaktion mit den Kindern und Jugendlichen einfließen zu lassen. Leistungsrückmeldungen, informelle Gespräche, Arbeitsanweisungen, Klassendiskussionen, kleine Ermutigungen usw. eignen sich gut dazu, *resiliente ‚Botschaften'* zu vermitteln. Wenn Lehrkräfte ihren Schülerinnen und Schülern kontinuierlich nahelegen, dass sie für unkontrollierbare Schwierigkeiten nicht verantwortlich sind, kleine Alltagswidrigkeiten keine Katastrophen darstellen oder dass Krisen mit Hilfe eigener Ressourcen überwunden werden können, so stärken sie damit deren seelische ‚Abwehrkräfte'
Falls die Kinder und Jugendlichen über die notwendigen kognitiven und emotionalen Voraussetzungen verfügen, kann es sinnvoll sein, diesen Prozess mit Hilfe von handlungsorientierten Methoden zu unterstützen, bei denen sie die oben thematisierten Bewältigungsmechanismen im Rahmen unterrichtlicher Aufgabenstellungen praktisch umsetzen und dabei Problemlösekompetenzen entwickeln können.
(Roos & Grünke, 2011, S. 421)

In dieser Art und Weise gestalteter Unterricht wirkt sich auf Lernende entwicklungsfördernd aus. Des Weiteren erwähnen Roos und Grünke (2011, S. 422) die Wichtigkeit des sozialen Lernens in Form von kooperativem und tutoriellem Lernen. Diese Lernformen erhöhen die Sozialkompetenz der Lernenden und wirken entwicklungsfördernd für alle Lernenden einer Klasse.

Sinnvollerweise werden in die Unterrichtsplanung die Selbstbestimmungstheorien miteinbezogen. Diese basieren auf der Erfüllung der psychologischen Grundbedürfnisse: Autonomie, Kompetenz, soziale Einbindung. Diese psychologischen Basisbedürfnisse sind unabhängig von Alter, Geschlecht und Kultur. Das Autonomiebedürfnis wird dann befriedigt, wenn Menschen ihre Handlung selbstbestimmt ausführen können, ihre Interessen und integrierten Werte Raum erhalten. Als kompetent erleben sich Menschen, wenn sie sich selbstwirksam erleben. Wenn sich Menschen zugehörig fühlen, jemanden umsorgen können und Unterstützung durchs Umfeld erfahren, wenn sie diese brauchen, erfahren sie das Bedürfnis nach sozialer Einbindung. Die Selbstbestimmungstheorie nach Deci & Ryan umfasst fünf untergeordnete Theorien (vgl. Martinek, 2014, S. 9 ff):

1. Die Theorie der kognitiven Evaluation: Diese beschäftigt sich mit den Auswirkungen sozialer Umgebungen auf die intrinsische Motivation.
2. Die Theorie der organismischen Integration: Diese geht davon aus, dass Menschen Erfahrungen in ihr Selbst integrieren wollen.
3. Die Theorie der Kausalorientierung: In dieser werden die inneren Ressourcen und deren Einfluss auf die Motivation untersucht.
4. Die Theorie der Basisbedürfnisse: Hier wird belegt, dass die Befriedigung der psychologischen Basisbedürfnisse mit gesteigertem Wohlbefinden korrelieren.
5. Die Theorie der Zielorientierung: Bei dieser wird zwischen extrinsischen und intrinsischen Zielen unterschieden.

Nach Deci & Ryan führt eine angemessene Berücksichtigung der Basisbedürfnisse zu mehr Kreativität, Wohlbefinden und besseren Leistungen (vgl. Martinek, 2014).

Für eine erfolgreiche Interaktion zwischen Kindern und Lehrpersonen ist das Kommunikationsverhalten von Lehrpersonen ebenso wichtig. Opp (2008a, S. 234) erwähnt die Wichtigkeit nachfolgender Ergebnisse aus einer Befragung kalifornischer Schülerinnen und Schüler.

Diese wollten, dass
- Lehrpersonen ihnen zuhören
- Lehrpersonen ihre Anstrengungen anerkennen
- Lehrpersonen fürsorglich sind
- sie als Lernende eine aktive Rolle in den schulischen Lernprozessen übernehmen können
- mit ihnen als Lernenden gesprochen wird, statt über sie hinweggeredet
- Lehrer sensibel Lernprobleme der Lernenden wahrnehmen (vgl. ebd.)

In den heutigen Ausbildungsstätten für Lehrpersonen werden die oben genannten Punkte vermittelt. „Schülerbefragungen ergaben, dass Kinder weniger ängstlich bzw. zufriedener sind, wenn emotionale Wärme als Bestandteil des Erziehungsstils realisiert wird" (Frank, 2008, S. 76 f.). Das Wissen um die Wichtigkeit der Qualität in der Beziehung zwischen Lehrpersonen und Kindern ist vorhanden und wird von Ersteren vielfach gelebt. Berndt zitiert die Heilpädagogin Monika Schumann: „Schon eine einzige enge Bindung macht so stark, dass viele negative Faktoren dadurch wieder wettgemacht werden. Das ist unsere pädagogische Chance" (vgl. Berndt, 2014, S. 67 f.). Diese Aussage kann ich aus meiner Tätigkeit als Heilpädagogin bestätigen. Als Lehrpersonen haben wir in der Tat die Chance, Menschen im Rahmen von schulischen Settings zu stärken. Zusätzlich besteht die Möglichkeit, in der Zusammenarbeit mit den Eltern unterstützende Ressourcen im familiären Umfeld zu wecken oder darauf aufmerksam zu machen.

Dennoch dürfen die Belastungen, denen Lehrpersonen ausgesetzt sind, nicht vergessen werden, denn durch diese ist ein entspanntes Unterrichten gefährdet. Ann Masten betont die Wichtigkeit der Resilienzförderung bei Lehrpersonen, da diese oftmals überlastet und Burnout-gefährdet sind. „Die Aufmerksamkeit mehr auf die Stressreduktion und die Resilienzförderung von Lehrern und anderem Schulpersonal zu richten könnte sich auf die Resilienz der Schüler und der gesamten Schule übertragen" (Masten, 2016, S. 224).

Mittlerweile gibt es einige Schulen in der Schweiz, welche einen präventiven Ansatz verfolgen, der auch als Intervention dienen kann. Zwei dieser Ansätze werden hier vorgestellt. Zudem wird mit dem Erscheinen der Filme Alphabet (André Stern) und Ca-RabA (Bertrand Stern) die Frage nach einer angemessenen Bildung und wie sich diese gestalten könnte aufgeworfen.

Lösungsorientierter Ansatz

Es gibt einige sonderpädagogische Schulen, die nach dem lösungsorientierten Ansatz von Insoo Kim Berg und Steve de Shazer arbeiten. Born-Kaulbach, Cammenga und Welter (2016) schreiben: „Unsere Schüler waren alle auf irgendeine Art traumatisiert oder verwahrlost durch ihr Aufwachsen in schwierigen Lebenssituationen. Sie hatten kein Vertrauen in sich selbst, keine Vorstellung ihrer Zukunft, keinen Glauben ans Gelingen" (S. 22). Born-Kaulbach et al. beschreiben in einer eindrücklichen Art und Weise, wie sie mit Hilfe des lösungsorientierten Ansatzes ein anderes schulisches Klima schaffen konnten und wie die Jugendlichen sich darauf eingelassen haben.

Wenn das lösungsorientierte Modell falsch verstanden wird, meinen die Pädagoginnen, man dürfe nichts mehr fordern und keine Regeln und Rahmenbedingungen mehr festlegen, sondern nur noch fragen, wie es der Jugendliche haben möchte. Diese Missverständnisse kommen immer wieder vor, vor allem bei Leuten, die sich nur oberflächlich mit dem Modell befasst haben. (Born-Kaulbach, Cammenga, & Welter, 2016, S. 25)

Mit Hilfe des lösungsorientierten Ansatzes wird den Jugendlichen zugehört, ihre Stimme wird ernst genommen und es werden gemeinsam Lösungen gesucht. „Kinder sind je nach Alter mehr oder weniger abhängig von den Personen, die für sie sorgen. Meist entscheiden die Erwachsenen, ob ein Verhalten als problematisch eingestuft wird und ob möglicherweise eine spezielle Maßnahme nötig ist. Kinder haben kaum Gelegenheit, sich dazu zu äußern" (Born-Kaulbach, Cammenga, & Welter, 2016, S. 68). Born-Kaulbach et al. (2016) stellen verschiedene Institutionen vor, die mit dem lösungsorientierten Ansatz arbeiten. Dabei werden unterschiedliche Graphiken vorgestellt, die eingesetzt werden, um die Vorgehensweise zu unterstützen. Die Autoren haben die Erfahrung gemacht, dass sich die Kinder und Jugendlichen als selbstwirksam und selbstbewusst erleben, wenn sie mit Pädagogen arbeiten, die den lösungsorientierten Ansatz umsetzen.

Pesta – die alternative Schule

Vereinzelt gibt es Schulen, deren gesamtes Konzept auf den Zielen aufbaut, die Kinder zu stärken, ihre Lebensprozesse zu unterstützen und sie selbstwirksam lernen zu lassen. Diese Schulen berufen sich oftmals auf die Pesta in Ecuador, welche während 30 Jahren von Rebecca und Mauricio Wild geführt wurde. Das Curriculum der Schule war auf die Bedürfnisse der Kinder ausgerichtet, die Umgebung wurde fortlaufend auf diese angepasst.

„Ein sinnvolles Curriculum bewahrt das Einssein des Kindes mit sich selbst und seiner Welt. Es stützt sich auf all die kindlichen Eigenheiten, die die Stärke des jungen Organismus ausmachen: Seinen Bewegungsdrang, seine Neugierde, seine Gefühlsstärke und Sinnesfreude" (Wild, 2001, S. 147). In der Pesta bestimmen die Kinder jeden Morgen neu, was sie tun werden und welches Ziel sie erreichen wollen. Die Erwachsenen begleiten die jungen Menschen, indem sie dafür sorgen, dass die Grenzen der Einzelnen gewahrt sind und sie als Ansprechperson präsent sind. Die unterschiedlichen Räume enthielten vorstrukturiertes Material. Vieles davon kam aus der Montessori-Pädagogik und wurde im Gegensatz zur üblichen Anwendung als Angebot zum ersten Selbst-Ausprobieren ohne Instruktion eingesetzt. Wenn das Kind dazu bereit war und sich eine Instruktion wünschte, wurde es durch die anwesenden Erwachsenen eingeführt. In dieser Schule gab es sehr wenige Regeln. „Die Regeln sind so einfach, dass ,jedes Kind' ihre Notwendigkeit am eigenen Leib erleben und verstehen kann: ..." (Wild, 2001, S. 212). Wild (2001) beschreibt, wie sich die älteren Lernenden zu (selbst)kritischen Menschen entwickeln, welche den Mut haben sich zu äußern und ihre Werte zu vertreten, Interesse an neuen Gebieten zeigen und ein soziales Verantwortungsbewusstsein leben (S. 274). Diese Menschen hatten die Möglichkeit, Resilienz anhand alltäglicher Tätigkeiten im Zusammensein mit Gleichaltrigen zu entwickeln.

In der Schweiz gibt es mittlerweile mehrere private Schulen, welche inspiriert von der Pesta arbeiten. In diesen Schulen wird das selbstbestimmte Lernen an die erste Stelle gesetzt. Freiwilligkeit hat an diesen Schulen einen zentralen Stellenwert, denn das Ziel ist es, die intrinsische Motivation fürs Lernen wirken zu lassen.

Resilienzförderprogramm für Schulklassen

Dieses Förderprogramm konzipierte ich ursprünglich im Rahmen meiner Masterarbeit. In meiner Tätigkeit als schulische Heilpädagogin beobachtete ich einerseits, dass eine Weiterentwicklung der Lernenden in emotional-sozialen Bereichen wichtig ist, andererseits war ich mir der begrenzten Zeit bewusst, die ein solches Programm einnehmen kann. Aus diesem Grund entschloss ich mich, ein Programm mit 16 Einheiten zu erstellen. Begleitend zu den Lektionen mit den Lernenden fand ein Elternkurs statt, da aus meiner Sicht die geplanten Inhalte nur dann nachhaltig wirken können, wenn die beteiligten Personen aus dem Umfeld der Lernenden ebenfalls in die Auseinandersetzung mit den Themen gehen. Die Lehrpersonen erhielten eine kurze Schulung mit Erläuterungen zur Thematik.

Zentral war für mich der viel zitierte Satz von Maria Montessori „Hilf mir, es selbst zu tun". Die Themenbereiche im Förderprogramm wollte ich demzufolge so gestalten, dass die Lernenden Ideen und Impulse erhalten, wie sie selbst Wege finden können, wenn sie in Situationen gelangen, die für sie schwierig und herausfordernd sind. Die Lernenden führen ein Lernheft, das Informationen, Beispiele, Übungen und Möglichkeiten zur Reflexion enthält, damit der persönliche Lernweg unterstützt wird.

Die eingebauten Themenbereiche sind in diesem Kapitel erläutert. Das Förderprogramm mit den Beschreibungen für das Gestalten der Einheiten ist im Teil B zu finden. Die Einheiten sind für Mittelstufenklassen konzipiert, können jedoch adaptiert werden, sodass sie für jedes Lebensalter umgesetzt werden können. Empfehlenswert ist ein Wiederaufnehmen und Vertiefen der Themen, da diese durch das einmalige Durchführen zwar angetippt werden, sich jedoch nach so kurzer Zeit nicht im Alltag verankern können.

Zu Beginn stellte sich mir allerdings die Frage, ob präventive Resilienzförderung überhaupt möglich sei, da sich Resilienz ja dann zeigt, wenn Risikosituationen oder traumatische Ereignisse vorliegen. Aus meiner Sicht ist dies insofern möglich, als die personalen Resilienzfaktoren gestärkt werden und ein Mensch somit über ein breiteres Repertoire an Handlungsmöglichkeiten verfügt. Schockerlebnisse können irgendwann eintreten. Wenn wir geschwächt in eine solche Situation geraten, so gelingt es uns vermutlich weniger gut, diese Situation zu bewältigen, als wenn wir uns beim Eintreten eines solchen Ereignisses stark fühlen.

Vorausgehend soll gesagt sein, dass Resilienzförderung dann gelingen kann, wenn Lehrpersonen, Mütter, Väter und weitere Beteiligte ihre Vorurteile im Zusammenhang mit Intelligenz oder Persönlichkeitsmerkmalen der jungen Menschen in Frage stellen. Es geht darum, Menschen entdecken zu lassen und diese Entdeckungsreise zu begleiten. Dabei wird es möglich sein, auch als begleitender Mensch, das Gegenüber neu wahrzunehmen und so vielleicht auch bei sich selbst neue Bereiche zu entdecken. Zusätzlich unterstützend wirkt ein solches Förderprogramm, wenn sich das Umfeld von Heranwachsenden mit der Thematik auseinandersetzt. Bei Müttern, Vätern und Lehrpersonen wird dadurch ebenso ein Prozess angestoßen. Dies kann sich sehr positiv auf die Weiterentwicklung von Kindern und Jugendlichen auswirken, da sie beispielsweise lernen, dass es vollkommen in Ordnung ist, sich Hilfe zu organisieren, wenn die eigenen Möglichkeiten nicht greifen.

> Soziale Unterstützung ist eine biologische Notwendigkeit, keine Option, und diese Tatsache sollte das Rückgrat aller Prävention und Behandlung sein. Die tiefreichenden Auswirkungen von Traumata und Deprivation auf die kindliche Entwicklung zu erkennen und anzuerkennen muss nicht automatisch dazu führen, dass man die Eltern beschuldigt. Wir können davon ausgehen, dass Eltern immer das Beste tun, das ihnen möglich ist. Doch alle Eltern brauchen bei der Betreuung ihrer Kinder Hilfe.
> (Van der Kolk, 2016, S. 203).

Das Lernen ist ebenfalls an personale Voraussetzungen gekoppelt. So ist es wichtig, nachfolgende Aspekte miteinzubeziehen:

soziale und ökologische, emotionale, kognitive, biologische Bedingungen (vgl. Brunsting-Müller, 2000). Diese haben wiederum mit dem Risiko- und Schutzfaktorenkonzept aus der Resilienzforschung zu tun. Im Bereich der Heilpädagogik wird die Situation eines Menschen ebenfalls mit einem ganzheitlichen Ansatz betrachtet, um abzuschätzen, was es braucht, damit er in seinem Lernprozess weiterkommt. In der Heilpädagogik wird mit dem ICF-CY, welcher von der WHO vorgeschlagen wird, gearbeitet. Dieser beschreibt die einzelnen Bereiche, mittels derer die Entwicklung eingeschätzt werden kann. Diese Bereiche und ihre Wechselwirkungen können der unten stehenden Abbildung entnommen werden. Unter jedem dieser Bereiche sind ausdifferenziert verschiedene Aspekte erfasst.

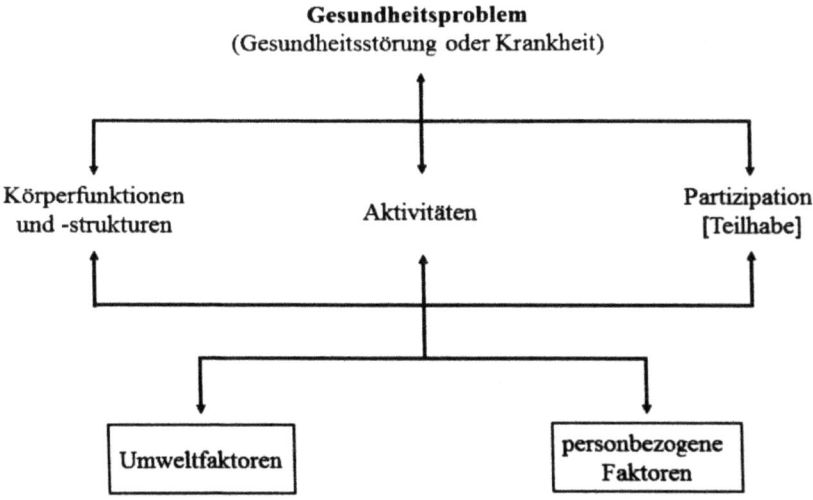

Abbildung 5: Wechselwirkungen zwischen den Komponenten der ICF (World Health Organisation, 2012, S. 46)

Wie sich die Ausbildung der exekutiven Funktionen bei einzelnen Lernenden entwickelt, ist sehr unterschiedlich. Jedoch kann das Durchführen dieses Förderprogramms zur Weiterentwicklung einzelner exekutiver Funktionen beitragen. Es werden nachfolgende Bereiche unterschieden: Reaktionshemmung, Arbeitsgedächtnis, emotionale Regulation, Aufmerksamkeitssteuerung, Initiieren von Handlungen, Planen/Setzen von Prioritäten, Organisation, Zeitmanagement, zielgerichtete Beharrlichkeit, Flexibilität, Metakognition (vgl. Dawson & Guare, 2012, S. 25 f.). Im schulischen Umfeld gibt es vielerlei Situationen, in denen exekutive Funktionen weiterentwickelt werden können. Lernsettings können gezielt so geplant werden, dass einzelne exekutive Funktionen gefördert und umgesetzt werden können. Für das von mir zusammengestellte Resilienzförderprogramm wird ein Lernheft eingesetzt. Damit wird die Weiterentwicklung der metakognitiven Fähigkeiten unterstützt.

Das Lerntagebuch/Lernheft

Ruf & Gallin nennen das Lernheft Reisetagebuch. Die Funktion dieses Instrumentes ist es, dass die Lernenden ihren persönlichen Lernprozess dokumentieren können. Solche Lernhefte erfüllen nachfolgende Aspekte: Sie sind ein Instrument der Metakognition, enthalten Ideen und Notizen zu den Interessen der Lernenden, dokumentieren Inhalte, mit denen eine Auseinandersetzung stattfand, enthalten Skizzen, Zeichnungen und Bilder, welche Inhalte veranschaulichen, und sind vor allem ein persönliches Dokument.

Im Lernheft wird stets das Thema festgehalten, an dem gearbeitet wird. Für das Arbeiten mit dem Förderprogramm können die Überschriften vorgegeben werden oder den Lernenden überlassen werden. Dies hängt von der Vorliebe der Lehrperson ab, die damit arbeitet. Wichtig ist, dass Lernende, die zum ersten Mal mit diesem Instrument arbeiten, Erklärungen und Hinweise für die Handhabung erhalten. Es ist wichtig, dass sie den Sinn und die Bedeutsamkeit dieses Instrumentes erfahren.

Für das Förderprogramm ist es wesentlich, dass die Lernenden eine gestalterische Freiheit erhalten. Zudem ließ ich in den Klassen, in denen ich involviert war, die Lernenden entscheiden, ob sie die Inhalte privat sein lassen wollten, was bedeutet, dass die Lehrpersonen keinen Einblick in die Notizen erhielten, oder ob sie ihnen die Erlaubnis geben wollten, sie zu lesen. Dies erscheint mir wichtig, weil die Notizen sehr persönlich sein können, was bei der Auseinandersetzung mit den Themen Stärken, Schwächen, Ressourcen, Emotionen, Bedürfnisse und Kommunikation erwünscht ist. Es geht um die Privatsphäre und die Integrität der jungen Menschen. Sie selbst legen die Grenzen diesbezüglich fest. Hier ist es für Lehrpersonen unter Umständen eine Herausforderung, von ihrer Gewohnheit, die Arbeiten der Lernenden zu korrigieren und zu kontrollieren, Abstand zu nehmen.

Zudem kann es hilfreich sein, dass die Lehrpersonen selbst ein solches Lerntagebuch in Bezug auf die Sequenzen des Förderprogramms führen. Die Lernenden werden sich an die Situation gewöhnen, dass die Zeit der Reflexion auch von den Lehrpersonen zur Reflexion genutzt wird. Bei jeder Unterrichtseinheit sind Fragen aufgeführt, welche die Reflexion unterstützen können. Damit die Lernenden nicht überfordert sind, wird die Zeit zur schriftlichen Reflexion zu Beginn kurz gehalten und später ausgedehnt. Wichtig ist es, dass diese Zeitdauer den Bedürfnissen der Gruppe angepasst wird.

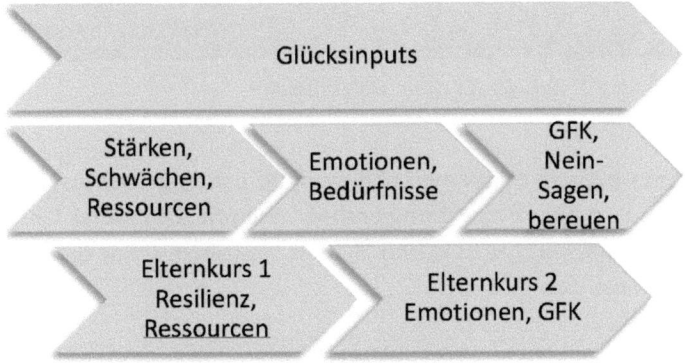

Abbildung 6: Übersicht zum Förderprogramm

Tägliche Glücksinputs

Für die Durchführung des Programms sind tägliche Glücksinputs vorgesehen. Diese haben den Zweck, dass es einmal täglich eine Zeitinsel gibt, die zum Genießen da ist. Das können erzählte Geschichten, gemeinsames Singen, Bewegen oder Spielen sein. Verschiedene Ideen und theoretische Aspekte sind im Teil D zu finden.

Abbildung 7: Beispiel für einen Glücksinput

Dieses Beispiel zeigt einen Glücksinput, der eingepackt war und im Innern eine Verpackung enthielt, die mit ‚Ein Meter Glück' beschriftet war. Darin waren Waffeln enthalten. Diese teilte sich die Klasse auf.

Stärken und Schwächen

In vielen Resilienzprogrammen wird der Stärken- und Schwächenansatz erwähnt. Die Stärken der jungen Menschen sollen gefördert werden und ihre Schwächen so thematisiert werden, dass dies ohne Gefährdung des Selbstwerts möglich ist. Ann Masten (2016) erwähnt die Möglichkeit von stärkenbasierten Beratungen an Schulen. Der Ansatz dieses Programms ist, dass die Lernenden sich selbst mit diesen Themen auseinandersetzen können und eigene Strategien finden, um mit ihren Schwächen umgehen zu können, sodass diese zur Weiterentwicklung dienen. Diese Grundidee stammt aus der Positiven Psychologie und wurde insbesondere von Seligmann weiterentwickelt. Ein Bereich der Positiven Psychologie befasst sich mit dem Positiven Denken, welches eine positive Grundhaltung erfordert.

In der wissenschaftlichen Psychologie wurden positive Haltungen lange Zeit nur dann als adaptiv erachtet, wenn sie noch realistisch waren. Einen Meilenstein setzten Taylor und Brown (1988). Sie argumentierten, dass psychisch gesunde Menschen die Wirklichkeit leicht illusionär verkennen (im Sinne einer ständig präsenten rosa Brille) und dass ihnen diese Verkennung im Alltag, vor allem aber bei der Bewältigung schwieriger Situationen, hilfreich sei. (Schütz, Hertel, & Heindl, 2004, S. 16)

Auch der Begriff ‚Positives Denken‘ ist ein Oberbegriff, der zahlreiche Teilaspekte enthält. Die wichtigsten davon sind Optimismus, Kontrollüberzeugungen, Selbstwirksamkeitserwartung, positiv konnotierte Bewältigungsreaktion. Genau diese Bereiche kommen im Förderprogramm beim Bearbeiten der Themenbereiche Stärken, Schwächen, Ressourcen zum Tragen. Das Einbeziehen der Schwächen und das Finden eines konstruktiven Umgangs mit ihnen beugt der Gefahr vor, dass ein Mensch sich überschätzt. Zudem haben alle Stärken eines Menschen auch eine Kehrseite. In manchen Situationen kann eine Stärke zu Schwierigkeiten führen oder eine negative Auswirkung haben. Deshalb ist es aus meiner Sicht wichtig, eine Balance zu finden, die der Weiterentwicklung dienlich ist.

In den Schulen ist häufig von Stärken und Schwächen die Rede. Die Lernenden beginnen sich zu bewerten. Damit sie nicht stecken bleiben, kann es hilfreich sein, wenn sie neue Strategien im Umgang mit ihren Schwächen entdecken. Da oftmals Stärken als positiv und Schwächen als negativ betrachtet werden, sind viele Menschen im Bereich der Schwächen angreifbar. Im Verlaufe des Lebens eignen sie sich viele Strategien an, um Schwächen zu vertuschen oder zu vermeiden. Diese Unterrichtsstunden sollen dazu anregen, dass über Schwächen gesprochen werden kann und die Lernenden erfahren können, dass andere ebenfalls Strategien entwickelt haben und darüber sprechen können, denn oftmals sind diese Bereiche mit Scham belegt. „Für Kinder ist Scham ungemein schmerzbesetzt, weil sie untrennbar mit der Angst verknüpft ist, nicht liebenswert zu sein" (Brown, 2013, S. 269). Deshalb ist es wichtig, dass der Begriff der Schwächen umgedeutet werden kann und auch die Ressourcen darin gesehen werden können. Für viele Menschen ist das Sprechen darüber bereits ein erster Schritt, um einen anderen Zugang zu den Schwächen zu finden und von einer Wertung wegzukommen. Über eigene Ressourcen Bescheid zu wissen, hilft, Lösungen zu finden.

Ein weiterer Punkt im schulischen Umfeld ist das Betonen der Wichtigkeit von sprachlichen und mathematischen Fähigkeiten. Dies beginnt bereits im Kindergarten. Jedoch ist mittlerweile das Modell von Howard Gardner mit den achteinhalb Intelligenzen bekannter und wird auch in Schulen beigezogen. Gerade dieses Modell eignet sich sehr gut, um ins Programm miteinbezogen zu werden. „Nur wenn wir unsere Perspektive erweitern und unsere Sicht des Intellekts neu formulieren, können wir angemessenere Methoden entwickeln, Intellekt zu bewerten, und effektivere Methoden, ihn auszubilden" (Gardner, 1991, S. 18). Ich meine, dass eine Bewertung des Intellekts nicht notwendig ist. Das Wegkommen von Bewertungen erachte ich als hilfreicher, als daran festzuhalten, denn wenn wir bewerten, haben wir wiederum eine Referenz und Vorstellung, was gut oder schlecht ist.

Meiner Ansicht nach geht es vielmehr darum, dass ein Mensch sich selbst einschätzen lernt und weiß, was ihm leichtfällt und wo er, aus welchen Gründen auch immer, nicht weiterkommt. Zugleich ist es wichtig, bei den Mitmenschen anhand von Beobachtungen zu sehen, was diesen leichtfällt, wo sie ihre Stärken und Schwächen haben, um sich so in der Zusammenarbeit zu ergänzen und voneinander lernen zu können.

In einer Schulklasse ist diesbezüglich eine sehr große Ressource vorhanden, da über zwanzig Individuen zusammenkommen und jede Person einzigartig ist.

In Bezug auf die personellen Resilienzfaktoren werden an dieser Stelle insbesondere die Selbst- und Fremdwahrnehmung gefördert.

Ressourcen

Ressourcen sind in vielen verschiedenen Kontexten wichtig. Hier geht es um die Ressourcen, die einem Menschen zur Verfügung stehen, ausgehend von den personalen Ressourcen, welche ein Mensch mitbringt, weiterführend zu den Ressourcen des Umfeldes eines Menschen bis hin zu den Ressourcen, die die Gesetzgebung des Wohnortes mit sich bringt.

Schaller und Schemmel (2013, S. 83) führen unterschiedliche Autoren auf, die Ressourcen verschieden definieren. Für diese Arbeit passt am ehesten die nachfolgende Definition: „Emma Schmied und Klaus Grawe wählen einen anderen Bezugspunkt. Sie sehen in Ressourcen die Möglichkeiten, die einem Menschen zur Befriedigung seiner Grundbedürfnisse (Lustgewinn, Bindung, Kontrolle, Selbsterhöhung) und somit der Lebenshaltung und -verbesserung dienen" (ebd.).

Die personalen Ressourcen können mittels der Intelligenzen nach Gardner aus einer anderen Perspektive betrachet werden.

Deshalb an dieser Stelle ein Exkurs in die Theorie der Intelligenzen nach Gardner:

Gardner hat sich intensiv mit dem Thema Intelligenz auseinandergesetzt. In den USA wurden die ersten IQ-Tests durchgeführt und damit auch die Förderung von Menschen vorangetrieben, welche eine hohe Punktezahl erreichten. Jedoch waren diese Tests so ausgelegt, dass sie allenfalls Aussagen machen konnten, was die schulischen Bereiche wie Sprache und Mathematik anbelangte. Außerschulische Bereiche waren darin nicht enthalten. Diese Art und Weise der Testung empfand Gardner als zu einseitig. Zudem hatten die Theorien, welche die Grundlage zu diesen Intelligenztests bildeten, keine schlüssigen Erklärungen zu sogenannten Wunderkindern. Unter anderem beeinflusste die Auseinandersetzung mit diesen Wunderkindern Gardner in seinen Arbeiten und führte ihn letztendlich zu der Theorie der multiplen Intelligenzen. Für folgende neun Bereiche gibt es ausführliche Beschreibungen (vgl. Gardner, 1991):

1. Linguistische Intelligenz
2. Musikalische Intelligenz
3. Logisch-mathematische Intelligenz
4. Räumliche Intelligenz
5. Körperlich-kinästhetische Intelligenz
6. Intrapersonale Intelligenz
7. Interpersonale Intelligenz
8. Naturkundliche Intelligenz
9. Lebensintelligenz (eigentlich 8 ½)

Linguistische Intelligenz
Menschen, welche eine Sensibilität für die Bedeutungen der Wörter und ihre Schattierungen haben, können sich sprachlich differenziert ausdrücken. Dies ist eine der Fähigkeiten, welche jemanden auszeichnet, der eine Begabung im Bereich der linguistischen Intelligenz zeigt. Lyriker zeigen dies in besonderem Maße. Im Alltag sind die rhetorischen Aspekte der Sprache zentral. Menschen äußern sich mittels Sprache, um sich für eine

Aktion einzusetzen. Die Möglichkeit, sich an Daten, Aussagen, Wegbeschreibungen, Gedichte oder Anweisungen zu erinnern, zeigt das mnemotechnische Potenzial von Sprache. Als weiterer Aspekt gilt die erklärende Funktion der Sprache, welche für Lehrende und Lernende von Bedeutung ist. Zudem wird Sprache auch für die Metakognition eingesetzt, auch in Bezug auf die Sprache selbst. Dieser Bereich ermöglicht es, über Gesagtes nachzudenken und sich darüber zu äußern.

Die linguistischen Fähigkeiten beginnen sich in den ersten Lebensmonaten zu entwickeln und werden im Laufe des Lebens verfeinert. Einfluss hat hier jedoch auch das Umfeld einer Person. Zudem entwickeln Menschen viele verschiedene Formen des Sprachgebrauchs, wie beispielsweise die Gebärdensprachen.

Musikalische Intelligenz
„Keine der Gaben, über die ein Mensch verfügen mag, wird früher offenkundig als musikalisches Talent" (Gardner, 1991, S. 100). Auch hier ist das Milieu, in dem die betreffenden Menschen aufwachsen, von großer Bedeutung dafür, ob das Talent in Erscheinung tritt oder nicht. Ob sich daraus dann ein hoher Grad an musikalischer Kompetenz entwickelt, kann nicht vorausgesehen werden. Auch aus neurobiologischer Sicht kann gesagt werden, dass die musikalischen Fähigkeiten unabhängig von den linguistischen Kernfähigkeiten sind. „Während linguistische Fähigkeiten bei normalen Rechtshändern fast ausschließlich in der linken Hemisphäre lateralisiert sind, findet sich die Mehrzahl der musikalischen Kapazitäten – darunter auch die zentrale Sensibilität für Tonhöhen – bei den meisten normalen Individuen in der rechten Hemisphäre. Somit verursacht eine Läsion des rechten Vorder- und Temporallappens deutliche Schwierigkeiten bei der Bestimmung von Tönen und bei dem Versuch, sie korrekt wiederzugeben; Verletzungen der entsprechenden Areale der linken Hemisphäre (die enorme Probleme in der Sprachbeherrschung hervorrufen) lassen die musikalischen Fähigkeiten normalerweise weitgehend intakt" (Gardner, 1991, S. 116). Menschen, welche musikalische Fähigkeiten zeigen, verfügen

über ein vielfältiges Können, sei es das Spielen von Instrumenten, das Singen, das Komponieren, das Notenlesen, das Anhören und Sich-Einprägen-Können von Bewegungsabfolgen beim Beobachten von tanzenden Personen.

Wichtig ist, zu sehen, dass es Überschneidungen der musikalischen Intelligenz mit anderen Intelligenzen gibt.

Logisch-mathematische Intelligenz

Diese Form des Denkens ist eine Konfrontation mit der Welt der Objekte. Schon in jungen Jahren werden einfache kausale Zusammenhänge zwischen Objekten erforscht. Dieses Erforschen wird weitergeführt bis zu komplexen Abstraktionen. Objekte werden in Gruppen zusammengefasst, kategorisiert, in Quantitäten erfasst, geordnet, mit Symbolen abgebildet, in mentalen Bildern repräsentiert, Zusammenhänge erkannt und verallgemeinert. „Die wichtigste und unverzichtbarste Begabung des Mathematikers ist sein Geschick im Umgang mit langen Beweisketten" (Gardner, 1991, S. 133). Für Mathematiker steht die Fähigkeit, Probleme zu erkennen und zu lösen, im Vordergrund. Weil Letzteres oftmals schwierig ist, kennen Mathematiker eine vielfältige Palette von Methoden und Problemlösestrategien. Bereiche der Naturwissenschaften sind verknüpft mit mathematischen Fähigkeiten. Zudem wurden in allen Kulturen der Welt Spiele entwickelt, welche mittels logischer Strategien erfolgreich gespielt werden können. Verbindungen zu anderen Intelligenzen kommen vor.

Räumliche Intelligenz

„Wichtig für die räumliche Intelligenz ist die Kapazität, die visuelle Welt richtig wahrzunehmen, die ursprüngliche Wahrnehmung zu transformieren und zu modifizieren und Bilder der visuellen Erfahrung auch dann zu reproduzieren, wenn entsprechende physische Stimulierungen fehlen" (Gardner, 1991, S. 163). Da die räumliche Intelligenz mit der Beobachtung der Umgebung zusammenhängt, könnte auch die Bezeichnung visuell verwendet werden. Dem hingegen widerspricht, dass blinde Menschen ebenso eine räumliche Intelligenz entwickeln. Menschen mit besonderen Fähigkeiten der räumlichen Intelligenz können Formen wahrnehmen, bekannte Objekte zeichnerisch darstellen, Ähnlichkeiten zwischen offensichtlich unterschiedlichen Formen erkennen oder im Kopf drehen. Dass diese Fähigkeit verschieden von den Fähigkeiten in den logischen und linguistischen Bereichen ist, war lange umstritten. Der Psychometriker L. L. Thurstone hat die Eigenständigkeit durch seine Forschungen bestätigt, indem er das räumliche Vorstellungsvermögen als einen Primärfaktor des Gehirns betrachtete. Viele Künstlerinnen und Künstler verfügen über ausgeprägte visuelle und räumliche Fähigkeiten. Diese Fähigkeit kann ein Mensch sich aneignen, indem er mit einer gewissenhaften Beobachtung der Alltagswelt beginnt. So lässt sich die Sensibilität für Kompositionen mit Farben und Formen weiterentwickeln.

Die räumliche Intelligenz lässt sich in allen Kulturen beobachten, da sich viele Völker an Einzelheiten ihrer Umgebung erinnern und sich darin orientieren können. Ebenso bedingen viele Spiele eine räumliche Intelligenz, nebst logisch-mathematischen Voraussetzungen.

Körperlich-kinästhetische Intelligenz

Gardner (1991) erwähnt als Einführung in diese Intelligenz den französischen Mimen Marcel Marceau, der sowohl Personen in Aktionen als auch Tiere oder Naturereignisse darstellen kann. Unser kinästhetischer Sinn erlaubt es uns, Aktivitäten zu überwachen, Timing, Stärke und Umfang einer Bewegung einzuschätzen. Aktionen verlangen ein fortwährendes Feedback, damit der aktuelle Stand wahrgenommen werden kann. Es gibt jedoch auch Aktivitäten, welche als Einheit abgespeichert sind und so ablaufen, wie beispielsweise bei Sportlern, Pianistinnen. In diesen Bereich gehört auch die Handhabung von Werkzeugen, Schreibgeräten, der Umgang mit Geräten oder die Verwendung von Gesten. Das Tanzen ist eine der ältesten Bewegungsformen, welche in vielen Völkern kultiviert wurde. In den Augen der Zuschauenden besitzen viele Tänze einen ästhetischen Reiz. Ebenso verfügen Schauspielerinnen und Schauspieler über ausgeprägte körperlich-kinästhetische Fähigkeiten, da sie auf der Bühne jede Bewegung bewusst ausführen. Die Fähigkeit zu mimen und zu imitieren gehört zum Bereich der körperlich-kinästhetischen Intelligenz. Diese kann wie alle anderen Bereiche weiterentwickelt werden.

Die intrapersonale Intelligenz

Gardner beschrieb in seiner ersten Version die personalen Intelligenzen. Er nannte bereits damals die zwei verschiedenen Aspekte der inter- und der intrapersonalen Intelligenz. Später führte er sie als zwei Intelligenzen auf. Unter der intrapersonalen Intelligenz versteht er die Fähigkeit von Menschen, sich selbst zu verstehen, ein lebensgerechtes Bild der eigenen Persönlichkeit zu entwickeln und dieses im Alltag zu nutzen (vgl. Gardner, 2002, S. 57).

In der älteren Darstellung der intrapersonalen Intelligenz habe ich auch darauf hingewiesen, dass sie ihre Wurzeln im Gefühlsleben des Individuums hat und eng mit affektiven Momenten verknüpft ist. Das Gefühlsleben betrachte ich nach wie vor als Kernelement der intrapersonalen Intelligenz, lege heute indes den Akzent auf deren gewichtige Rolle bei der persönlichen Lebensgestaltung. (Gardner, 2002, S. 58)

Die interpersonale Intelligenz

Gardner nennt einige Berufe, welche in ihrer Ausübung in hohem Grade diese Intelligenz entwickelt haben sollten: VerkäuferInnen, LehrerInnen, ÄrztInnen, Führungskräfte, SchauspielerInnen. „Als interpersonale Intelligenz wurde die Fähigkeit bezeichnet, Absichten, Motive und Wünsche anderer Menschen zu verstehen und dementsprechend in der Lage zu sein, erfolgreich mit ihnen zu kooperieren" (Gardner, 2002, S. 57).

Gardner weist zudem darauf hin, dass Intelligenzen weder moralisch noch unmoralisch sind. Jede der Intelligenzen kann ein Mensch verschieden einsetzen. In Bezug auf interpersonelle Intelligenz können Beispiele wie Machiavelli oder Gandhi erwähnt werden, denen es wichtig war, andere Menschen zu verstehen, jedoch mit unterschiedlicher Ausrichtung und Wirkung. Bei Mahatma Gandhi ging es um Empathie und bei Niccolò Machiavelli um Manipulation (vgl. Gardner, 2002, S. 60 f.).

Die naturkundliche Intelligenz

Auch diese Intelligenz definierte Gardner später als eigenständige Intelligenz. Er überprüfte sie wie alle anderen auch mittels der von ihm erstellten acht Kriterien. Zu dieser Intelligenz gezählt werden die Fähigkeiten, Gesetzmäßigkeiten bei Experimenten zu erkennen, naturforschende Tätigkeiten auszuüben, Tiere zu pflegen und mit ihnen zu interagieren, Naturphänomene zu entdecken und zu beschreiben oder Autotypen zu unterscheiden, um einige zu nennen. „Es gibt aber immer wieder Kinder, deren Interesse für die Natur ungewöhnlich stark ausgeprägt ist und die darüber hinaus auch in besonderem Maß dafür begabt sind, Unterscheidungen zu treffen und anzuwenden" (Gardner, 2002, S. 67). Gardner erwähnt zudem, dass sich Psychologen bis dahin wenig mit den Fähigkeiten des Naturkundlers beschäftigt hätten. Als Ausnahme erwähnt er die Psychologin Eleanor Rosch, welche psychische Mechanismen untersuchte, welche es ermöglichen, konkrete Eindrücke nach ihrer Ähnlichkeit einzuordnen, beispielsweise vogelähnlich oder baumähnlich. Bereits Höhlenmalereien weisen nach Gardner darauf hin, dass Menschen ihre Umgebung naturkundlich zeichnerisch festgehalten haben (vgl. Gardner, 2002, S. 68 f.).

Lebensintelligenz

Hier hat sich Gardner mit Spiritualität auseinandergesetzt, weil dies durch alle Kulturen hinweg ein wichtiges Thema ist. Durch diese Auseinandersetzung kam er zum Schluss, dass das Spirituelle ein Ausdruck existenzieller und kosmologischer Fragen ist (vgl. Gardner, 2002, S. 69 ff.). Auch diese neu definierte Intelligenz überprüfte er zuerst anhand der acht Kriterien, bevor er sich entschloss, sie als eigenständige Intelligenz gelten zu lassen. Zu ihr zählt er beispielsweise die Fähigkeit, sich mit existenziellen Fragen auseinanderzusetzen. Er erwähnt ebenfalls die Begabung und das Interesse, sich mit mystischen oder metaphysischen Systemen auseinanderzusetzen. Das Spiegeln an den acht Kriterien ließ Gardner zum Schluss kommen, dass die Lebensintelligenz auch als existenzielle Intelligenz vorderhand nur als halbe Intelligenz bezeichnet würde. So kam er auf 8 ½ Intelligenzen (vgl. Gardner, 2002, S. 78 ff.).

Das Ziel der Thematisierung der Ressourcen ist es, diese bewusst werden zu lassen, auch an Ressourcen im Umfeld zu denken und zu sehen, dass es Handlungsspielräume gibt. Die Auseinandersetzung mittels der multiplen Intelligenzen erweitert das Feld um einiges und lässt die jungen Menschen Wertschätzung für Bereiche erleben, welche „nichtschulisch" sind.

Im Bereich der personalen Resilienzfaktoren sind mit den Ressourcen vorwiegend die Selbst- und Fremdwahrnehmung, die soziale Kompetenz und die adaptive Bewältigungskompetenz angesprochen, weil es darum geht, dass ein Mensch wahrnehmen kann, welche Ressourcen er selbst mitbringt, welche Ressourcen ihm in seinem Umfeld zur Verfügung stehen und wie er diese nutzen kann.

Emotionen/Gefühle

Emotionen (Gefühle) spielen in unserem Leben eine wichtige Rolle. Täglich erleben wir vieles und durchleben unterschiedliche Gefühle. Emotionen können je nach Situation in Sekundenschnelle wechseln. Sie können uns überraschen, irritieren, überfordern. Im Laufe unseres Lebens erlernen wir Strategien, wie wir unsere Emotionen regulieren. Einige dieser Strategien stehen uns manchmal im Weg – manchmal sind sie hilfreich.

In einer weit gefassten Betrachtung und als Überbegriff beinhaltet die Bezeichnung Emotion die Gesamtheit und das Zusammenspiel aller beteiligten Prozesse: Dies sind körperliche Prozesse wie der Ausdruck durch Mimik und Gestik, aber auch physiologische und hormonelle Prozesse; es sind darüber hinaus kognitive Prozesse der Wahrnehmung und Bewertung von emotionsauslösenden Objekten; es sind die subjektiven, mentalen Repräsentationen, die mit Emotionen einhergehen; es sind motivationale Prozesse und damit die mit Emotionen in Zusammenhang stehenden Handlungen; es sind schließlich Lernprozesse in der Entwicklung von Menschen und damit auch der Einfluss von Kultur auf das emotionale Erleben einzelner. In einer eng gefassten Betrachtung wird der Begriff vorrangig für die objektiv beobachtbaren Aspekte der Emotion verwendet, für die ‚öffentlichen' Aspekte, insbesondere die mit der Emotion verbundenen körperlichen Prozesse. (Glasenapp, 2013, S. 12).

Emotionen werden durch vielerlei Reize ausgelöst. Es können Worte, Gedanken, Stimmungen von Mitmenschen, Gerüche, Klänge … sein, die Emotionen bei einer Person auslösen oder beeinflussen. Dazu schreibt Renate Zimmer: „Alle Informationen, die das Gehirn erreichen, werden gefiltert, ausgewählt und emotional bewertet. Hierfür ist das limbische System zuständig" (2007, S. 30). Emotionen verhelfen Menschen zu einer Weiterentwicklung. Dies ist insbesondere bei kleinen Kindern zu beobachten. Sie wollen lernen. Sie sind neugierig und erkunden ihre Umgebung. Jedes Mal, wenn ein Kleinkind etwas Neues lernt und es dann geschafft hat, löst dies ein beglückendes Gefühl aus. „Das Gehirn wird geradezu süchtig nach Neuem: Es entsteht Neu-Gierde" (Zimmer, 2007, S. 57).

Emotionen verhelfen Menschen, sich weiterzuentwickeln, indem sie die emotionalen Kompetenzen erweitern.

Intense negative emotions and moods, typically regarded as impediments to growth and development, actually set the stage for advanced development by their disintegrating power. Intensely negative affective experiences begin the process of loosing a tightly integrated mental organization. Though painful for individuals, negative emotions – a hallmark of inner conflict – allow people to achieve a more advanced level of human development. (Mendaglio, 2008, S. 21)

Intensive, negative Emotionen und Stimmungen, die typischerweise als Hindernisse für Wachstum und Entwicklung angesehen werden, bieten eigentlich – durch ihre sprengende Kraft – die Bühne für eine höhere Entwicklung. Intensive, negative, affektive Erlebnisse initiieren die Auflockerung einer eng integrierten mentalen Organisation. Obwohl schmerkzhaft für Einzelpersonen, können negative Emotionen – ein Kennzeichen des inneren Konflikts – den Menschen befähigen, ein höheres Niveau der menschlichen Entwicklung zu erreichen.
(übersetzt von François Cueff)

Kazimierz Dabrowski (1902–1980) hat ein Modell entwickelt, das davon ausgeht, dass mit Hilfe von Emotionen höhere Entwicklungsstufen erreicht werden können. Emotionen geben einen Anstoß dazu, sich mit sich selbst auseinanderzusetzen, und somit ist es möglich, sich innerlich zu entwickeln. Die höchste Stufe wird von Menschen erreicht, wenn sie dies anstreben und die Prozesse dazu nicht scheuen. Dabrowski (Mendaglio, 2008) schreibt, dass der Schritt von der Stufe zwei zur Stufe drei im Fünf-Stufen-Modell sehr herausfordernd ist. Das Fünf-Stufen-Modell:

1. Elementare Integration/Vernetzung
2. alle Bereiche umfassende Auflösung
3. spontaner mehrstufiger Zerfall
4. geordneter mehrstufiger Zerfall
5. zweite Integration/Vernetzung.

Ein Mensch, der die fünfte Stufe erreicht hat, hat gemäß Dabrowski sein persönliches Selbst entwickelt, lebt authentisch, autonom, empathisch, verantwortungsvoll, achtsam und hat inneren Frieden entwickelt.

Die Auseinandersetzung mit den eigenen Gefühlen kann sehr herausfordernd sein. Für Menschen ist es wichtig, dass sie ihre Emotionen wahrnehmen, ausdrücken, regulieren und verbalisieren können. Jeder Mensch ist ein fühlendes Wesen, weshalb dieses Thema alle betrifft. „Emotionen bestimmen ständig unser Leben, ohne dass wir auf den ersten Blick etwas tun müssen. Doch unser Gehirn ist entscheidend an der Entstehung von Emotionen beteiligt" (Petermann, Petermann & Nitkowski, 2016, S. 18). Im Bereich der Emotionen wurde schon sehr früh geforscht. Bereits Platon hat sich zu diesem Thema geäußert. Während der vergangenen Jahre kamen Erkenntnisse aus den Neurowissenschaften hinzu.

Grundlegend für alle neurowissenschaftlichen Ansätze ist die Körperbezogenheit aller emotionalen Prozesse. Das emotionale Erleben eines Menschen ist wie alle weiteren psychischen Prozesse an seinen Körper gebunden:

- an körperliche Veränderungen, die für andere sichtbar sein können (z.B. Durchblutungsveränderungen wie Erröten, Erbleichen),
- an hormonelle (z.B. Ausschüttung von Cortisol, Oxytocin) und physiologische Prozesse (z.B. Herzschlagreduzierung oder -erhöhung), die messbar sein können,
- an neuronale Prozesse (z.B. Ausschüttung von Neurotransmittern) und die Aktivierung bestimmter Zentren im Gehirn, die dank moderner diagnostischer Instrumente ebenfalls erfasst werden können.

(Glasenapp, 2013, S. 17)

Emotionen sind oftmals Auslöser für Reaktionen. Bereits ein Baby lernt seinem Wohlgefühl oder seinem Unwohlsein Ausdruck zu verleihen. Im Verlaufe der Entwicklung eignen sich Menschen einen sehr unterschiedlichen Umgang mit Emotionen an. Manchen wird von Kindesalter an das Ausdrücken von Gefühlen abgewöhnt. Der Zugang zu den eigenen Emotionen und ein angemessener Umgang damit ist somit erschwert.

Sowohl Glasenapp (2013) als auch Rosenberg (2016) betonen die Wichtigkeit des Wahrnehmens von Gefühlen. Dazu ist es notwendig, dass das Wissen über Gefühle und der Gefühlswortschatz erweitert werden, damit wir uns differenzierter ausdrücken und Gefühle als Ressourcen sehen können. Ein weiterer Aspekt ist die Regulation beziehungsweise das Modulieren von Gefühlen. Das Regulieren der Emotionen findet täglich statt und ist ein Lernprozess, der einerseits durch die Entwicklung und andererseits durch die Art und Weise der Sozialisation eines Menschen beeinflusst ist. Glasenapp (2013) meint: „Emotionsregulation vollzieht sich somit auf einem Kontinuum von unbewusster, müheloser, automatisierter Emotionsregulation bis hin zu bewusster, mühevoller, reflexiver Emotionsregulation" (S. 39). Glasenapp (2013, S. 122) erwähnt zudem die Wichtigkeit der Sinnhaftigkeit der Emotionen. Damit kann ein Querbezug zum Konzept des Kohärenzgefühls von Antonovsky (1997, S. 34ff) gemacht werden. Er beschreibt die drei Komponenten (Verstehbarkeit, Handhabbarkeit, Bedeutsamkeit) als Bestandteile des Kohärenzgefühls. Dies würde bedeuten, dass durch das Aneignen von Emotionswissen, das Wahrnehmen und Modulieren von Emotionen und dem Erfahren der Bedeutung der Emotionen ein Kohärenzgefühl in Bezug auf Gefühle aneignet werden könnte. Marshall Rosenberg (2016) unterscheidet zwischen „Wie wir uns wahrscheinlich fühlen werden, wenn sich unsere Bedürfnisse erfüllen" und „Wie wir uns wahrscheinlich fühlen werden, wenn sich unsere Bedürfnisse nicht erfüllen". Entsprechende Gefühlslisten (Rosenberg, 2016, S. 54ff) liegen vor, damit der Gefühlswortschatz erweitert werden kann. Emotionen zeigen uns auf, ob wir zufrieden sind oder ob Bedürfnisse nicht erfüllt sind. Damit wir lernen, dass Emotionen eine Ressource sein können, lohnt es sich, dass wir uns unserer Emotionen und deren Auslöser bewusst werden. „Gefühle leben vom Kontrast. Ein angenehmes Gefühl kann erst im vollen Ausmaß empfunden und wertgeschätzt werden, wenn auch unangenehme Gefühle erlebt werden" (Petermann, Petermann & Nitkowski, 2016, S. 14).

„Emotionen sind nicht nur intrapersonale, sondern auch interpersonale Prozesse. Emotionen beeinflussen gegenseitige Beziehungen und Verhalten. Dabei spielt die nonverbale Kommunikation eine bedeutende Rolle" (Kappas, 2009, S. 426). Nebst der nonverbalen Ebene spielen weitere Effekte eine Rolle, die im Zusammenhang mit Emotionen stehen. So bewirken beispielsweise die Spiegelneuronen, dass wir uns einfühlen können und Empathie entwickeln. „Die Koevolution der beiden Konzepte des Chamäleon-Effekts auf der Verhaltensseite und des Spiegelsystems in der Neurowissenschaft wird mit großer Wahrscheinlichkeit das Verständnis von Empathie und emotionaler Ansteckung stark beeinflussen" (Kappas, 2009, S. 427f).

Emotionsregulation

Die Emotionsregulation hat mit Selbststeuerung zu tun. Wenn wir unsere Gefühle regulieren können, ist es uns möglich, der Situation angemessen zu reagieren. Die Emotionsregulation wird von drei Bereichen beeinflusst: Emotionsbewusstsein, Emotionsverständnis, Empathie.

Emotionsbewusstsein

Mit Emotionsbewusstsein ist das Wahrnehmen der eigenen Gefühle und jener unserer Mitmenschen gemeint. Wenn wir dies unter dem Gesichtspunkt der Resilienzfaktoren betrachten, so hat der Resilienzfaktor Selbst- und Fremdbild am meisten mit diesem Bereich zu tun.

Unter dem Begriff ‚Emotionales Bewusstsein' lässt sich die Fähigkeit verstehen, emotionale Regungen bei sich und anderen bewusst wahrzunehmen. Diese Fähigkeit erfordert Aufmerksamkeit, um abrupte Reaktionen im eigenen Körper oder im Gesicht des Gesprächspartners zu bemerken. (Petermann, Petermann, & Nitkowski, 2016, S. 22)

Das Wahrnehmen von Emotionen ist eng verknüpft mit dem Emotionswissen. Wir nehmen Veränderungen im Körper wahr und können sie zugleich benennen.

Emotionsverständnis (Emotionswissen)

Emotionsverständnis und Emotionswissen bezeichnen dasselbe. Wie bereits weiter oben erwähnt, können Kinder Emotionen, die sie wahrnehmen, benennen. Wenn wir uns vertieft mit Emotionen befassen, unseren Wortschatz in diesem Bereich erweitern und unsere Wahrnehmung schulen, nimmt unser Emotionsverständnis zu. Je achtsamer wir Menschen begegnen können, desto eher sind wir in der Lage Emotionen beim Gegenüber zu erkennen. Die körperliche Wahrnehmung von Emotionen unterscheidet sich von Mensch zu Mensch, auch wenn es Ähnlichkeiten gibt. Petermann et al. (2016, S. 22 f.) zählen die Kompetenzen auf, die mit Emotionsverständnis in Zusammenhang stehen:

- die eigenen Emotionen klar zu benennen und zu unterscheiden,
- die Ursachen und Auslöser von Emotionen bei uns und anderen herauszustellen,
- den Emotionsausdruck zu erkennen,
- den Emotionsausdruck zu nutzen, um Botschaften zu übermitteln,
- Emotion und Ausdruck zu trennen, weil beides nicht übereinstimmen muss, und
- Emotionen entsprechend den sozialen Erwartungen auszudrücken

Emotionswissen von Kindern

Kinder bringen ihre Gefühle vom ersten Atemzug an sichtbar zum Ausdruck. Mit Hilfe ihrer Gefühle erreichen sie, dass ihre Bedürfnisse erfüllt werden. Eltern und andere Bezugspersonen reagieren auf das Weinen, das Schreien, das Lächeln, das Lallen ... von kleinen Kindern. Wenn ein Säugling weint, so sind Mütter und Väter darum bemüht, den Grund des Weinens herauszufinden. Schon sehr früh lernen Kinder, dass Emotionen bei ihren Mitmenschen etwas bewirken. Oftmals ist es so, dass wir im Verlaufe der Jahre verlernen, unsere Emotionen zu zeigen, sie bei unseren Mitmenschen wahrzunehmen oder unsere Mitmenschen darauf anzusprechen.

Aber den Gefühlen der Kinder und vor allem, wie Kinder fühlen, wird nach unserer Auffassung viel zu wenig Aufmerksamkeit geschenkt. Diese Lücke wollen wir ein wenig schließen. Das ist unser Herzensanliegen. Denn oft hören wir in unserer therapeutischen Arbeit von Erwachsenen, dass ihre Gefühle in der Kindheit missachtet wurden und wie sehr sie darunter gelitten haben. Und in der therapeutischen Arbeit mit Kindern erfahren wir, dass Kinder oft mit ihren Gefühlen ins Leere gehen, dass sie auf ihre emotionalen Regungen keine oder unangemessene Echos erhalten und häufig resignierend aufhören, überhaupt Gefühle zu zeigen.
(Baer & Frick-Baer, 2008, S. 7)

Dennoch können wir in verschiedenen Situationen beobachten, dass Kinder Gefühle benennen können, merken, wenn andere Menschen Einfühlung brauchen, und Gefühle in der Mimik ihres Gegenübers lesen können. Das Wissen über Emotionen sieht bei Siebenjährigen noch anders aus als bei Zehnjährigen. Die deutsche Forscherin Bettina Janke (2002) hat unterschiedliche Studien zum Emotionswissen betrachtet und diskutiert.

Die Ergebnisse zeigen erstmals, daß auch Kinder und nicht nur Erwachsene emotionsspezifische Körperempfindungen für die Emotionen Angst, Ärger, Trauer und Freude berichten können. Jede dieser Emotionen wurde von ihnen mit mindestens einer emotionsspezifischen Körperempfindung verknüpft. Ebenfalls beeindruckend ist, dass sich die Urteile der Zehnjährigen nur unwesentlich von denen Erwachsener unterscheiden. (Janke, 2002, S. 175)

Empathie

Empathie ist ein Wort, dem wir in verschiedenen Zusammenhängen begegnen. Wir können auf andere Personen empathisch wirken oder reagieren. Petermann et al. (2016, S. 24 f.) unterscheiden zwischen zwei Formen von Empathie, der kognitiven und der affektiven (emotionalen). Die kognitive Empathie wird oft als kühle Seite der Empathie bezeichnet. „Ist man in der Lage, sich gedanklich in eine andere Person ‚hineinzuversetzen‘, wird von ‚kognitiver Empathie‘ gesprochen" (Petermann, Petermann, & Nitkowski, 2016, S. 24). Eine Person kann beispielsweise nachvollziehen, weshalb ihre Kollegin Angst empfindet, wenn sie spätabends allein durch eine einsame, verlassene Straße gehen muss. Vielleicht kann sich diese Person an eine eigene Episode in ihrem Leben erinnern, in der sie ähnlich empfunden hat.

Die ‚affektive (emotionale) Empathie‘ ermöglicht ein tiefgreifendes emotionales Verständnis. Wer diese Fähigkeit besitzt, wendet sich der Gefühlswelt einer anderen Person zu und empfindet stellvertretend die Gefühle des Gegenübers (Smith, 2006). Die Schülerin fühlt auch (etwas von der) Angst, die ihre Klassenkameradin verspürt. Es entsteht ein Mitgefühl, das durchaus intensiv sein kann, was viele beispielsweise vom ‚Fremdschämen‘ kennen. Damit wird klar, warum dieser Aspekt auch ‚heiße‘ Empathie

genannt wird. Selbstverständlich sind kognitive und affektive Empathie eng miteinander verwoben und gehen ineinander über.
(Petermann, Petermann, & Nitkowski, 2016, S. 25)

Auch in der buddhistischen Tradition spielt der Umgang mit Gefühlen eine Rolle. Der Buddhismus enthält in seinen Lehren viele psychologische Aspekte.

Als nächstes betrachten wir unsere Gefühle und stellen fest, ob es sich um angenehme, unangenehme oder neutrale Gefühle handelt. Wie ein Fluß strömen Gefühle in uns dahin, und jedes Gefühl ist ein Tropfen dieses Flusses. Unsere Praxis besteht darin, tief in den Fluss hineinzuschauen und zu beobachten, wie jedes Gefühl entstanden ist. Wir erkennen Dinge, die uns am Glücklichsein gehindert haben, und wir tun unser Mögliches, sie zu verwandeln.
(Hanh, 2008, S. 37)

Das Ziel ist es, dass die Menschen mehr Mitgefühl sich selbst und anderen gegenüber entwickeln können. Dies verhilft zu besonnenem Handeln und Sprechen.

Unter dem Aspekt der personellen Resilienzfaktoren werden hier vor allem die Bereiche Selbstregulation sowie Selbst- und Fremdwahrnehmung angesprochen.

Bedürfnisse

Dass hinter Emotionen Bedürfnisse stehen, ist für einige Lernende allenfalls neu. Bedürfnisse betreffen ebenso alle Menschen. Anhand unserer Emotionen zeigt sich, ob Bedürfnisse erfüllt oder nicht erfüllt sind (vgl. Rosenberg, 2016, S. 54 ff.). „Emotionen sind also Ressourcen, die uns in Gang bringen und uns motivational ausrichten. So gesehen bewerten sie die Relevanz aktueller und zukünftiger Ereignisse. Sie sind auch potente Neuroplastizitätsverstärker" (Mentha, 2013, S. 98). Wenn Menschen ihre Emotionen nutzen können, um ihre dahinterliegenden Bedürfnisse wahrzunehmen, können sie nach verschiedenen Strategien suchen, mit Hilfe derer sie sich ihre Bedürfnisse erfüllen können. Somit erleben sie sich als selbstwirksam.

Wenn ich mir anschaue, was für Bedürfnisse ich habe, ohne sie mit bestimmten Strategien zu verknüpfen, dann eröffnen sich mir alle Möglichkeiten der Welt, um diese Bedürfnisse zu erfüllen. Sobald wir Bedürfnis und Bitte vermischen und denken, unser Bedürfnis kann nur von einer bestimmten Person oder auf eine bestimmte Weise erfüllt werden, schränken wir uns ein und aus der Fülle wird Knappheit. (Rosenberg, 2009, S. 30)

In seiner Motivationstheorie schreibt Maslow unter anderem über Bedürfnisse. „Es gibt genügend anthropologisches Beweismaterial, dass die tiefen oder elementaren Bedürfnisse aller menschlichen Wesen nicht annähernd so stark voneinander verschieden sind wie ihre bewussten alltäglichen Wünsche" (Maslow, 1977, S. 59). Bedürfnisse sind, so wie es Marshall Rosenberg ebenfalls betont, bei allen Menschen dieses Planeten gleichsam vorhanden. Praktisch alle Menschen wollen sich beispielsweise das Bedürfnis nach Nahrung erfüllen. In seiner Theorie der menschlichen Motivation beschreibt Maslow die unterschiedlichen Bedürfnisse. Dazu gehören die grundlegenden Bedürfnisse (physiologische Bedürfnisse), die Sicherheitsbedürfnisse, die Bedürfnisse nach Zugehörigkeit und Liebe, die Bedürfnisse nach Achtung und das Bedürfnis nach Selbstverwirklichung. Diese Bedürfnisse werden in eine Hierarchie gebracht, die besagt, dass sich die Bedürfnisse der nächsten Stufe dann entwickeln, wenn die Bedürfnisse der vorhergehenden Stufe erfüllt sind (vgl. Maslow, 1977).

Werden Bedürfnisse nicht erfüllt, so löst dies Reaktionen aus. „Eine Handlung ist psychologisch wichtig, wenn sie direkt zur Befriedigung der Grundbedürfnisse beiträgt" (Maslow, 1977, S. 90).

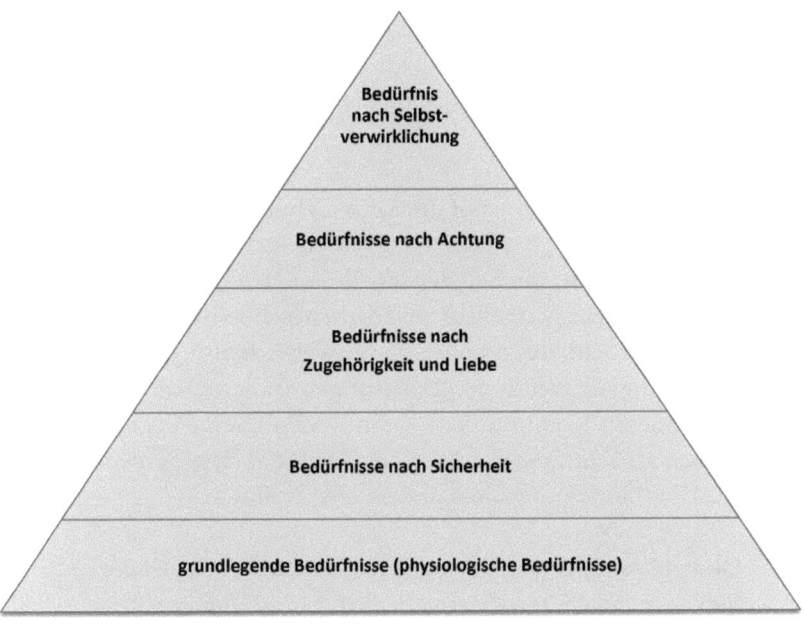

Abbildung 8: Bedürfnispyramide nach Maslow

Die Bedürfnispyramide nach Maslow zeigt auf, in welcher Reihenfolge die Bedürfnisse an Wichtigkeit gewinnen. Jedoch erwähnt Maslow, dass diese Hierarchie nicht starr ist. Es kann durchaus sein, dass bei einem Menschen die Bedürfnisse nach Selbstverwirklichung höher sind als die Bedürfnisse nach Sicherheit.

Menschen, die in ihren Grundbedürfnissen ihr Leben lang, besonders in jungen Jahren, befriedigt wurden, scheinen außergewöhnliche Kräfte des Widerstands gegen gegenwärtige oder künftige Frustration dieser Bedürfnisse zu entwickeln, einfach weil sie eine gesunde, starke Charakterstruktur als Folge der Grundbefriedigung aufweisen. Es handelt sich um starke Menschen, die Meinungsverschiedenheit oder Opposition leicht ertragen, die gegen den Strom der öffentlichen Meinung schwimmen und für die Wahrheit auf große persönliche Kosten geradestehen können. (Maslow, 1977, S. 97f)

An dieser Stelle spielen wohl die Entwicklungsstufen nach Dabrowski eine Rolle. Je weiter ein Mensch entwickelt ist, desto eher gelingt es ihm, mit belastenden Situationen einen Umgang zu finden. Je mehr Mitgefühl ein Mensch sich selbst und anderen gegenüber lebt, desto höher ist die Wahrscheinlichkeit, dass er einen Umgang mit hohen Belastungen findet. Dies hat viel mit der inneren Kommunikation eines Menschen zu tun. Was sich innen an Stimmen manifestiert, scheint auch gegen außen durch. Dies bestätigt Maslow, indem er schreibt:

Obwohl es im allgemeinen zutrifft, dass wir uns nach der Befriedigung der niedrigeren Bedürfnisse zu immer höheren Ebenen bewegen, bleibt jedoch als beobachtbares Phänomen, dass, wenn einmal diese höheren Ebenen und die Werte und Vorlieben, die sie begleiten, erreicht sind, sie autonom, von der Befriedigung der niedrigeren Grundbedürfnisse unabhängig werden. (Maslow, 1977, S. 124)

Interessant sind die Ausführungen Maslows über die Auswirkungen nichterfüllter Bedürfnisse, insbesondere auch unbewusster Bedürfnisse. Er erwähnt, dass die Befriedigung von Bedürfnissen fördernd für den gesunden Charakter sei (vgl. Maslow, 1977, S. 375).

Wenn dieser Teil des Förderprogrammes bezüglich der sechs Resilienzfaktoren betrachtet wird, so kann festgestellt werden, dass insbesondere die Bereiche Selbst- und Fremdwahrnehmung sowie Problemlösefähigkeit angesprochen werden. Menschen, die ihre Bedürfnisse kennen, können anders agieren und klarere Entscheidungen treffen. Zudem sind sie flexibler, da es mehrere Möglichkeiten gibt, sich Bedürfnisse zu erfüllen.

Kommunikation

Kommunikation hat – sei es auf der verbalen oder der non-verbalen Ebene – mit Beziehung zu tun. Da weiter oben die Wichtigkeit von Beziehung in Bezug auf Resilienz erwähnt ist, ist es relevant, wie sich die Kommunikation zwischen Menschen gestaltet. Der ausgesprochene Inhalt macht im Vergleich zu den non-verbalen Aussagen einen kleinen Anteil aus. Eine Übereinstimmung der beiden Bereiche bringt jedoch Klarheit auf verschiedenen Ebenen.

Über Kommunikation wurde bereits sehr viel geschrieben und es werden viele Ratgeber publiziert. Kommunikation ist eine äußerst vielschichtige Interaktionsweise. Der französische Philosoph Raphaël Enthoven erzählt in einem seiner Videos darüber, wie zwei Menschen sich begegnen. Sie kennen sich nicht, sprechen verschiedene Sprachen, fühlen sich dennoch verbunden. Ihre Kommunikation läuft auf der nonverbalen Ebene. Sie entwickeln eine Freundschaft, welche dann in Frage gestellt ist, als sich der eine der beiden entschließt, die Sprache des anderen zu lernen.

Schulz von Thun hat einige Bücher zu den Grundlagen der Kommunikation geschrieben. Sehr kritisch äußert er sich über seine anfängliche Begeisterung für Kommunikationstrainings. Es geht darum, die Mechanismen der Kommunikation zu verstehen – zuerst einmal bei sich selbst und danach im Gespräch mit anderen Menschen.

Ihn interessierte es, was ein Mensch als Sender einer Botschaft erlebt und was der Empfänger dieser Botschaft erlebt. Manche Botschaften sind kongruent, das heißt, der verbale Inhalt stimmt mit dem nonverbalen Ausdruck überein. Andere Botschaften werden als inkongruent erlebt. Beispielsweise dann, wenn ein Lob ausgesprochen wird und gleichzeitig ein abschätziger Blick beim Sender zu bemerken ist. Inkongruente Botschaften können Irritationen auslösen.

Sehr vereinfacht kann an dieser Stelle das Kommunikationsquadrat erwähnt werden. Bei diesem wird aufgezeigt, welche Ebenen bei einer Aussage mitschwingen können – einerseits beim Sender und andererseits beim Empfänger. Die Frage stellt sich nun, wie wir dem begegnen können. Auch wenn wir dieses Wissen haben, so können wir nicht davon ausgehen, dass unser Gegenüber ebenso damit vertraut ist. Als Sender und Empfänger ist es umso wichtiger, dass wir auf Botschaften und Reaktionen darauf angemessen reagieren können, denn im Bereich der Kommunikation geschieht vieles, das unumkehrbare, unheilvolle Auswirkungen haben kann.

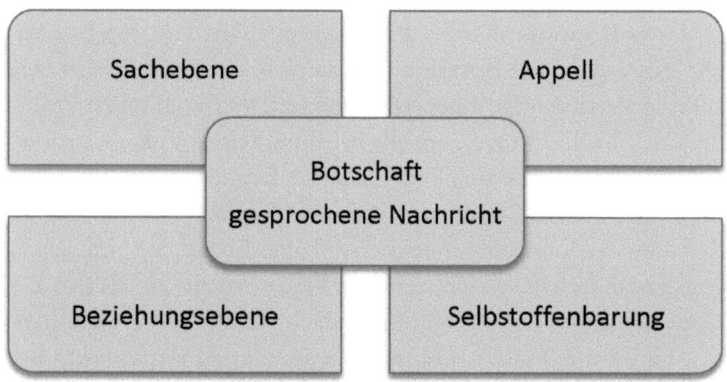

Abbildung 9: Vier-Ohren-Modell nach Schulz von Thun modifiziert (Schulz von Thun, 2018, S. 33)

Nachfolgend sind die vier Ebenen zusammengefasst erläutert. Die Inhalte sind den Büchern von Schulz von Thun entnommen. Diese Erläuterungen dienen dem Hintergrundwissen und dem Verständnis. Wer bereits mit diesen Theorien vertraut ist, möge diese Ausführungen überspringen.

Sachebene

Auf dieser Ebene gibt es deshalb Probleme, weil Gespräche oftmals unsachlich verlaufen. Zudem kann es sein, dass vermittelte Sachinhalte beim Empfänger nicht als solche ankommen. Viele Menschen sind es nicht gewohnt, sachliche Diskussionen auf der Sachebene zu führen. Meistens wird die Gegenseite herabgesetzt oder als lästiges Übel erlebt. Es gibt verschiedene Strategien, welche eingesetzt werden, um das Unerwünschte zu unterbinden. Eine Strategie ist der „Das gehört nicht hierher"-Appell. Eine weitere Strategie ist das häufig erwähnte „Störungen haben Vorrang". Hier wird empfohlen, ab und zu von der Sachebene abzuweichen und in die Metakognition zu wechseln, um die Selbstoffenbarungs- und Beziehungsebene zu betrachten. Dies kann hilfreich sein, jedoch verbergen sich dahinter auch Gefahren. Menschen, welche dies nicht gewohnt sind, können es als bedrohlich empfinden, wenn das Persönliche miteinbezogen wird. Manchmal ist auch die Sachebene abgeschnitten und so fehlt das gemeinsame Thema. Des Weiteren kann es geschehen, dass in der Innenwelt der Gesprächspartner ein anders Thema präsent ist als jenes, über das offiziell gesprochen wird. Alle diese genannten Strategien, um einer sachlichen Diskussion, die verständlich ist, zu entgehen, können zu Problemen führen (vgl. Schulz von Thun, 2018, S. 147 ff.).

Appell

Mit der Appellseite der Nachricht möchte eine Wirkung erzielt werden. Der Sender möchte sich mittels Appelldruck den Einfluss sichern, auch wenn er mit Gegendruck rechnen muss.

Es gibt drei Arten von Appellen: 1) heimliche (verdeckte) Appelle; 2) paradoxe Appelle; 3) offene Appelle

Oftmals stellt der Sender eines Appells fest, dass sein Einfluss sehr begrenzt ist. In der nachfolgenden Tabelle werden verschiedene Appell-Strategien vorgestellt (vgl. Schulz von Thun, 2018, S. 242 ff.):

Bezeichnung	Beschreibung
Beziehungsbedingte Appell-Allergie	Wenn der Appell eine umstrittene Beziehungsdefinition im Schlepptau hat, so stößt er auf Widerstand. Jeder Appell schränkt die Freiheit und Selbstbestimmung des anderen ein. Der Empfänger des Appells verteidigt seine Freiheit und Selbstbestimmung, indem er Widerstand gibt.
Appelle als untaugliches Mittel für „tiefgreifende" Änderungen	Appelle bleiben wirkungslos, weil sie für die Lösung des Problems nicht taugen.
Appelle als Diebstahl eines Urhebererlebnisses	Eine geplante Handlung ändert die Qualität, wenn sie appellmäßig erfolgt. Menschen möchten sich als Urheber ihrer eigenen Ideen fühlen, das heißt, sie möchten selbstinitiiert handeln. Ein gut gemeinter Appell verhindert dies.
Appelle machen spontanes Verhalten unmöglich	Handlungen büßen ihre Substanz ein, wenn sie aufgrund eines Appells erfolgen. Spontanes Verhalten wird verunmöglicht.
Appelle, die den „Seelenfrieden" stören	Der Inhalt steht im Widerspruch zu den Überzeugungen des Empfängers. Der (versteckte) Appell wird dann abgelehnt, weil sie den Seelenfrieden stören würden, wenn sie sich als richtig erwiesen.
Verdeckte Appelle	Das Verhalten des Gesprächspartners wird durch die Worte des Senders beeinflusst, ohne dass sich die Beteiligten darüber bewusst sind.
Paradoxe Appelle	Durch das Appellieren mittels des Gegenteils wird manchmal die erwünschte Wirkung erzielt.
Offene Appelle	Hier wird der direkte Ausspruch von Wünschen und Aufforderungen offen gelebt.

Selbstoffenbarung

Bei vielen Menschen kann eine Selbstoffenbarungsangst beobachtet werden. Schulz von Thun ist dem Ursprung dieser nachgegangen. „Meist sind es in erster Linie die Eltern, die durch Lohn und Strafe, durch Liebe und Liebesentzug diese Normen vermitteln und dem Kind die Angst vor seinem ungeliebten Ich beibringen. (...) und das Kind lernt, dass nur bestimmte Gefühle, Gedanken und Verhaltensweisen, die in ihm sind, den Beifall der Richter finden; andere sind ‚schlecht' und müssen unterdrückt und vor anderen verborgen werden" (Schulz von Thun, 2018, S. 113). Die Folge davon ist, dass diese „Richter" irgendwann verinnerlicht und zum moralischen Gewissen von Menschen werden. Dennoch ist manchmal eine Selbstoffenbarungsbotschaft herauszuhören. Schulz von Thun erwähnt Techniken zur Verbergung der Selbstoffenbarung, mittels derer ein Mensch die negativ empfundenen Anteile der eigenen Person zu verbergen versucht (vgl. Schulz von Thun, 2018, S. 118 ff.):

Bezeichnung	Beschreibung
Imponiertechniken	Diese Sender wollen sich von der besten Seite zeigen. Dazu verwenden sie unterschiedliche sprachliche Mittel, um versteckt auf ihre Großartigkeit aufmerksam zu machen.
Fassadenhaftigkeit	Es wird eine Rolle vorgespielt. Dabei werden Dinge gesagt, die dieser Mensch nicht fühlt.
Sprachliche Hilfsmittel zur Selbstverbergung	Die sprechende Person wirkt sachlich, unpersönlich, abgehoben und abstrakt. Sie spricht mit eingeschränkter Mimik und Gestik.
„Man-Sätze"	Inhalte werden mit dieser Technik ent-personlicht.
„Wir"	Wir-Sender gestatten es sich nicht, sich persönlich zu exponieren.

Bezeichnung	Beschreibung
Fragen	Menschen, die diese Technik anwenden, möchten ihre persönliche Meinung nicht kundtun.
„Es"	Damit vermeidet es der Sender, eine persönliche Betroffenheit auszudrücken.
„Du-Botschaften"	Das eigene innere Erleben wird in eine Aussage mit „du" formuliert. Manchmal wird dieses Mittel auch dazu verwendet, das Gegenüber in Bedrängnis zu bringen.
Demonstrative Selbstverkleinerung	Hier macht sich der Sender kleiner, als er ist. Dadurch sendet er dem Empfänger auch eine appellative Botschaft.

Beziehungsebene

Menschen, die nicht auf den Sachinhalt, sondern auf die Art und Weise, wie der Sender spricht, reagieren, hören mit ihrem Ohr auf der Beziehungsebene. Über die Bedeutung der Beziehungsbotschaften wurde vor allem in den Bereichen der Pädagogik und des Arbeitslebens hingewiesen. Langfristig tragen Beziehungsbotschaften zum Selbstkonzept des Empfängers bei. Im Beziehungsgeschehen gibt es zwei Aspekte zu berücksichtigen: Du-Botschaft und Wir-Botschaft. Im Bereich der Du-Botschaften wird zwischen zwei Hauptmerkmalen unterschieden: 1) Wertschätzung – Geringschätzung; 2) Lenkung/Bevormundung – Entscheidungsfreiheit. Damit kann ein Verhaltenskreuz gezeichnet werden, an dessen Achsen die Begriffe notiert sind. Eine Variante zum Verhaltenskreuz stammt aus der Transaktionsanalyse. Dort wird mit drei „Ichs" gearbeitet: dem Eltern-Ich, dem Erwachsenen-Ich und dem Kindheits-Ich. Damit kann ermittelt werden, auf welcher Ebene der Sender die Botschaft abschickt und auf welcher sie beim Empfänger ankommt (vgl. Schulz von Thun, 2018, S. 180 ff.).

Im Bereich der Wir-Botschaften geht es darum, dass sich zwei aufeinandertreffende Menschen darüber einigen können, welche Verhaltensweisen gehen und welche nicht. Auf einen Beziehungsvorschlag des Senders gibt es vier mögliche Reaktionen des Empfängers: 1) akzeptieren; 2) durchgehen lassen; 3) zurückweisen; 4) ignorieren (= entwerten). Des Weiteren spielt die Art der Beziehung eine Rolle.

Bezeichnung	Beschreibung
Symmetrische Beziehungen	Beide Gesprächspartner können das gleiche Verhalten zeigen.
Komplementäre Beziehungen	A zeigt andere Verhaltensweisen als B, aber sie ergänzen sich. z. B.: der eine lernt, der andere lehrt; der eine befiehlt, der andere gehorcht
Metakomplementäre Beziehungen	• A bringt den Gesprächspartner B dazu, über A zu verfügen. B scheint die Oberhand zu haben, jedoch hat auf einer höheren Stufe A die Oberhand. • A veranlasst seinen Gesprächspartner B dazu, sich ihm gegenüber symmetrisch zu verhalten.

Wenn innerhalb eines Gesprächs Unklarheiten oder Störungen auf der Beziehungsebene auftreten, so lohnt es sich, diese zu bereinigen, damit ein Gespräch auf der Sachebene fortgeführt werden kann (vgl. Schulz von Thun, 2018, S. 209 ff.).

Diese ersten zusammenfassenden Ausführungen zu den Erkenntnissen von Schulz von Thun lassen erahnen, wie komplex der Bereich der Kommunikation ist und wie leicht Missverständnisse entstehen können, wenn die Sprache unklar ist, die nonverbale Kommunikation nicht zum Inhalt passt oder Strategien zur Verbergung der Selbstoffenbarung eingesetzt werden. Jeder Mensch wächst in einem Umfeld auf, in dem auf eine gewisse Art und Weise kommuniziert wird. Dies wirkt sich prägend aus.

Wie könnte nun Kommunikation gestaltet werden, damit sie achtsam und klar wird? Dazu mögen die Regeln zur ethischen Kommunikation eine Antwort geben. Diese stammen aus der positiven Psychologie. Kastner (2004) nennt zwanzig Grundsätze für ein ethisches Kommunikationsverhalten. Diese werden hier zusammengefasst aufgelistet:

No.	Grundsatz	Beschreibung
1	Kläre die Begriffe	Unklare Begriffe sollten gegenseitig geklärt werden, damit ein übereinstimmender Gebrauch möglich ist.
2	Erkenne die Grenzen deiner Wahrnehmung	In der Erkenntnistheorie nach Maturana wird davon ausgegangen, dass Erkenntnis keine Abbildung der Wirklichkeit darstellt. Das Nervensystem ist begrenzt. Durch Außenreize werden Veränderungen ausgelöst. Das Nervensystem kennt kein Innen und Außen.
3	Die Nichtübereinstimmung ist wahrscheinlich, nicht die Übereinstimmung	Übereinstimmung zwischen zwei oder mehr Personen ist unwahrscheinlich. Bei jedem Sender und Empfänger werden nur interne Relationen erzeugt. Mit Hilfe des Nervensystems konstruiert sich eine Sicht der Außenwelt. Bedeutungen werden individuell aufgrund von Zustandsveränderungen im Gehirn und Erfahrungen zugemessen.
4	Kämpfe kontinuierlich und optimistisch um Übereinstimmung	Mangelnde Nachhaltigkeit der Bemühungen, das Unterlassen von Mitteilungen zu unerwünschtem Verhalten und dominantes Kommunikationsverhalten bilden ein wesentliches Problem bei der Kommunikation. Beziehungen, welche lang andauernd sind, basieren auf den Bemühungen um Übereinstimmung.

No.	Grundsatz	Beschreibung
5	Die Absichten sind wichtiger als die reale Signalübertragung	Es werden vier Stationen im Kommunikationsprozess beschrieben: Absicht des Senders: Was will er senden? Art und Weise der Botschaft des Senders (Beobachtung) Art und Weise des Hörens des Empfängers, abhängig von seinen Erwartungen und Vorerfahrungen Verstehen des Empfängers: Was ist angekommen?
6	Erziehen statt manipulieren	Balance zwischen den Zielvorstellungen finden, indem ein Kompromiss oder ein fairer Deal unter Berücksichtigung der verschiedenen Qualitäten angestrebt wird.
7	Verkneife dir Manipulationen	Es gibt viele verschiedene Manipulationstechniken. Ethisch kommunizieren werden wir dann, wenn wir auf Manipulationstechniken verzichten.
8	Nichtkommunizieren kann sowohl ethisch als auch unethisch ein	Schweigen kann einerseits hilfreich sein, andererseits jedoch Verachtung und Abwertung ausdrücken. Vor allem, wenn Menschen abhängig von anderen sind, wie beispielsweise Kinder von Eltern, ist es wichtig, dass Kommunikation möglich bleibt.
9	Bemühe dich unablässig darum, den anderen zu verstehen	Aktives Zuhören und Perspektivenwechsel sind wichtig, um konstruktiv einen Weg zu finden und so in Konfliktsituationen im Gespräch zu bleiben.

No.	Grundsatz	Beschreibung
10	Unterbrich Spiralen und mache dein Verhalten vorhersagbar	In Konflikten kann es leicht geschehen, dass wir im Gesprächsverhalten in Negativspiralen gelangen. Wenn wir merken, dass wir Zeit brauchen, um nachzudenken, damit diese Spirale durchbrochen werden kann, ist es wichtig, dies zu kommunizieren, damit unser Verhalten vorhersehbar wird.
11	Wähle den richtigen Kommunikationskanal	Die Wahl des Kommunikationskanals (Hören, Sehen, Riechen, Schmecken, Berühren) und die richtige Kombination hängt von der Art der Beziehung zum Gesprächspartner ab.
12	Die richtige Sprache zur richtigen Zeit	Die Wahl der Sprache und des Inhaltes sollte der Situation und dem Kontext angepasst sein.
13	Schaffe eine Vertrauensfehlerlernkultur	Anderen Vertrauen zu schenken und einen offenen Umgang mit Fehlern zu pflegen, ist hilfreich, um aus den Fehlern zu lernen. Beides ist voneinander abhängig.
14	Meinungen sollten respektvoll ausgetauscht und toleriert werden	Damit es zu einem respektvollen Austausch von Meinungen kommen kann, braucht es das Interesse, die Position des Gegenübers hören zu wollen. Dabei kann man sich fragend an die Meinung des anderen herantasten.
15	Kommunikation muss umkehrbar sein	Wenn Kommunikation irreversibel ist, kann sie Angst auslösen und die Kommunikation blockieren. Um dies zu vermeiden, ist es wichtig, eine Balance zwischen Distanz und Nähe zu finden.

No.	Grundsatz	Beschreibung
16	Der Sender ist für den Empfang mitverantwortlich	Es gibt keine Selbstverständlichkeit, von der wir ausgehen können im Sinne von „Ich habe es dir doch gesagt." Als Sender sind wir mitverantwortlich dafür, was bei unserem Gegenüber angekommen ist und was es verstanden hat.
17	Äußere deine Erwartungen	Wenn wir unsere Erwartungen nicht explizit äußern, weil es unbequem wäre oder wir das erwünschte Verhalten beim Gegenüber als selbstverständlich voraussetzen, kann es geschehen, dass unser Gegenüber überrascht reagiert oder sich anders verhält, als wir es erwarten.
18	Ironie, Sarkasmus, Zynismus und Doppelbindungen sind problematisch	Sarkastische und zynische Bemerkungen werten den Gesprächspartner ab, weil sie zu dessen Lasten gehen und verletzend wirken (können). Mit Ironie sollte vorsichtig umgegangen werden. Sie kann dort eingesetzt werden, wo beide Gesprächspartner diese Ironie verstehen und damit umgehen können.
19	Optimiere die kommunikativen Schnittstellen	Es ist oft ein längerer Prozess, bis Gesprächspartner ihre Erwartungen ausgetauscht haben, sich von ihren idealen Vorstellungen lösen und zu einem realeren Bild gelangen können.
20	Rückkoppele und wähle das adäquate Medium	Es ist wichtig, sich die Art und Weise der Rückkoppelung zu überlegen, die Wahl des Mediums bewusst zu treffen und den Inhalt der Botschaft darauf abzustimmen.

(vgl. Kastner, 2004, S. 108 ff.).

Gewaltfreie Kommunikation (GFK)

Marshall Rosenberg hat als Psychologe eine Methode zur Kommunikation entwickelt, welche auf den verschiedenen Kommunikationsebenen Klarheit bringt. Durch seine Zusammenarbeit mit Carl Rogers, dem Begründer der humanistischen Psychologie, brachte er die Grundhaltung aus dieser psychologischen Richtung mit. Diese beruht auf drei Pfeilern: Akzeptanz, Empathie, Echtheit. Mit dieser Grundhaltung sich selbst und anderen gegenüber verändert sich das Kommunikationsverhalten. Gleichzeitig kann es eine gewisse Ratlosigkeit hervorrufen: Wie soll ich denn nun formulieren? Welche Wörter kann ich denn verwenden?

Diesen Fragen hat Marshall Rosenberg entgegengewirkt, indem er eine Vier-Schritte-Methode (beobachten ohne zu bewerten, Gefühle wahrnehmen, Bedürfnisse entdecken, Bitte formulieren) entwickelt hat. Diese Vier-Schritte-Methode bezieht die Vier Seiten der Kommunikation nach Schulz von Thun mit ein. Hinzu kommen weitere Erkenntnisse, welche ebenfalls berücksichtigt werden. Das Praktizieren der GFK ist eine Herausforderung und für viele Menschen ein Umlernen. Dies erschwert die Umsetzung und somit bleibt es ein lebenslanger Prozess. Jedoch ermöglicht es uns die Gewaltfreie Kommunikation, empathisch zu bleiben, auch wenn eine Situation schwierig ist.

Die Möglichkeiten und Eigenheiten der GFK habe ich einerseits an der Resilienztheorie gespiegelt und andererseits mittels der Regeln zur ethischen Kommunikation geprüft.

In der GFK sind diese zwanzig Grundsätze aus der ethischen Kommunikation meiner Meinung nach umgesetzt, denn das Ziel ist es, Beobachtungen ohne Bewertungen zu formulieren, die eigenen Gefühle sowie jene des Gesprächspartners wahrzunehmen, die Bedürfnisse wahrzunehmen, eine Bitte (Beziehungs- oder Handlungsbitte) an das Gegenüber zu richten und dabei die Offenheit für ein Ja oder ein Nein zu haben. Die hinter der GFK liegende Haltung aus der humanistischen Psychologie unterstützt eine authentische, empathische und wertschätzende Kommunikation. Diese Qualitäten im Umgang mit Menschen werden im

Beziehungsaufbau als entwicklungsfördernd bezeichnet, d. h. sie können als Schutzfaktoren betrachtet werden.

Die Gewaltfreie Kommunikation nach Marshall Rosenberg bietet unzählige Möglichkeiten, empathisch zu bleiben und unseren KommunikationspartnerInnen Signale zu geben, die sie wissen lassen, dass sie gehört werden. Zudem liegt der Schwerpunkt auf den Gefühlen und Bedürfnissen der Menschen. Gewaltfrei zu kommunizieren ist ein lebenslanger Prozess, der eine fortlaufende Weiterentwicklung ermöglicht, da sich Gesprächssituationen nicht im selben Setting auf dieselbe Art und Weise wiederholen. Es ist eine Entdeckungsreise.

Damit die einzelnen Schritte der GFK und deren Hintergründe überblickt werden können, sind diese hier zusammengefasst dargelegt. Allen Menschen, welche sich vertieft mit der Thematik auseinandersetzen möchten, empfehle ich die Bücher von Marshall Rosenberg, die in unzählige Sprachen übersetzt wurden. Zudem gibt es einige Trainerinnen und Trainer, welche Kurse zur GFK anbieten. Einige von ihnen haben die Ausbildung bei Marshall Rosenberg absolviert.

Schritt 1: Beobachten ohne zu bewerten
Dieser Teil ist die Sachebene einer Botschaft. Die Sprecherin ist dazu aufgefordert, ihre Beobachtung mittels Fakten und Daten darzulegen. Dies ist zu Beginn eine Herausforderung, da viele Menschen mit einer bewertenden Sprache aufwachsen. Die Gedanken drehen sich dann um gut, schlecht, richtig, falsch.

Bei diesem Schritt ist es wichtig, die Beobachtung so zu formulieren, dass das Gegenüber dazu sagen könnte, es stimme. „GFK tritt nicht dafür ein, daß wir vollkommen objektiv bleiben und uns jeglicher Bewertung enthalten. Sie verlangt nur, daß wir zwischen unseren Beobachtungen und unseren Bewertungen immer *sauber trennen*" (Rosenberg, 2009, S. 45). Wie herausfordernd dies sein kann, erlebe ich selbst im täglichen Leben. Jedoch stelle ich auch fest, wie hilfreich es ist, wenn es mir in Konfliktsituationen gelingt, Beobachtungen von Bewertungen zu trennen.

Schritt 2: Gefühle wahrnehmen und ausdrücken

In diesem Schritt geht es darum, wahrzunehmen, welche Gefühle in Bezug auf eine konkrete Situation wach sind. Sobald dies erfasst ist, können die Gefühle mit passenden Wörtern ausgedrückt werden. Dazu ist es hilfreich, wenn der Gefühlswortschatz erweitert wird.

Anhand von Erlebnissen beschreibt Marshall Rosenberg sehr eindrücklich, was das Ausdrücken von Gefühlen und das Unterdrücken von Gefühlen bewirken kann (vgl. Rosenberg, 2009, S. 57 ff.). In unserem Alltagswortschatz kommen Redewendungen wie „Ich habe das Gefühl, dass ..." oder „Ich spüre, dass ..." vor. Diese vermitteln vordergründig den Eindruck, es würde hier über Gefühle gesprochen. Oftmals sind es jedoch Vermutungen, Bewertungen oder Gedanken, die auf diese Weise mitgeteilt werden. Es lohnt sich also, sich mit der Thematik auseinanderzusetzen, was echte und was unechte Gefühle sind. Zu unechten Gefühlen gehören Wörter wie „missverstanden", „eingeengt", „vertrieben". Diese Wörter sind eher eine Interpretation und beziehen das Verhalten von anderen mit ein. Hinter dem Gedanken „Ich fühle mich missverstanden" kann beispielsweise Traurigkeit stecken. Ich fühle mich traurig, wenn ich denke, dass mein Gegenüber etwas anderes verstanden hat, als ich ausdrücken wollte. Dies ist ein weiterer zentraler Punkt in der GFK: Es wird zwischen echten und unechten Gefühlen unterschieden. Im Schritt zwei werden echte Gefühle zum Ausdruck gebracht (vgl. Rosenberg, 2009, S. 62).

Schritt 3: Bedürfnisse erkennen

Hinter Gefühlen stehen Bedürfnisse, die erfüllt oder nicht erfüllt sein können. Erkennen wir mittels unserer Gefühle, um welche Bedürfnisse es in einer bestimmten Situation geht, so ist es uns möglich, die Verantwortung für unsere Gefühle zu übernehmen.

Zur dritten Komponente der GFK gehört das Erkennen und Akzeptieren unserer Gefühlswurzeln. Die GFK schärft unsere Wahrnehmung der Tatsache, daß das, was andere sagen oder tun, ein Auslöser für unsere Gefühle sein mag, aber nie ihre Ursache ist. Wir erkennen, daß unsere Gefühle aus unserer Entscheidung kommen, wie wir das, was andere sagen oder tun, aufnehmen wollen; und sie entstehen aus unseren jeweiligen Bedürfnissen und Erwartungen in der aktuellen Situation. (Rosenberg, 2009, S. 69)

Auf negative Äußerungen gibt es nach Rosenberg (2009, S. 69 f.) vier verschiedene Reaktionsmöglichkeiten:

1. Uns selbst die Schuld geben: Wir nehmen die Aussage persönlich und fassen sie als Kritik auf. Die Schuld für die gemachte Aussage suchen wir bei uns.
2. Anderen die Schuld geben: Die Schuld wird beim Sprecher gesucht. Möglicherweise protestieren wir und fühlen uns ärgerlich.
3. Unsere eigenen Gefühle und Bedürfnisse wahrnehmen: Wir spüren in uns, welche Gefühle die gemachte Aussage in uns auslöst, und erkunden die Bedürfnisse, welche dahinter verborgen sind.
4. Die Gefühle und Bedürfnisse der anderen wahrnehmen: Wir interessieren uns für die Gefühle und Bedürfnisse unseres Gegenübers, die hinter der Aussage stehen.

Die beiden Möglichkeiten 3 und 4 ermöglichen es, empathisch zu bleiben. Die Reaktion auf eine negative Aussage wird anders ausfallen und die Verbindung der beiden Sprechenden kann aufrechterhalten bleiben. Um die Bedürfnisse zu erkunden, kann ich mir folgende Frage stellen: „Was brauche ich?" Jedoch braucht es auch Mut, die eigenen Bedürfnisse zu äußern, weil viele Menschen im Verlaufe ihrer Biografie erfahren haben, dass es besser ist, diese zu verschweigen. „In einer Welt, in der wir oft verurteilt werden, wenn wir unsere Bedürfnisse wahrnehmen und sie auch zeigen, kann es sehr beängstigend sein, gerade das zu tun" (Rosenberg, 2009, S. 76). Es wirkt jedoch befreiend, wenn wir unsere Bedürfnisse erkennen und akzeptieren.

Schritt 4: eine Bitte formulieren

Mit dem vierten Schritt tun sich viele Menschen schwer. Wir sind es nicht gewohnt, um etwas zu bitten. Damit unser Gegenüber einen Beitrag leisten kann, um unser Bedürfnis zu erfüllen, wenn es das möchte, ist es notwendig, konkret zu sagen, was dazu beiträgt, dass sich unser Bedürfnis erfüllt.

In der GFK gibt es zwei Arten von Bitten: 1) die positive Handlungsbitte und 2) die Beziehungsbitte. Mit der Handlungsbitte bitten wir um eine konkrete Handlung. Dabei ist es wichtig, sie positiv zu formulieren, eine konkrete Handlung zu nennen, die im Hier und Jetzt vorgenommen werden könnte. Mit der Beziehungsbitte stellen wir sicher, dass unser Gegenüber verstanden hat, was wir ausdrücken wollten, oder fragen nach, wie es ihm beim Zuhören ergangen ist. Zudem wird zwischen Bitten und Fordern unterschieden. „Bitten werden als Forderungen aufgefaßt, wenn der andere davon ausgeht, daß er beschuldigt oder bestraft wird, wenn er nicht zustimmt. Wenn jemand eine Forderung hört, dann sieht er nur zwei Möglichkeiten: Unterwerfung oder Rebellion" (Rosenberg, 2009, S. 99). Ob eine Bitte wirklich als eine solche gemeint ist, zeigt sich daran, ob die sprechende Person ein Nein als Antwort auf ihre Bitte annehmen kann. Wird nach dem Aussprechen des Neins versucht, das Gegenüber zu überreden, so war es keine Bitte im Sinne der GFK.

Aufgrund unserer Sozialisation kann es jedoch sein, dass Menschen auch eine im Sinne der GFK formulierte Bitte als Forderung betrachten. „Wir können andere darin unterstützen, uns zu vertrauen, daß wir bitten und nicht fordern, indem wir deutlich machen, daß wir uns ihre Zustimmung nur wünschen, wenn sie aus freiem Willen gegeben wird" (Rosenberg, 2009, S. 106).

Schlussfolgernd möchte ich festhalten, dass die GFK aufgrund der erwähnten Theorien zu den Themenbereichen Gefühle, Bedürfnisse und Kommunikation sehr umfassend wahrnimmt, was Menschen im Innersten beschäftigt und antreibt. Die motivationalen Aspekte (vgl. Maslow, 1977) für das Handeln, die zur Erfüllung von Bedürfnissen beitragen, können mittels der GFK bewusster gestaltet werden. Menschen beginnen sich selbst in ihren Gefühlen und Bedürfnissen wahr- und ernst zu nehmen, finden Worte dazu, ihre Gefühle und Bedürfnisse auszudrücken und können ihre Mitmenschen um eine konkrete Handlung, die zur Erfüllung ihrer Bedürfnisse beiträgt, bitten. Zudem lernen Menschen, ein Nein zu hören und Nein zu sagen, weil sie wissen, dass hinter einem Nein ein Ja zu etwas anderem steht.

Abschließend, um dies zu untermauern, möchte ich gerne ein Beispiel niederschreiben, das Marshall Rosenberg in einem seiner Bücher festgehalten hat:

Meine Mutter war einmal in einem Workshop, wo andere Frauen darüber sprachen, wie beängstigend es immer war, die eigenen Bedürfnisse auszudrücken. Plötzlich stand sie auf, ging aus dem Raum und kam lange nicht wieder. Als sie schließlich wiederkam, sah sie sehr blaß aus. Vor der Gruppe fragte ich sie: ‚Mutter, geht es dir gut?‘ ‚Ja‘, sagte sie, ‚aber mir ist plötzlich etwas klar geworden, und es fällt mir sehr schwer, das anzunehmen.‘ ‚Was ist es?‘ ‚Mir ist gerade klargeworden, dass ich mich 36 Jahre lang über deinen Vater geärgert habe, weil er meine Bedürfnisse nicht erfüllt hat, und jetzt merke ich, daß ich ihm nicht ein einziges Mal klar gesagt habe, was ich brauche.‘ Was meine Mutter offenbarte, war richtig. Ich kann mich nicht erinnern, daß sie meinem Vater auch nur einmal klar ihr Anliegen gesagt hatte.
(Rosenberg, 2009, S. 76f)

LERNEINHEITEN ZUR RESILIENZFÖRDERUNG

Ein Kind, das wir ermutigen,
lernt Selbstvertrauen.
Ein Kind, dem wir mit Toleranz begegnen,
lernt Offenheit.
Ein Kind, das Aufrichtigkeit erlebt,
lernt Achtung.
Ein Kind, dem wir Zuneigung schenken,
lernt Freundschaft.
Ein Kind, dem wir Geborgenheit geben,
lernt Vertrauen.
Ein Kind, das geliebt und umarmt wird,
lernt zu lieben und zu umarmen
und die Liebe dieser Welt zu empfangen.
Autor unbekannt

Im Sinne des oben notierten Gedichtes möge dieses Förderprogramm verstanden werden. Dieses gliedert sich in 16 Einheiten. Anhand des aufgezeichneten Beispielablaufs können diese 16 Einheiten innerhalb von 8 Wochen durchgeführt werden, wenn eine Lehrperson zwei bis drei Lektionen pro Woche für das Arbeiten an diesem Förderprogramm einplant.

Es ist jedoch auch möglich, einzelne Themen herauszugreifen und zu vertiefen. Empfehlenswert ist es dennoch, den Ablauf so zu belassen, wenn die Inhalte in einer Klasse oder in einem Schulhaus eingeführt werden *wollen*, um präventiv eine Gesprächskultur zwischen allen Beteiligten zu ermöglichen, weil er so gestaltet ist, dass das eine Thema die Grundlage für das nächste bildet.

Es geht darum, dass sich Menschen zuerst mit Ihren Stärken und Schwächen befassen. In diesem Bereich haben die wenigsten Menschen Mühe, sich zu äußern, denn alle haben sowohl Hobbys und Interessen, in denen ihre Stärken zum Tragen kommen, als auch Themenbereiche, welche ihnen Mühe bereiten, Fertigkeiten, welche sie noch nicht erworben haben, oder Schwierigkeiten mit der Auseinandersetzung mit einem Gebiet, in dem kein Interesse vorhanden ist. Anschließend wird über Ressourcen diskutiert. Die Brücke zu den Gefühlen kann so mit Leichtigkeit geschlagen werden, weil Gefühle als Ressourcen betrachtet werden können. Im Folgenden wird untersucht, was hinter Gefühlen steht. Dabei wird der Fokus auf die Bedürfnisse gelenkt. Es wird zwischen echten Bedürfnissen und Strategien, sogenannten Pseudobedürfnissen, unterschieden. Im Anschluss erfolgt die Auseinandersetzung mit den Themen Beobachtungen und eine Einführung in die Gewaltfreie Kommunikation.

Alle Beteiligten (Lehrpersonen, Schülerinnen, Schüler, Schulleitende, Mütter, Väter) lernen eine gemeinsame Sprache und werden mit der Auseinandersetzung auf die Wichtigkeit der Ressourcen- und Bedürfnisorientierung aufmerksam gemacht. Deshalb werden parallel zu den Unterrichtseinheiten Kurse für Mütter und Väter zu diesen Inhalten durchgeführt.

Parallel zu den Einheiten werden tägliche Glücksinputs durchgeführt. Diese dauern 5 bis 10 Minuten und sollen der Entspannung und Freude dienen. In einzelnen Klassen gab es Lernende, welche selbst Glücksinputs gestalten wollten und dies erfolgreich taten. Auswahlmöglichkeiten finden sich im Teil D, der sich ausschließlich den Glücksinputs und dem Thema Glück widmet.

Grundlagen zur Gestaltung des Settings

Bevor der Aufbau und die einzelnen Sequenzen des Förderprogramms erläutert werden, folgt ein Kapitel über das Lernen und die Bedingungen des Lernens.

Mit der Frage, was lernen ist, beschäftigen sich PsychologInnen, PädagogInnen, DidaktikerInnen, NeurowissenschaftlerInnen und viele Menschen, welche in einem schulischen oder universitären Kontext mit Lernen konfrontiert sind, seit vielen Jahrzehnten. Die Erkenntnisse, welche insbesondere durch die neurowissenschaftlichen Forschungen gewonnen wurden, prägen die heutige Sichtweise auf das Lernen. Viele Menschen betrachten deshalb auch die Ausgestaltung von Unterricht, sei dies in Schulen oder beruflichen Bereichen, kritischer. In diesem Kapitel gebe ich kurz zusammengefasst, mit dem Fokus auf die Entwicklung der exekutiven Funktionen, einige Hinweise, wie Lernen verstanden werden kann. Zudem verweise ich auf Menschen, welche sich intensiv mit diesem Thema befasst haben und jahrelange Erfahrungen mittels Büchern oder Referaten, die teilweise auch im Internet abrufbar sind, teilen und somit ermöglichen, dass Erkenntnisse verbreitet werden.

Lernen wird als Prozess betrachtet, der bei jedem Menschen individuell verläuft. Mit hinein spielen viele verschiedene Faktoren. Beispielsweise ist die Umgebung für den Lernprozess wichtig. So ist eine Lernumgebung, in der Menschen entspannt sind, für den Lernprozess förderlich, wohingegen eine Lernumgebung, in der mit Beschämungen und Drohungen gearbeitet wird, eine lernhemmende Wirkung hat.

Monika Brunsting (2000) vergleicht den Lernprozess mit einer Expedition. Dies bedeutet, dass Lehrende über ein umfangreiches Wissen verfügen, damit sie differenziert auf die Lernbedürfnisse der Lernenden eingehen können und somit deren Potenziale zum Blühen bringen. Dies ist auch mit höherem Altern noch möglich, wenn es in jungen Jahren nicht hat erfolgen können. „Neuronale Netzwerke werden im Verlauf des Lebens aufgebaut und ermöglichen das Lernen bis ins hohe Alter" (Brunsting-Müller, 2000, S. 22). Aus diesem Grund bietet dieses Förderprogramm Anregungen für die Umsetzung. Je nach Lebensphase ist es wichtig, die Inhalte so anzupassen, dass diese für die Lernenden interessant, bedeutsam und verständlich sind. Lehrpersonen, welche mit diesem Förderprogramm arbeiten, können eigene Beispiele aus dem schulischen Alltag verwenden. Die vorgegebenen Beispiele dienen vor allem der Erläuterung der Inhalte, können jedoch auch so übernommen werden.

Da bei dem Bearbeiten der Aufträge die Mitbestimmung der Lernenden wichtig ist, bespricht die Lehrpersonen mit jenen Lernenden, was sie zu tun gedenken, wenn sie keine Motivation zeigen, an diesem Programm teilzunehmen. Als Alternative könnte auch ein individuelles Projekt durchgeführt werden.

Aufbau der Einheiten

Jede Einheit ist beispielhaft beschrieben. Der Aufbau ist stets derselbe: Ziele, Hinweise zu Methodik und Didaktik, skizzierter Lektionsverlauf, Materialien, Ergänzungsmöglichkeiten sowie Vorschläge für Arbeitsblätter.

Die theoretischen Grundlagen und Begründungen sind in Kurzfassung wiedergegeben. Ausführlichere Erklärungen sind im Teil A zu finden. Wenn eine Vertiefung gewünscht ist, kann die entsprechende Fachliteratur, welche im Literaturverzeichnis aufgeführt ist, beigezogen werden.

Die personalen Resilienzfaktoren und die exekutiven Funktionen beeinflussen sich gegenseitig. Zudem gibt es Überschneidungen bei den Begrifflichkeiten. Aus diesem Grund werden die entsprechenden für diese Einheit wichtigen exekutiven Funktionen bei den einzelnen Einheiten unter dem Punkt Methodik und Didaktik aufgeführt. Die Metakognition ist in jeder Einheit relevant, weshalb sie lediglich bei der ersten Einheit erwähnt wird.

Die Kompetenzen aus dem Lehrplan 21 (www.lehrplan21.ch) sind bei jeder Lektion aufgeführt. Der Lehrplan 21 ist online abrufbar. Die aufgeführten Nummern können im Suchfeld eingegeben werden, um Einblick in die ausformulierte Kompetenz zu erhalten.

Damit Lehrpersonen die Möglichkeit erhalten, das Förderprogramm über einen längeren Zeitraum durchzuführen oder in einer zweiten Phase die Inhalte nochmals aufzugreifen, sind bei jeder Einheit Ergänzungsmöglichkeiten aufgeführt. Diese können so übernommen werden oder als Inspirationsquelle dienen, um etwas eigenes zu kreieren.

Es ist empfehlenswert den Lernenden ein Heft mit Blanko-Seiten zu geben, damit der Gestaltungsfreiraum möglichst groß bleibt. Im Folgenden wird ein solches Heft als Lernheft bezeichnet. Der Umschlag könnte von den jungen Menschen selbst gestaltet werden.

Überblick zum Konzept

Ziele
- Förderung der folgenden Resilienzfaktoren: Selbstwirksamkeit (wahrnehmen der Emotionen und Ausdruck verleihen; Bedürfnisse erkennen), Soziale Kompetenzen (wahrnehmen der anderen Kinder, Kommunikation), Bewältigungskompetenzen (Ressourcen erkennen, wissen wofür ich wen zu Hilfe holen kann; Glücksinputs)
- Sensibilisierung der Lehrpersonen und Eltern zum Thema Resilienz/Bedeutung der Kommunikation
- Sensibilisierung der Lehrpersonen für das Umfeld der SuS (= Schülerinnen und Schüler) und die Wirkungsweise des schulischen Alltages auf das Wohlbefinden der SuS
- Sensibilisierung der Eltern für die Bedürfnisse ihrer Kinder

Zeitlicher Verlauf:

Woche	Zeitdauer	Inhalt
1	Einheit 1	Einführung der SuS ins Programm, Fragebogen (20 Minuten) Stärken und Schwächen festhalten – Heft für jeden SuS mit gesamtem Kursinhalt; die Hefte werden in der Schule deponiert
1	Einheit 2	Gespräche über Stärken und Schwächen – Welche Fähigkeiten, welches Wissen, welche Fertigkeiten stecken hinter den Stärken? Auswertung individuell im Heft
2	Einheit 3	Gespräche über Schwächen – Umgang damit? – Strategien – Bewältigung? – Beizug von Hilfe/Ressourcen
2	Einheit 4	Ressourcen im Fokus Was oder wer hilft mir, mit Schwächen/ Schwierigkeiten umzugehen? Was kann ich selbst dazu beitragen? Arbeit an konkreten Beispielen
2	Elternkurs 1	Gesundheit nach WHO, Einflüsse aus der Umwelt – Resilienz/Resilienzförderung – Resilienzfaktoren/Schutz- und Risikofaktoren – Ressourcen Unterlagen zur eigenen Erforschung/Literatur/Gruppenarbeit – nach Wahl
3	Einheit 5	Ressourcen und Bewältigungsstrategien Kurzer Austausch über Glücksinput – Gibt es SuS, die einen Beitrag leisten wollen? Haben sie eigene Ideen? Soll die Lehrperson die Glücksinputs weiterführen wie bisher?

Woche	Zeitdauer	Inhalt
3	Einheit 6	Emotionen – theaterpädagogische Übungen zu den Emotionen – Diskussion: woran erkenne ich Emotionen?
4	Einheit 7	Emotionen – Wie nehme ich bei mir Emotionen wahr? – Wie drücke ich Emotionen aus? – Wozu dienen sie?
4	Einheit 8	Emotionen als Ressourcen – Was bedeutet das? – Welchen Nutzen haben Emotionen? – Wie kann ich sie nutzbar machen? – Beobachtungsauftrag für den Alltag
5	Einheit 9	Emotionen als Ressourcen – Diskussion in kleinen Gruppen über die gemachten Erfahrungen – Gestalten eines kurzen Rollenspiels, das die Essenz der Gruppengespräche zeigt.
5	Einheit 10	Was steckt hinter Emotionen? – Reflexion einzeln – Austausch in Gruppen – Zusammentragen pro Gruppe in einem Kurzreferat im Plenum
5	Eltern-kurs 2	Emotionen: Sinn und Nutzen – Was steckt hinter Emotionen? – Einführung in GFK Fragebogen/Frage nach Vertiefung
6	Einheit 11	Schatzsuche – hinter Emotionen stecken Bedürfnisse Alle schreiben ein Ereignis auf, das Ärger, Trauer, Nervosität … ausgelöst hat Gemeinsam wird überlegt, woran es lag, dass diese Emotionen ausgelöst wurden. Was steckt dahinter? Bedürfnisliste beiziehen/Glückskarten? – Lehrmittel beiziehen oder selbst AB gestalten

Woche	Zeitdauer	Inhalt
6	Einheit 12	Schatzsuche – Bedürfnisse Übung in kleinen Gruppen zu Bedürfnissen (Halbklasse) Mitte: Bedürfnis Rechts: Was geschieht, wenn es erfüllt ist? Links: was geschieht, wenn es nicht erfüllt wird? Weiterarbeit an eigenem Beispiel
7	Einheit 13	Beobachtungen festhalten Gemeinsam wird ein Beispiel betrachtet – Sortieren von Beobachtungen und Wertungen Weiterarbeit an eigenem Beispiel – Sortieren nach Beobachtungen und Wertungen 2. Schritt – Gefühle notieren 3. Schritt – Bedürfnisse notieren 4. Schritt – Frage oder Bitte formulieren (Wunsch)
7	Einheit 14	Bitten deutlich als solche formulieren Liste mit Beispielen/SuS kreuzen an, wo es sich um echte Bitten handelt Beziehungsfragen anstelle von Bitten
7	Elternkurs Zusätzlich	Übungen zu GFK zum Vertiefen Ressourcenarbeit vertiefen
8	Einheit 15	Nein sagen und Nein hören Arbeit zum Thema Nein à Empathieübungen
8	Einheit 16	Innerer Richter und innerer Entscheider Fragebogen als Abschluss (20 Minuten)

Einheit 1: Stärken

Das Thema, beziehungsweise das gesamte Programm, wird eingeführt. Der Schwerpunkt liegt auf dem Betrachten der Stärken und Schwächen.

Ziele

Die Lernenden erhalten einen Überblick über die geplanten Einheiten.
Die Lernenden denken über ihre Stärken und Schwächen nach.
Die Lernenden verstehen die Begriffe Stärke und Schwäche.

Theoriebezug

Im schulischen Kontext werden oftmals Noten verglichen. Der Fokus liegt meistens auf den kognitiv dominierten Fächern wie Mathematik, Deutsch und Fremdsprachen. Dabei wird vergessen, dass Menschen so viele andere Fähigkeiten und Talente haben.

Der Schweizer Kinderarzt Dr. Remo Largo hat in diesem Bereich geforscht und dabei entdeckt, dass Menschen sich in allen Bereichen weiterentwickeln, wenn sie in ihren Stärken gefördert werden.

Für alle Lernenden ist es hilfreich, wenn sie sich mit ihren Stärken auseinandersetzen und sich derer bewusst werden. Diese Stärken können wichtige Ressourcen sein, wenn ein Mensch in eine schwierige, herausfordernde Lebensphase gerät.

Zudem soll von der wertenden Haltung Abstand genommen werden. Es geht letztendlich darum, dass die jungen Menschen einen Zugang zu sich selbst erhalten und wissen, was sie interessiert, was ihnen leichtfällt und wo sie sich unkompetent fühlen oder was ihnen schwerfällt.

Nicht zu unterschätzen ist der Umgang der Lehrpersonen mit ihren eigenen Stärken und Schwächen. „Die Stärke des Lehrers fördert die Persönlichkeitsentfaltung der Schüler. Wenn der Lehrer weiß was er kann, wo seine Schwächen und Stärken liegen, kann er als Vorbild fungieren und in reifen Interaktionen mit seinen Schülern zu deren Entwicklung positiv beitragen" (Karres, 2016, S. 212).

Wenn wir einen Blick auf die personellen Resilienzfaktoren werfen, so geht es in dieser Einheit um Selbstwahrnehmung.

Hinweise zu Didaktik, Methodik und den exekutiven Funktionen

Der Unterricht beginnt im Plenum. Die Erläuterungen zur bevorstehenden Lektionsreihe werden durch die Lehrperson vorgenommen. Dies erfolgt im Rahmen von Frontalunterricht. in einem Klassengespräch wird über die Begriffe Stärken und Schwächen diskutiert.

In Vierergruppen spielen die Lernenden einander eine Tätigkeit vor, die erraten werden muss. Sie diskutieren dabei, was die Stärken der Menschen sein könnten, die diese Tätigkeit ausüben. Die Gruppenarbeit wird eingebaut, damit alle Lernenden in eine Aktivität und in einen Austausch kommen, was im Plenum erschwert ist. Damit die Gruppe zusammenarbeiten kann, ist es notwendig, einige Aufgaben der Gruppe zu klären: Wer übernimmt die Verantwortung dafür, dass nur eine Person aufs Mal spricht? Wer sorgt dafür, dass alle die Gelegenheit erhalten, sich einzubringen? Wer achtet auf die Zeit? Wer überprüft, ob der Auftrag erfüllt wird? Wer sorgt dafür, dass alle in der Gruppe den Auftrag verstanden haben? Wer zeigt vor?

Es ist ein alternativer Auftrag vorgesehen, bei dem mit Übertreibungen gearbeitet wird. Je nach Klasse kann diese Übung sehr lustvoll sein und humorvoll ausgeführt werden. Die Auswertung sieht ähnlich aus. Es wird ein Beispiel gewählt und erläutert.

Dabei geht es darum, dass die Lernenden die Begriffe verstehen und im Anschluss daran in Einzelarbeit in ihrem Arbeitsheft persönliche Stärken und Schwächen notieren können.

Bemerkungen zur Gruppenarbeit: Es gibt Gruppen, die sich eigenständig organisieren und zielorientiert zusammenarbeiten. Diese Gruppen benötigen keine Interventionen von Seiten der Lehrpersonen. Gruppen, die nicht in der Lage sind, sich selbst zu organisieren, benötigen vor allem zu Beginn die Begleitung durch eine Lehrperson. Die Gruppen dürfen die Lehrpersonen auch beiziehen, wenn sie merken, dass sie inhaltlich nicht weiterkommen, da es in jeder Gruppe Phasen der Latenz gibt.

Das Verschriftlichen der Erkenntnisse hilft den Lernenden dabei, sich diese später wieder ins Gedächtnis zu rufen und an sie anknüpfen zu können. Zudem ist nachgewiesen, dass schriftlich Festgehaltenes nachhaltiger wirkt. Deshalb ist auch die am Schluss stehende Reflexion wichtig. Die Lernenden erhalten Zeit, über ihren Prozess nachzudenken und diese Gedanken festzuhalten.

In diesem Teil spielen nachfolgende exekutive Funktionen eine Rolle: Aufmerksamkeitssteuerung (beim Thema bleiben); Zeitmanagement (innerhalb der Gruppenarbeit); Initiieren von Handlungen (sich in der Gruppe einbringen, Notizen erstellen).

Nachfolgende Kompetenzen aus dem Lehrplan 21 werden angesprochen: NMG.1.1.a; D.1.C.1.a–d; D.3.C.1.b; D.4.B.1.d1; überfachliche Kompetenzen (personale Kompetenzen: Selbstreflexion).

Um die Thematik vertiefter zu bearbeiten, empfehle ich das Modell von Howard Gardner beizuziehen. Allerdings ist dabei zu berücksichtigen, dass in diesem Falle die einzelnen Einheiten länger dauern und die Ausgestaltung anders aussehen wird.

Skizzierter Lektionsverlauf

Die Zeitangabe in Minuten ist auf eine Lektion von 45 Minuten ausgerichtet. Je nach Gruppe und Arbeitsweise braucht es Anpassungen.

Zeit	Unterrichtsgeschehen	Benötigtes Material
5	Auf der Wandtafel ist ein Zeitstrahl gezeichnet, auf dem die Phase von acht Wochen ersichtlich ist. Mit Hilfe von Merkkarten werden die vorgesehenen Themen auf dem Zeitstrahl angebracht. Die einzelnen Themen werden den Lernenden kurz vorgestellt: Stärken/Schwächen; Interessantes/Langweiliges; Ressourcen/Glücksinput; Emotionen; Bedürfnisse; GFK	Wandtafel Merkkarten
5	Einstieg ins Thema Stärken und Schwächen Die Begriffe werden durch die Lehrperson kurz erläutert. Danach wird der Gruppenauftrag erklärt: „In Vierergruppen werdet ihr euch Berufe vorspielen. Ihr zeigt einander die Tätigkeiten vor und erratet diese (Hinweis auf Montagsmaler). Ihr diskutiert darüber, welche Stärken eine Person hat, die diese Tätigkeit ausübt. Stellt Vermutungen an, welche Schwächen diese Person haben könnte. Wählt am Schluss eine Tätigkeit aus. Ihr werdet sie der Klasse zeigen und darüber sprechen, welche Stärken ihr dieser Person zugeschrieben habt." Alternativer Vorschlag: „In Vierergruppen erzählt ihr euch, was ihr besonders gut könnt in übertriebener Form. Beispielsweise: Wenn ein wichtiger Kunstkenner meine Bilder entdecken würde, wäre ich so berühmt wie Picasso." Ebenso wird ein Beispiel gemacht zum Thema Schwächen: „In einem riesigen Konzertsaal voller Menschen könnte ich so singen, dass der Saal innerhalb kürzester Zeit leer wäre." Die Lernenden sind aufgefordert, mit Übertreibungen zu arbeiten und diese humorvoll zu formulieren.	Symbolkarten Gruppe (=Karten für Gruppenarbeit)

Zeit	Unterrichtsgeschehen	Benötigtes Material
5	Kurzes Nachfragen, ob der Auftrag klar ist – gegebenenfalls durch Wiederholenlassen. Die Gruppen werden selbstständig gebildet. Sie beachten dabei folgenden Hinweis: „Alle sollen sich sicher fühlen können. Achtet bei der Gruppenbildung auf diesen Aspekt." Die Symbolkarten werden erklärt.	Karten für Gruppenarbeit
15	Arbeit in den Gruppen. Die Lehrperson beobachtet die Gruppen und unterstützt, wenn eine Gruppe zu keiner Zusammenarbeit findet. Sie notiert sich die Gruppenzusammensetzungen.	Symbolkarten Gruppe
10	Jede Gruppe stellt ihre ausgewählte Szene (ihren ausgewählten Satz) der Klasse vor. Die anderen Gruppen geben eine kurze Rückmeldung, ob sie dies ähnlich sehen oder Ergänzungen anzufügen haben. Fragen können gestellt werden. Am Schluss dieser Sequenz greift die Lehrperson den Begriff Schwäche auf und gibt zwei Beispiele dazu. Sie fragt nach, ob alle die beiden Begriffe verstanden haben. Variante: 1) Alle, die wissen, was der Begriff Stärken bedeutet, stehen auf. 2) Alle, die wissen, was der Begriff Schwäche bedeutet sitzen ab. Die Lehrperson merkt sich die Lernenden, die sitzen bzw. stehen geblieben sind und erklärt den Betreffenden diesen Begriff während der Einzelarbeit.	

Zeit	Unterrichtsgeschehen	Benötigtes Material
10	Die Lehrperson zeigt den Lernenden das Heft und erklärt dessen Aufbau. Anschließend erhalten alle ein Heft, beschriften die Titelseite mit ihrem Namen und beginnen mit dem Bearbeiten der ersten Seite. Sie notieren persönliche Stärken und Schwächen. Wer vor Lektionsende fertig ist, kann mit dem Gestalten der Titelseite beginnen. Lernende, welche nicht schreiben wollen, können ihre Stärken zeichnerisch als Bild darstellen – oder als Comic gestalten. Das Lektionsende wird angekündigt. Die Lernhefte werden in die bereitgestellte Schachtel gelegt. Die Schachtel wird weggeräumt. (Die Lernhefte können auch bei den Lernenden bleiben.)	Lernhefte Schachtel für Lernhefte

Materialien

Die erste Seite des Lernheftes hat den Titel: **Meine Stärken – das kann ich gut**

Auf der zweiten Seite steht der Titel: **Meine Schwächen – das bereitet mir Schwierigkeiten**

Je nach Arbeitsweise ist es hilfreich, wenn Doppelseiten verwendet werden.

Für die Aufgaben in den Gruppenarbeiten können Symbole verwendet werden. Nachfolgende Aufgabenteilungen könnten definiert werden:

Aufgabe	Beschreibung
Beteiligung aller	Diese Person ist dafür verantwortlich, dass sich alle in der Gruppe beteiligen können.
zuhören	Diese Person achtet darauf, dass aktiv zugehört wird.
Beiträge von allen	Diese Person hat ein Augenmerk darauf, dass alle ihre Beiträge zeigen und erklären können.
Zeit	Diese Person wacht über die Zeit und ergreift in der Gruppe die Initiative, damit die Zeit eingeteilt wird.
verstehen	Diese Person achtet darauf, dass alle die eingebrachten Beiträge verstehen.
Ziele	Diese Person hat die Zielerreichung im Auge. Sie sorgt dafür, dass die inhaltlichen Ziele erreicht werden.

Stärken
Schwächen
Interessantes
Langweiliges
Ressourcen
Glücksinput
Emotionen
Bedürfnisse
GFK **(Gewaltfreie Kommunikation)**

Ergänzungsmöglichkeiten

In einem Lernumfeld mit Menschen, die einen kleinen Wortschatz mitbringen oder sprachliche Schwierigkeiten haben, kann der Wortschatzsammler nach Motsch eingesetzt werden. Wichtig ist, dass dieser vor Beginn der Einheiten eingeführt wird.

Eine weitere Vertiefungsmöglichkeit zum Thema Stärken bietet sich hier an, nämlich dass die Lernenden sich gegenseitig interviewen und gezielt nach den Stärken ausfragen.

Als weitere Möglichkeit könnte jede Person in der Gruppe jeder anderen Person in dieser Gruppe einen Zettel schreiben, auf dem sie mindestens zwei Stärken notiert. Diese Zettel können von der empfangenden Person ins Lernheft geklebt werden. Somit wird die Liste zu den Stärken ergänzt.

Alle Lernenden wählen eine Karte aus, auf der ein Tier abgebildet ist. Sie spielen das Tier den anderen pantomimisch vor, d. h. sie wählen die Eigenschaften/Stärken des Tieres, die besonders auffällig sind. Danach wird darüber ausgetauscht.

Wenn eine Gruppe nicht weiterkommt, so können alle ein Lieblingstier auswählen und einander erzählen, weshalb sie dieses ausgewählt haben. Was gefällt ihnen an diesem Tier? Was kann dieses Tier besonders gut? Zuletzt überlegen sie, was die genannten Fähigkeiten mit ihnen selbst zu tun haben. Sie halten ihre Erkenntnisse schriftlich fest.

Manchmal finden Menschen den Einstieg in das Thema nicht. Sie wissen nicht so recht, was sie wirklich interessiert. Um diesen Einstieg zu erleichtern, kann von den Interessen ausgehend mittels einer Skalierung gearbeitet werden. Nachfolgend ist ein Arbeitsblatt zu finden, das eingesetzt werden könnte.
    Dieses kann auch als Grundlage für die Lancierung eines eigenen Projektes verwendet werden. Bei einem solchen indivi-

duellen Projekt könnte entweder eine Projektmappe mit Anregungen aus der 7-Schritte-Methode (Müller-Hostettler) oder ein Reisetagebuch nach Ruf & Gallin geführt werden (vgl. Brunsting-Müller, 2000).

Allenfalls hilft der Interessenfragebogen von Joëlle Huser weiter.

Was interessiert mich?
Nachfolgend ist eine Liste mit unterschiedlichen Tätigkeiten. Es ist eine Auswahl. Du hast auf der Rückseite Platz für Ergänzungen und eigene Ideen. Wähle für das Bearbeiten der Liste nachfolgende Vorgehensweise:

1. Übermale alle Tätigkeiten, die du schon mindestens einmal ausgeführt hast, mit grüner Farbe.
2. Übermale nun alle Tätigkeiten, welche du gerne einmal ausprobieren möchtest, mit gelber Farbe.
3. Trage nun bei jeder Tätigkeit in der Skalierungsliste ein, wie sehr sie dich interessiert.

Dabei ist 1 = überhaupt nicht interessant und 10 = äußerst interessant.

	1	2	3	4	5	6	7	8	9	10
Theater spielen										
Kochen										
Zeichnen										
Mathematik										
Mannschaftssport spielen										
Nähen										
Mit Lego bauen										
Etwas erfinden										

Brettspiele spielen
Singen
Lesen
Philosophieren
Auf Bäume klettern
Ein Musikinstrument spielen
Mit Holz werken
Forschen
Tiere beobachten
Wandern
Mit Freunden plaudern
Kampfsport
Zeit am Meer verbringen
Tauchen
Reisen
Zeit im Wald verbringen
Eine Sprache lernen
Mit anderen Menschen einen Ausflug planen
Fliegen
Schwimmen
Schneesport

Einheit 2: Stärken

In dieser Lektion werden die festgehaltenen Stärken aufgegriffen und differenziert darüber nachgedacht.

Ziele

Die Lernenden können die Fertigkeiten und Fähigkeiten, die hinter ihren Stärken verborgen sind, differenziert aufführen. Die Lernenden können über die vergangenen beiden Einheiten reflektieren.

Theoriebezug

Ein wichtiger Impuls für die Auseinandersetzung mit Stärken und Schwächen kommt aus der Begabungs- und Begabtenförderung. In diesem Bereich werden die Stärken der Lernenden gefördert, damit sie sich weiterentwickeln können und die Möglichkeit haben, sich Strategien anzueignen, um ein Projekt zu bearbeiten oder ein Ziel zu verfolgen. Jede Thematik erfordert eine andere Art von Fähigkeiten und Intelligenz. Mit den multiplen Intelligenzen hat Howard Gardner hier einen neuen Weg beschritten. Somit können alle Menschen in mindestens einem der Bereiche Stärken finden und sich in jenem Bereich als intelligent einstufen. Die Symbole aus der Theorie von Gardner[1] können verwendet werden, um diesen Teil des Förderprogrammes zu begehen. Es empfiehlt sich jedoch, dafür zusätzlich Zeit einzuplanen, damit das Modell von Gardner sorgfältig eingeführt werden kann. Eine weitere Möglichkeit ist es, diese Symbole einer Gruppe zu erklären, die sehr rasch vorankommt und eine weitere Anregung wünscht.

Für alle Menschen ist es wesentlich, dass sie die Stärken kennen und bewusst wahrnehmen. Für alle Lernenden ist es unterstützend, wenn sie spüren, dass auch andere Bereiche wahrgenommen werden und eine Wichtigkeit erhalten. Das Modell von Gardner kann insbesondere Lernende ansprechen, die in sozialen und musischen Bereichen begabt sind. Zudem bringt es eine Gleichwertigkeit in die unterschiedlichen Gebiete, was sich auf der Wertschätzungsebene positiv auswirken kann.

Von den personellen Resilienzfaktoren her gesehen stehen in dieser Einheit die Problemlösefähigkeit (identifizieren von Fähigkeiten und Fertigkeiten hinter Interessen und Stärken) und die soziale Kompetenz (Partnerarbeit) im Fokus.

Hinweise zu Didaktik, Methodik und den exekutiven Funktionen

Zu Beginn wird die Form des Frontalunterrichts gewählt. Die Lehrperson erläutert die Ziele dieser Lektion und führt in das Thema ein. Anschließend wird in Partnerarbeit weitergearbeitet. Der Austausch über die Stärken und das Suchen nach einer Differenzierung ist für die Lernenden vielfältiger und bereichernder, wenn sie zu zweit arbeiten. Allenfalls können Dreiergruppen gebildet werden. Die Schwierigkeit bei den Dreiergruppen besteht darin, dass die Zeit eventuell zu knapp ist. Wichtig ist es, die Gruppen in ihren Arbeitsprozessen, wo nötig, zu begleiten. Der letzte Teil der Lektion wird in Einzelarbeit durchgeführt. Dies führt alle zu einer Fokussierung auf die eigenen Stärken. Viele Menschen mögen das Reflektieren nicht besonders. „Regt man Reflexionen über das Lernen an, darf man also nicht von vornherein auf große Dankbarkeit seitens der Lernenden hoffen" (Zutavern, 1995, S. 225).

In dieser Einheit sind im Bereich der exekutiven Funktionen das Zeitmanagement (Partner- und Einzelarbeit), das Planen/Setzen von Prioritäten (Identifizieren von Fähigkeiten hinter Stärken in der Partnerarbeit), die Aufmerksamkeitssteuerung (Reflexion) und die zielgerichtete Beharrlichkeit (Ziel erreichen, sodass alle zu Wort kamen) besonders wichtig.

In Bezug auf den Lehrplan 21 werden nachfolgende Kompetenzen angesprochen: NMG.1.1.c; D.1.A.1.a; D.1.C.1.c; D.3.C.1.b; D.3.C.1.c; überfachliche Kompetenzen (personale Kompetenzen: Selbstreflexion; soziale Kompetenzen: Dialog- und Kooperationsfähigkeit).

Skizzierter Lektionsverlauf

Zeit	Unterrichtsgeschehen	Material
10	Die Ziele werden erläutert und der Verlauf der Lektion erklärt. Die Ziele sind an der Wandtafel/auf dem Screen festgehalten. Die Lehrperson erklärt anhand eines Beispiels, wie zum Thema Stärken differenziert werden kann. Dazu wird eine bekannte Person genommen, beispielsweise Roger Federer. Bei ihm könnte beispielsweise stehen, dass er sehr gut Tennis spielen kann. Was braucht er, um Tennis zu spielen – und dies auf Weltklasseniveau? z.B.: Ausdauer, Durchhaltevermögen, Motivation, Beweglichkeit, Ballgefühl, Technik, Reaktionsgeschwindigkeit … Die Liste wird mit Hilfe der Klasse ergänzt. Die Lernenden können die Begriffe, die sie nennen, direkt an die Wandtafel schreiben.	Wandtafel, Kreide (Beamer)

Zeit	Unterrichtsgeschehen	Material
5	Auftrag: „In Zweiergruppen macht ihr nun dasselbe mit euren Stärken. In euerm Lernheft findet ihr ein Blatt, auf dem ihr euch dazu Notizen machen könnt. Es werden Zweiergruppen gebildet. Diese Zweiergruppen bleiben bis zum Ende der Unterrichtsphase bestehen." Die Lehrperson stellt sicher, dass der Auftrag von allen verstanden wurde. Für diese Arbeit können sich die Lernenden einen Arbeitsort aussuchen, der ihnen zusagt. Die Zeitdauer ist vorgegeben und somit wissen alle, wann sie ins Klassenzimmer zurückkehren. Falls die Klasse aus einer ungeraden Anzahl Personen besteht, wird eine Dreiergruppe gebildet. Wenn eine Person lieber allein arbeiten möchte, so ist auch dies möglich. Die Gruppen können Sanduhren von 10 Minuten Dauer mitnehmen.	Lernhefte Schreibzeug Sanduhren
20	Arbeit in Zweierteams. Die Lehrperson notiert sich die Gruppenzusammensetzung. Die Lehrperson rotiert und unterstützt bei Bedarf. Nach 10 Minuten wird ein Signal gegeben, damit die Gruppe die Zeit einhalten kann.	Lernhefte Schreibzeug Sanduhren
10	Einzelarbeit: Alle Lernenden ergänzen ihre Notizen und reflektieren die ersten beiden Lektionen im Anschluss. Dazu steht ihnen eine leere Seite im Lernheft zur Verfügung. Sie können zeichnen oder schreiben. In die Reflexion wird nachfolgende Frage eingegeben: „Wie geht es mir, wenn ich an meine Stärken denke?" Wiederum ist es möglich zu zeichnen, anstatt zu schreiben.	Lernhefte Schreibzeug Farbstifte

Materialien

Titel im Lernheft zum Auftrag im Zweierteam: *Meine Stärken –
Fähigkeiten und Fertigkeiten*

Titel im Lernheft zur Reflexion: *Meine Stärken – Reflexion:
Wie geht es mir, wenn ich an meine Stärken denke?*

Sanduhren:
Diese können im Vorfeld auch selbst hergestellt werden. Dazu
werden zwei gleich große PET-Flaschen genommen. In beide
Deckel wird mit einer Aale ein Loch gestanzt. Danach werden
die beiden Deckel miteinander verklebt, sodass die Flaschen stabil
sind. Im Anschluss wird ausprobiert, wie viel Sand eingefüllt werden muss, dass die Sanduhr 5 oder 10 Minuten läuft. Es können
auch von der Hälfte der Klasse 5-Minuten-Sanduhren und von
der anderen Hälfte 10-Minuten-Sanduhren hergestellt werden.

Ergänzungsmöglichkeiten

Die Intelligenzen nach Gardner werden beigezogen und erläutert. Die Lernenden denken darüber nach, welche Fähigkeiten
und Stärken zu welcher der Intelligenzen passend sind. Um diese
Arbeit zu vertiefen, eignet sich die Vorgehensweise, die Monika Brunsting-Müller (2000) in ihrem Buch „Lernexpeditionen"
vorschlägt. Mittels der dort aufgeführten Beobachtungsbogen
können eigene Fragebogen, angepasst auf die Lerngruppe, erstellt werden. Als Skalierung empfehle ich die 10-er-Skalierung
beizubehalten, weil diese ein differenzierteres Bild gibt. Die Lernenden können sich hier auch in jedem Bereich Ziele setzen, bei
welchem Skalierungspunkt sie ankommen möchten, und sich
überlegen, was es braucht, um dorthin zu gelangen.

In der Klasse wird darüber nachgedacht, ob es auch Situationen geben könnte, in denen eine Stärke ein Nachteil ist. Falls ja, womit hängt dies zusammen? Beispiele können in kleinen Gruppen gesammelt werden und der gesamten Gruppe als Rollenspiel, Dialog oder Monolog vorgestellt werden. Wie die Präsentation stattfindet, kann den Gruppen überlassen oder auch vorgegeben werden. Die Art und Weise der Präsentation wird auch vom zeitlichen Rahmen abhängen, weil ein Rollenspiel längere Vorbereitungszeit braucht als eine kurze Schilderung des Beispiels durch eine Person.

Sehen Sie gemeinsam Videos von SportlerInnen an, die als Ausnahmetalente gelten, wie beispielsweise Roger Federer, Denise Biellmann, Simone Bales … In Gruppen wird darüber diskutiert, was diese Menschen können müssen, damit sie ihre Sportart auf diesem Niveau ausüben können. Welche Fähigkeiten haben sie?

Im Zusammenhang mit dieser Diskussion könnten auch die exekutiven Funktionen mit den Lernenden betrachtet werden. Welche braucht es wozu?

Einheit 3: Schwächen

Der Schwerpunkt liegt in dieser Lektion auf den Schwächen und den Strategien, die uns mit ihnen umzugehen helfen.

Ziele

Die Lernenden entdecken ihre Strategien im Umgang mit Schwächen.

Die Lernenden finden im Gespräch und in der Reflexion weitere Strategien, die sie ihm Umgang mit ihren Schwächen nutzen können.

Theoriebezug

Im Fokus steht das Suchen nach Möglichkeiten, wie mit Schwächen ein Umgang gefunden werden kann. Hilfreich könnte dabei sein, sich zu überlegen: „Wenn ich diese Schwäche nicht hätte – welche Ziele könnte ich dann verfolgen? Wozu würde mir dieser Bereich nützlich sein?" Diese Lektion kann den personellen Resilienzfaktoren *Selbst- und Fremdwahrnehmung, Problemlösen* und *soziale Kompetenz* zugeordnet werden.

Problemlösen ist eine lebens- und lernbereichsübergreifende Kompetenz. Diese Fähigkeit ist notwendig, um Schwierigkeiten bewältigen zu können, aber auch für die allgemeine Weiterentwicklung und Ausbildung von Gehirnstrukturen. (Fröhlich-Gildhoff & Rönnau-Böse, 2014, S. 53)

Damit ein konstruktiver Umgang mit Schwächen gefunden werden kann, ist es notwendig, dass es eine Auseinandersetzung mit ihnen gibt. Wenn bei diesen ähnlich wie bei den Stärken die Fähigkeiten, welche hinter den Bereichen stehen, entdeckt werden, so kann es sein, dass sie sich relativieren.

Hinweise zu Didaktik, Methodik und den exekutiven Funktionen

Zu Beginn der Lektion (Frontalunterricht) spielt die Lehrperson eine Situation vor, in der sie eine ihrer Schwächen verstecken will. Bei der gemeinsamen Diskussion spiegeln die Lernenden zuerst ihre Beobachtungen und nennen Strategien, die sie erkennen (z. B.: Vermeidung, Hilfe holen, ärgerlich reagieren). Die Ziele und der Verlauf werden erläutert. Es wird in Dreier- oder Viererteams gearbeitet, damit verschiedene Aspekte und Ideen zusammenkommen. Beim Sprechen über Schwächen zeigen sich die Lernenden einander von einer verletzlichen Seite. Aus diesem Grund ist es wichtig, dass sich alle Gruppenmitglieder sicher fühlen. Die Lehrperson richtet ihre Aufmerksamkeit auf die Gruppenprozesse. Lernende, die diesen Auftrag allein bearbeiten wollen, suchen zusammen mit der Lehrperson nach einer geeigneten Methode. Mögliche Methoden für das Bearbeiten in Einzelarbeit: 1) Beschreiben einer Situation, in der die Schwäche zum Tragen kommt: Was geschieht der Reihe nach? Was könnte eine Strategie zur Bewältigung sein? 2) Strategienliste, die zur Orientierung und Anregung dient. 3) Gedanken notieren, die auftreten, wenn eine Schwäche zum Tragen kommt. Was geschieht, nachdem der Gedanke kommt? 4) Gleiches Vorgehen wie bei den Stärken (Einheit 2).

Abschließend halten die Lernenden in Einzelarbeit ihre Ergebnisse fest. Diese Phase der Einzelarbeit kommt einer Reflexion gleich, damit sich alle Lernenden mit sich selbst und mit den neu entdeckten Strategien auseinandersetzen.

In Bezug auf den Lehrplan 21 werden nachfolgende Kompetenzen angesprochen: NMG.1.1.c; D.1.A.1.a; D.1.C.1.c; D.3.C.1.b; D.3.C.1.c; überfachliche Kompetenzen (personale Kompetenzen:

Selbstreflexion; soziale Kompetenzen: Dialog- und Kooperationsfähigkeit).

Nachfolgende exekutive Funktionen werden angesprochen: emotionale Regulation (beim Sprechen über Schwächen); Zeitmanagement (Gruppenarbeit); Aufmerksamkeitssteuerung (beim Thema bleiben); Metakognition (schriftliches Festhalten in Einzelarbeit; Nachdenken in der Gruppe über Strategien).

Skizzierter Lektionsverlauf

Zeit	Unterrichtsgeschehen	Material
5	Vorspielen einer Situation zum Thema Schwächen. Die Lehrperson nennt eine ihrer Schwächen. An der Wandtafel stehen ihre Stärken. Sie unterbricht und führt ein Klassengespräch zur Frage: Was habt ihr beobachtet? Welche Strategien habt ihr gesehen? Welche Strategien gäbe es noch? Die Lehrperson weist auf die notierten Stärken hin. Das vorgezeigte Beispiel wird im Plenum so durchgeführt, wie es die Lernenden im Anschluss daran tun. Allenfalls ist es notwendig, das Wort Strategien zu erklären. Bekanntgabe der Ziele und des Verlaufs der Lektion. Ankündigung der Gruppenarbeit in den bekannten Gruppen mit Hinweisen, worauf es bei dieser Gruppenarbeit ankommt: * Was in der Gruppe besprochen wird, bleibt innerhalb dieser Gruppe. * Alle können eine ihrer Schwächen und die bisherigen Strategien darlegen. * Alle geben Tipps als Anregung. Diese werden auf A6-Karten notiert.	Wandtafel

Zeit	Unterrichtsgeschehen	Material
30	Die Gruppen wählen sich ihren Arbeitsort aus. Sie informieren die Lehrperson, wo sie sich aufhalten. Zu vorgegebener Zeit kehren alle Gruppen an ihre Arbeitsplätze zurück. Gruppen, die ihre Zeit einteilen wollen, arbeiten mit einer Stoppuhr oder einer Sanduhr. Eine Person in der Gruppe wird als Zeitwächter engagiert. Nach 5 Minuten wird gewechselt. Auf den A6-Karten werden wichtige Begriffe notiert. Alle nehmen die A6-Karten in die Phase der Reflexion mit.	Lernhefte A6-Karten Schreibzeug Sanduhren
10	Jede Person ergänzt ihre Notizen. Das Lektionsende wird angekündigt. Die Lernhefte werden in die Schachtel gelegt.	Lernhefte Schreibzeug Schachtel

Materialien

Titel im Lernheft zur Reflexion: **Meine Schwächen – Strategien, die ich anwende**

A6-Karten: die vierfache Anzahl der anwesenden Personen bereitstellen

Sanduhren mit der Zeitdauer von 5 Minuten

Ergänzungsmöglichkeiten

Im Vorfeld oder zur Vertiefung können unterschiedliche Situationen skizziert werden, zu denen in Zweier-, Dreier-, oder Viererteams verschiedene Lösungen gesucht werden. Die Situationen sollten möglichst so gewählt werden, dass sich niemand bloßgestellt fühlt. Es geht hier darum, dass anhand von Beispielen, die die Lernenden nicht direkt betreffen, Strategien gefunden werden.

Wie gehen wir mit schwierigen Situationen um? Ziehen wir uns zurück? Geben wir Widerstand? Lassen wir uns durch unsere Emotionen lenken? Welche anderen Möglichkeiten gibt es? Hier geht es darum, sich selbst zu reflektieren und in der Gruppe darüber zu sprechen. Dies ist jedoch nur dann möglich, wenn in den Gruppen ein gegenseitiges Vertrauen vorhanden ist und alle Gruppenmitglieder respektvoll miteinander umgehen.

Es können zudem Gespräche darüber geführt werden, in welchen Situationen eine Schwäche Vorteile bringen kann. Diese können im Lernheft notiert werden. Zu einem späteren Zeitpunkt kann auf sie zurückgegriffen werden, indem untersucht wird, welche Bedürfnisse sich ein Mensch damit erfüllt. Daraus können sich neue Erkenntnisse und auch neue Strategien ergeben.

Es werden Sätze gesammelt, welche man sich selbst oder anderen sagt, wenn etwas misslingt oder ein Fehler passiert. Diese Sätze können an späterer Stelle (Ergänzungsmöglichkeiten Einheit 16) wieder aufgegriffen werden. Diese Übung könnte auch erst dann gemacht werden, wenn die GFK eingeführt worden ist.

Mit einer Gruppierung, welche am Thema Sonnen- und Schattenkind Interesse zeigt, kann eine Sequenz zur Vertiefung eingeschaltet werden. Diese Thematik bietet sich eher für die Arbeit mit Jugendlichen oder Erwachsenen an. Während der ersten Lebensjahre wird sowohl das Sonnenkind als auch das Schattenkind in uns geprägt. „Bevor das Kind Sprache erworben hat, kann es ja noch nicht einmal denken, dass es schlecht wäre, sondern es fühlt nur, dass es bestraft wird und offensichtlich schlecht oder zumindest falsch ist" (Stahl, 2015, S. 26). Zugleich erfährt jeder Mensch auch Zuwendung, Geborgenheit, Spiel, Spaß und Freude. Diese prägen das Sonnenkind in uns. Im Buch ‚Das Kind in dir muss Heimat finden' (Stahl, 2015) sind viele Anregungen für die Arbeit mit dem Schatten- und dem Sonnenkind enthalten. Einige davon könnten auch für die Arbeit in Gruppen verwendet werden – andere eigenen sich eher für die Einzelarbeit mit Menschen.

In der Textarbeit könnten Fabeln geschrieben werden. Dabei setzen sich die Lernenden zuerst selbst mit zwei oder drei Tieren auseinander. Sie notieren sich Eigenschaften und Merkmale der Tiere, Stärken und Schwächen, und versuchen den Tieren auch Charaktere zuzuordnen. Anschließend vergleichen sie diese in der Gruppe und sprechen darüber. Sie ergänzen ihre Notizen und schreiben danach eine Fabel mit den Tieren, die sie gewählt haben. Wichtig dabei ist es, den Aufbau und das Ziel von Fabeln zu erklären.

Bilder von Tieren werden aufgelegt. Alle wählen sich zwei bis drei davon aus. Sie erstellen zu jedem Tier eine Liste mit dessen Stärken und Schwächen. Daraus kann anschließend ein Rätsel gemacht werden, indem die Lernenden sich gegenseitig die gefundenen Stichworte vorlesen und erraten müssen, um welches Tier es sich handelt.

Variante zum Programm

Über die Interessen und das Weiterentwickeln einer Kompetenz kann man direkt auf Hindernisse geraten, welche mit den Schwächen zu tun haben. So muss das Thema Schwäche nicht explizit besprochen werden. Alle wählen ein Interessensgebiet aus, in dem sie sich weiterentwickeln wollen. Sie notieren, wo sie jetzt stehen (Skalierung 1 bis 10) und zeichnen danach ein, wo sie in einem halben Jahr stehen wollen. Danach stellen sie sich die Fragen:

- Was brauche ich, damit ich dorthin komme?
- Welche Hindernisse könnten sich auftun?
- Welche Möglichkeiten kenne ich, um mit diesen Hindernissen umzugehen?
- Wo habe ich in dieser Kompetenz vor einem halben Jahr gestanden?
- Wie habe ich es geschafft, bis zum Stand von heute zu kommen?
- Welche Schwierigkeiten habe ich auf welche Art überwunden?
- Wer hat mich dabei unterstützt?
- Welche Schwierigkeiten konnte ich nicht überwinden?

Diese Fragen zielen bereits auf die Orientierung an Ressourcen. Es kann anschließend so weitergearbeitet werden. Es ist auch möglich, dieses ganze Programm mittels dieses einen Themas zu durchlaufen, denn oftmals stehen den Menschen auch ihre Emotionen im Weg.

Einheit 4: Ressourcen

In dieser Lektion wird über Ressourcen gesprochen.

Ziele

Die Lernenden können das Wort *Ressource* erklären.
Die Lernenden können mindestens drei Ressourcen aus ihrem Lebensbereich nennen.
Die Lernenden können zwischen personenbezogenen Ressourcen und aus dem Umfeld unterscheiden.
Die Lernenden können sich für eine bis drei der notierten Schwächen Strategien zur Ressourcennutzung zurechtlegen.

Theoriebezug

Menschen, die ihre Ressourcen kennen und wissen, wie sie diese einsetzen können, erleben sich selbstwirksam. Durch die Auseinandersetzung mit der Thematik wird der Bereich der Problemlösefähigkeit gefördert. Zudem werden Menschen autonomer, wenn sie ihre Stärken, Schwächen und Ressourcen kennen und sich Strategien zurechtgelegt haben, wie sie damit umgehen können.

Autonomie fördernde Lehrpersonen zeigen Verständnis für die Anliegen der Schüler/innen, gestalten flexible Lernumgebungen und achten auf konstruktives Leistungsfeedback – um einige Beispiele zu nennen. Autonomieförderung kommt nicht nur in dem, was Lehrer/innen tun, zum Ausdruck, sondern auch in der Art und Weise. (Martinek, 2014, S. 48 f.)

In diesem Sinne seien die Lehrpersonen ermutigt, alternative Vorgehensweisen anzubieten, wenn einzelne Lernende sich nicht auf die vorgeschlagene Arbeit einlassen wollen. „In neuerer Zeit werden allerdings – gerade im Zusammenhang mit der Diskussion um Stress im Kindesalter – auch zunehmend Bewältigungsstrategien im Alltag der Kinder wahrgenommen und untersucht" (Frank, 2008, S. 130). Zudem weist Frank (2008) auf verschiedene Studien hin und stellt ihre Ergebnisse dar. Darin wird ersichtlich, dass Mädchen soziale Unterstützung als Ressource mehr nutzen. Zudem wurde festgestellt, dass in Bezug auf die Schule von einer Mehrheit der Befragten versucht wird, die Probleme direkt anzugehen. Teilweise sind die Befunde, was die Aussagen zu den Geschlechterunterschieden anbelangt, widersprüchlich.

> Die Begleitung und Unterstützung der Problembewältigung von Außen ist auch deshalb so wichtig, weil ein großer Einfluss von Bewältigungserfahrungen in der Grundschulzeit auf folgende Bewältigungsversuche in späterem Alter anzunehmen ist.
> (Frank, 2008, S. 133)

Aufgrund dieser auf Forschungsarbeiten beruhenden Aussagen ist es sinnvoll, das Thema Ressourcen aufzugreifen und bewusst werden zu lassen.

Manchmal sind uns nicht alle Ressourcen bewusst, die zur Verfügung stehen würden. Wir können uns auf die Suche nach Ressourcen begeben, beispielsweise mit nachfolgendem Motto: „*Ich wertschätze Probleme, orientiere mich an Lösungen und suche nach Kompetenzen* – wobei ich (ganz im Sinne des Janosch'schen kleinen Tigers) nicht einfach danach suche, sondern weiß, dass ich Kompetenzen (Ressourcen) *finden* werde" (Hargens, 2013, S. 51). Die beiden Autoren (Schaller & Schemmel, 2013, S. 85) erwähnen, dass durch das explizite Sprechen über Ressourcen, die implizit vorhanden sind, die Selbstwirksamkeitsüberzeugung erhöht werden kann.

Hinweise zu Didaktik, Methodik und den exekutiven Funktionen

Die Begriffsklärung erfolgt im Plenum. Die Lernenden finden gemeinsam eine Definition zum Begriff Ressource. Ein Klassengespräch sollte durch die Lehrperson angeregt werden. Aus sprachdidaktischer Sicht ist es wichtig, dass die Lernenden diesen für sie neuen Begriff in eigenen Worten definieren. „Wichtige Lernwörter, Fachwörter und Fremdwörter sind oft abstrakt und nur schwer zu veranschaulichen" (Mussmann, 2012, S. 117). Apeltrauer (2014, S. 246) schreibt über das Zugeben von Nichtverstehen oder von Nichtwissen der Lernenden. Dieses sei oftmals mit einem Gesichtsverlust verbunden, weshalb viele Lernende auf ein Nachfragen verzichteten.

Ähnlich ist die Situation, wenn im Unterricht mit Wortdefinitionen gearbeitet wird. Sie basieren i.d.R. weder auf eigenständigen Beobachtungen oder Schlussfolgerungen der Schüler, noch auf eigenständigen Formulierungen. Darum werden Definitionen auswendig gelernt. Doch so Gelerntes ist nur mit einer oberflächlicheren Verarbeitung verbunden und kann daher nur bedingt zur Problemlösung genutzt werden.
(Apeltrauer, 2014, S. 247)

Dabei werden die Ressourcen in Kategorien (siehe unter Materialien) aufgeteilt. Somit befassen sich die Lernenden mit dem Kategorisieren von Begriffen. Danach folgt ein konkretes Beispiel. Die Erarbeitung geschieht in der Gruppe. Das vorbereitete Schema sowie die Liste mit den Stärken sind vorhanden. Gemeinsam wird überlegt, wie die Aufgabe zielführend gelöst wird. Anschließend arbeiten die Lernenden in Einzelarbeit. Es geht darum, dass alle ungestört zu drei verschiedenen Schwächen einen Strategieplan skizzieren können. Es gibt Lernende, die für einen solchen Prozess einen Gesprächspartner benötigen, weil sie allein nicht weiterkommen. Diese können sich mit dem Namensschild entsprechend eintragen. Lernende, die Unterstützung benötigen, können ihr Namensschild ebenfalls an der Wandtafel platzieren.

Wird in dieser Lektion betrachtet, welche exekutiven Funktionen zum Tragen kommen, so sind es nachfolgende: Arbeitsgedächtnis (neue Begriffe aufnehmen und erklären können); Organisation (sich eine Vorgehensweise zurechtlegen); Initiieren von Handlungen (Hilfe holen, wenn dies notwendig ist); Zeitmanagement (innerhalb der vorgegebenen Zeit die Arbeiten zu einem Ende bringen); Aufmerksamkeitssteuerung (beim Thema bleiben). In Bezug auf den Lehrplan wird an nachfolgenden Zielen gearbeitet: NMG.1.1.c; NMG.1.1.d; NMG.11.3.a; NMG.11.3.d; D.1.C.1.e; D.3.A.1.a; D.3.A.1.d; D.4.A.1.g; überfachliche Kompetenzen (methodische Kompetenzen: Informationen nutzen/ Aufgaben und Probleme lösen; soziale Kompetenzen: Umgang mit Vielfalt/Dialog- und Kooperationsfähigkeit; personale Kompetenzen: Selbstreflexion)

Skizzierter Lektionsverlauf

Zeit	Unterrichtsgeschehen	Material
15	Alle sitzen im Kreis. Die Lehrperson regt ein Klassengespräch zum Thema Ressourcen an. Der Begriff wird im gemeinsamen Gespräch geklärt. Gemeinsam wird nach einer Definition des Begriffes „Ressourcen" gesucht. Karten werden in die Mitte des Kreises gelegt und zugeordnet. Nicht vorhandene Begriffe werden auf leeren Karten ergänzt.	Wandtafel Vorbereitete Karten Leere Karten Schreibzeug
	Anschließend greift die Lehrperson das Beispiel der vorangehenden Lektion auf und zeigt auf, welche Strategien bisher genutzt wurden. Danach zeigt sie die Entscheidung auf: Will ich das können? Wozu dient mir das? Für dieses Beispiel entscheidet sie sich für ein „Ja". Danach wird überlegt, was es braucht, um diese Fertigkeit zu erlernen. Zuerst werden die personenbezogenen Ressourcen betrachtet (Stärken aus Einheit 1 und 2). Welche helfen weiter? Danach kommen die Ressourcen aus dem Umfeld hinzu. Es wird ein Strategieplan skizziert.	Vorbereitetes Schema auf A3 (siehe Kopiervorlage unter Materialien)
25	In dieser Phase arbeiten alle in Einzelarbeit. Lernende, die allein nicht weiterkommen, hängen ihr Schild an die Wandtafel unter die zutreffende Rubrik: 1) Ich benötige Unterstützung; 2) Ich brauche einen Gesprächspartner; 3) Ich weiß nicht, was ich tun muss. Zuerst notieren die Lernenden in eigenen Worten, was das Wort Ressourcen für sie bedeutet. Danach beginnen sie den Auftrag zu bearbeiten. Die Lernenden werden in der nachfolgenden Lektion noch einmal die Möglichkeit haben, daran weiterzuarbeiten.	Lernhefte Schreibzeug Farbstifte Namenskarten Wandtafel

Zeit	Unterrichtsgeschehen	Material
5	Kurze mündliche Reflexion im Plenum. Das Lektionsende wird angekündigt und die Lernhefte werden in die Schachtel gelegt.	Lernhefte Schachtel

Materialien

Titel im Lernheft zu Ressourcen: **Ressourcen – Was bedeutet dieses Wort?**

Titel im Lernheft zu den eigenen Ressourcen: **Ressourcen – Was kann ich nutzen?**

Kopiervorlage Karten (Ressourcen) und leere Karten in derselben Größe

Kopiervorlage Schema

Namenskarten mit den Namen der Klasse: selbst herstellen

Freunde	Familie
Musik	Sport
Lehr-personen	Kochen
Kunst	Natur
Geld	Literatur
Eltern	Geschwister
Großeltern	Nachbarn
Vereine	Schule
_____	_____
_____	_____

Kopiervorlage zu den Ressourcen

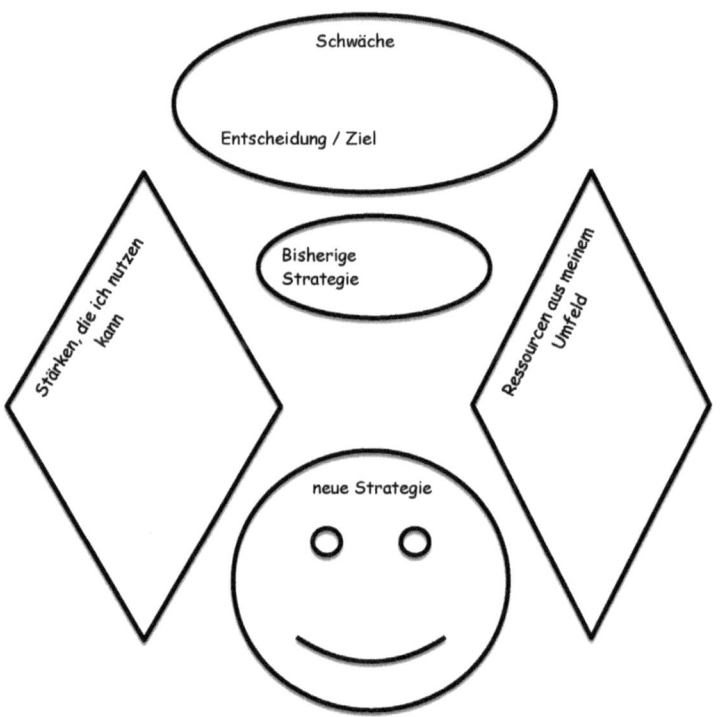

Ich benötige Unterstützung.

Ich brauche einen Gesprächspartner.

Ich weiß nicht, was ich tun muss.

Ergänzungsmöglichkeiten

Um die neuen Strategien zu verankern, könnte in der Gruppe eine Zeitspanne vereinbart werden, innerhalb derer alle ihre neue Strategie anwenden und sich Notizen machen, wie das geklappt hat. Nach Ablauf der Zeit gibt es einen Austausch darüber. Dabei werden gelungene Momente gefeiert und Stolpersteine genauer betrachtet. Vielleicht ergeben sich daraus neue Erkenntnisse.

Die Frage könnte im Zentrum stehen: Wie erhole ich mich am besten, wenn ich …? Oftmals erledigen wir im Alltag Dinge, welche uns schwerfallen. Dabei kann es sein, dass uns dies ermüdet, weil wir viel Anstrengung auf uns nehmen. Sich dessen bewusst zu sein und sich dann eine Pause zu gönnen, kann als weitere Strategie betrachtet werden. Dazu ist es jedoch notwendig zu erforschen, welche Strategien wirklich zu Entspannung führen. Erst dann können diese zielgerichtet eingesetzt werden.

Wenn zu wenige Ideen vorhanden sind, was zur Regeneration verhelfen könnte, werden verschiedene Methoden und Möglichkeiten betrachtet. Alle überlegen für sich, ob ihnen diese Möglichkeiten entsprechen, was sie ausprobieren möchten und was sie als wenig hilfreich betrachten.

Die Intelligenzen nach Gardner können miteinbezogen werden: Welche Ressourcen gehören in welchen Bereich? Auch hier kann mit den Piktogrammen gearbeitet werden. Diese sind in der Literatur zu finden oder im Internet unter dem Suchbegriff „Piktogramme Gardner".

Konkrete Situationen werden betrachtet: Prüfungsangst, Blackout während einer Prüfung, Vorträge vor anderen Menschen halten. Vorstellungsgespräche, allein in einem großen Haus sein, das abgelegen ist, als einzige(r) nicht zu einer Party eingeladen worden zu sein … Über diese Situationen wird in der Gruppe gesprochen. So können unterschiedliche Ideen zusammenkommen. Die Lernenden können somit ihre eigene Handlungsweise erweitern, da sie neue Ideen von anderen erhalten.

Das Thema Kreativität könnte eingebaut werden. In der Gruppe wird darüber philosophiert, was Kreativität bedeutet. Später kann es einen Input aus der Theorie zu diesem Thema geben. Je nach Interesse und Alter der Gruppenmitglieder ist es auch möglich, Literaturangaben zu machen und gemeinsam eine Lektüre auszuwählen, die gelesen und über die sich ausgetauscht wird.

Verschiedene Künstlerbiografien werden betrachtet. Unter dem Aspekt der Ressourcen wird darüber nachgedacht, welche Ressourcen den Künstlerinnen und Künstlern geholfen haben, ihre Arbeit fortzusetzen – auch dann, wenn sie auf Hindernisse stießen.

Es werden Biografien von Menschen, die die Welt bewegten, wie beispielsweise Mahatma Ghandi, Nelson Mandela oder Malala Yousafzai, betrachtet. Diese Menschen haben Außerordentliches erreicht. Welche Fähigkeiten brauchten sie dazu? Mit welchen Schwierigkeiten wurden sie konfrontiert und wie haben sie diese überwunden? Die letzte Frage ist sehr stark mit dem Themenbereich der Resilienz verbunden. An dieser Stelle kann eine Biografie im Hinblick auf das Risiko- und Schutzfaktorenkonzept untersucht werden, außerdem können dabei die Entwicklungen sowie Veränderungen der Risiko- und Schutzfaktoren unter die Lupe genommen werden. Somit erleben die Lernenden den prozesshaften, dynamischen und multidimensionalen Aspekt des Resilienzkonzeptes.

Es wird über Ressourcen gesprochen, die wir alle haben und bewusst pflegen können. Dies ist unser Körper, unser Atem und unsere Stimme. Diese haben wir überall mit dabei und können sie als Ressource nutzen, wenn wir in eine schwierige Situation kommen. Damit uns dies gelingt, brauchen wir einerseits Hintergrundwissen und andererseits Training. Es gibt viele verschiedene Möglichkeiten, aus denen gewählt werden kann.

An dieser Stelle wird die Arbeit mit dem Atem vorgestellt und die Arbeit mit der Stimme. Ohne Atem gibt es auch keinen Klang. Wenn wir uns täglich fünf Minuten Zeit gönnen, um mit unserem Atem zu arbeiten, so wird dies über längere Zeit hinweg einen positiven Effekt haben. Effektvoller ist es zu summen. Dies wurde in einigen Studien nachgewiesen. Das Atmen hat den Vorteil, dass ich es in jeder Lebenssituation tun kann: ob ich in einer Sitzung sitze und zugleich meinen Atem beobachte, ob ich dies im Bus, im Zug oder in der Tram tue oder wenn ich am Straßenrand darauf warte, dass die Ampel auf Grün schaltet, spielt keine Rolle, denn es bleibt unbemerkt. Das Summen kann ebenso in vielen Lebenssituationen ausgeführt werden. Unter den Glücksinputs im Teil D wird darüber vertieft geschrieben.

Imagination ist ebenso eine Ressource, die uns zur Verfügung steht. Es gibt Geschichten, welche die Imagination anregen. Zudem kann die Imagination auch bewusst eingesetzt werden, um sich diese als Ressource zu erschließen.

Variante zum Programm

Die begonnene Skalierung mit ihren Fragen wird weitergeführt. Es kann in Zweierteams gearbeitet werden oder in Einzelarbeit. So es notwendig ist, tauschen sich die einzelnen Menschen in kleinen, selbst gewählten Gruppen aus.

Zudem ist es möglich, im 1:1-Setting mit dieser Vorgehensweise zu arbeiten und somit Lernende unterstützend in ihrem Prozess zu begleiten. Es wird mit den Fragen in die Tiefe geführt, bis klar ist, welche Bereiche betroffen sind. Mittels Post-it-Zetteln, auf die fortlaufend notiert wird, kann anschließend eine Übersicht entstehen. Es geht darum bereits Erlebtes zu notieren sowie auch Befürchtungen, die auftreten.

Nachfolgend wird betrachtet, welche Ressourcen sie bisher genutzt haben. Diese werden auf andersfarbigen Post-it-Zetteln notiert. Somit entsteht eine Übersicht von Ressourcen und Schwierigkeiten. Es kann danach mit dem Suchen nach Strategien begonnen werden. Teilweise sind bereits Strategien erwähnt, weil sich diese aus den Fragestellungen ergeben haben.

Einheit 5: Reflexion zu Stärken – Schwächen – Ressourcen

In dieser Einheit werden die bisher besprochenen Themen aufgegriffen. Arbeiten, die nicht zu Ende geführt werden konnten, werden beendet. Es findet eine Diskussion über den Glücksinput statt.

Ziele

Die Lernenden können die Begriffe Stärken, Schwäche, Strategie und Ressourcen in eigenen Worten erklären.
Die Lernenden haben Kenntnis darüber, wie sie sich eine Strategieplanung zurechtlegen können.
Die Lernenden reflektieren den Glücksinput und können sich dazu äußern.

Theoriebezug

Geschichten, Bilder, Lieder, Bewegungsfolgen oder Gedichte sind für viele Menschen Quellen der Inspiration und können als Ressource genutzt werden. Aus diesem Grund gehört zu diesem Förderkonzept ein täglicher „Glücksinput". Damit können auch die Imaginationskräfte gefördert werden, welche wiederum als Ressource dienen können, wenn schwierige Lebenssituationen eintreten. Zudem können kurze Geschichten, die eine Weisheit in sich enthalten, zur Identitätsfindung beitragen.

Die Glücksinputs finden täglich statt und werden somit zu einem Ritual. Rituale können zu einer Ordnung beitragen und für einzelne Menschen bedeutsam sein.

Das Zeigen von Bildern spricht den Sinn für Ästhetik der Lernenden an. „Ästhetik, als die Lehre von der Kunst, setzt genau an dieser Stelle an und beschreibt in ihrer ethnologischen Bedeutung die Auseinandersetzung mit der sinnlich erfahrbaren Welt" (Götz, 2013, S. 351). Lernende, die sich eigenständig einbringen wollen, erleben sich selbstwirksam, weil sie die Inhalte der Inputs wählen und gestalten können.

Hinweise zu Didaktik, Methodik und den exekutiven Funktionen

Die erste Unterrichtsphase findet im Plenum statt. An der Wandtafel sind die verschiedenen Bereiche aufgeführt, die während der vergangenen Einheiten besprochen wurden. Die Lernenden tragen sich dort ein, wo sie weiterarbeiten wollen. Danach wird in unterschiedlichen Sozialformen gearbeitet. Der Unterricht ist prozessbezogen, d. h. alle arbeiten dort weiter, wo sie Bedarf haben. Zudem werden durch das Aufgreifen der vergangenen vier Einheiten Begriffe repetiert. Wichtig ist, zu Beginn nochmals nachzufragen, was unter den Begriffen Stärke, Schwäche, Ressource und Strategie verstanden wird.

Ein Gruppenangebot für Lernende, die alle Bereiche bereits abschließend bearbeitet haben (Lernheft bis Seite 6), sind die Glücksinputs. Dort wird darüber diskutiert und überlegt, ob sie sich allenfalls selbst einbringen wollen, um die Glücksinputs für die kommenden Wochen zu planen. Ideen werden gesammelt und notiert.

Die Lektion wird in Einzelarbeit abgeschlossen. Alle erhalten Zeit, über die bisher besprochenen Bereiche nachzudenken und ihre eigenen Gedanken dazu festzuhalten. Als Denkanstoß werden Fragen an der Wandtafel befestigt. Diese können als Anregung genutzt werden.

Die Reflexion ist ein wesentlicher Bestandteil für das Gelingen dieser Unterrichtseinheit. Mit Hilfe der Reflexion können Lernende und Lehrende neue Erkenntnisse gewinnen und diese festhalten. Die Lehrpersonen nutzen diese zehn Minuten ebenfalls, um über die vergangenen Lektionen zu reflektieren, und notieren sich ihre Gedanken. Wichtig ist es, dass die Lernenden erfahren, weshalb eine Lehrperson das Reflektieren sinnvoll und hilfreich findet. So haben die jungen Menschen die Möglichkeit, für sich selbst zu entscheiden, ob sie diese Meinung teilen oder eine andere vertreten.

In Bezug auf die exekutiven Funktionen kommen in dieser Lektion nachfolgende zum Zug: Arbeitsgedächtnis (Erinnern und Erklären der Begriffe), Organisation (Arbeiten beenden; in der Gruppe über Glücksinputs diskutieren), Metakognition (Reflexion über die vergangenen Einheiten).

Aus dem Lehrplan 21 sind folgende Kompetenzen relevant: NMG.1.2.c; NMG.11.2.b; NMG.11.3.d; NMG.11.3.f; D.3.C.1.e; D.4.D.1.c; überfachliche Kompetenzen (personale Kompetenzen: Selbstreflexion/Eigenständigkeit; soziale Kompetenzen: Dialog- und Kooperationsfähigkeit).

Skizzierter Lektionsverlauf

Zeit	Unterrichtsgeschehen	Material
10	Einstieg mit einer Kurzgeschichte (Lechleitner, 2008, S. 177), die die Themen aufgreift. Danach werden die besprochenen Themen erwähnt mit dem Hinweis zu Wandtafel. Zusätzlich wird der Glücksinput erwähnt. Alle können sich dort eintragen, wo sie Bedarf zur Weiterarbeit haben: • Stärken und Schwächen • Ressourcen • Neue Strategien planen • Titelbild gestalten • Glücksinput: Diskussion in der Gruppe Nachdem geklärt ist, wer woran arbeitet, nehmen alle ihre Tätigkeiten auf.	Geschichte zu Stärken, Schwächen und Ressourcen Wandtafel
15	Alle arbeiten an den selbst gewählten Themen. Es können weitere Themen hinzukommen. Falls weniger als 20 Minuten benötigt werden, bis alle mit ihren geplanten Aktivitäten fertig sind, wird über den Glücksinput nachgedacht. Dies kann in kleinen Gruppen oder einzeln geschehen. Dazu werden Notizen ins Lernheft getätigt. Die Ergebnisse werden im Plenum ausgetauscht. Aus der Diskussion werden Schlussfolgerungen gezogen. Während dieser Lektion ist dasselbe Wandtafelbild wie in der Einheit 4 aufgezeichnet, damit sich die Lernenden eintragen können, wenn sie nicht weiterkommen.	Lernhefte

5	Im Klassengespräch werden die Ergebnisse aus den Gesprächen zum Glücksinput zusammengetragen. Falls die Mehrheit der Klasse dem Glücksinput ablehnend gegenübersteht, wird nachgefragt, was diese Ablehnung auslöst. Es geht darum zu verstehen, wie die Lernenden zu ihrer Position kommen. Möglicherweise benötigt das Klassengespräch dann mehr Zeit. Die Lehrperson erläutert ihre eigene Meinung dazu und erklärt, welche Bedürfnisse sie sich mit diesem Glücksinput erfüllt. Kann nicht entschieden werden, ob mit dem Glücksinput fortgefahren werden soll oder nicht, so könnte mit der soziokratischen Methode zu einer Entscheidung gefunden werden. Die Lehrperson formuliert einen Vorschlag und fragt nach einem schwerwiegenden Einwand. Einzeln werden alle SuS gefragt, ob sie einverstanden sind oder nicht. Ihre Bedenken formulieren sie. Alle Einwendungen werden in den neuen Vorschlag miteinbezogen. Wiederum werden alle einzeln gefragt, ob sie dazu einen grundlegenden Einwand hätten oder einverstanden wären.	Feedbacks und Meinungen stichwortartig notieren
10	Reflexion im Lernheft: Ein erster Themenbereich wird damit abgeschlossen. Alle erhalten die Möglichkeit zu zeichnen und zu schreiben. Jene, die wollen, können auf A6-Karten Rückmeldungen an die Lehrperson schreiben. Nachfolgende Fragen stehen an der Wandtafel: Wie sinnvoll fand ich das Nachdenken über meine Schwächen und das Nutzen von Ressourcen? Wie kann ich das für mich nutzen? Wie geht es mir damit? Die Lernenden zeichnen oder schreiben ins Heft. Das Lektionsende wird angekündigt und die Lernhefte werden in die Schachtel gelegt.	Lernhefte Schreibzeug Farbstifte A6-Karten Wandtafel

Materialien

Lernhefte: evtl. weitere Kopien der Vorlage für die Ressourcen (Schema)

Titel im Lernheft zu Glücksinputs: *Ideen für die Glücksinputs* und/oder *Glücksinputs – meine Meinung dazu*

Titel im Lernheft zu den Lektionen 1 bis 5: *Reflexion zu den Stärken, Schwächen und Ressourcen*

A6-Karten für Rückmeldungen an die Lehrperson

Ergänzungsmöglichkeiten

Unterschiedliche Möglichkeiten, die auch bei den Glücksinputs Teil D aufgeführt sind, könnten diskutiert werden. Wenn die Klasse interessiert ist, können Möglichkeiten ausprobiert werden.

Glück in den verschiedenen Traditionen
Es findet ein Austausch darüber statt, welche Traditionen es zum Thema „Glück" in den verschiedenen Ländern der Welt gibt. Wie wird mit dem Thema Glück umgegangen? Was sagen die Religionen dazu? Inwiefern dürfen Menschen glücklich sein? Auch könnte die Frage hinzukommen: Lässt sich Glück messen?

Des Weiteren könnte darüber diskutiert werden, woran zu erkennen ist, dass ein Mensch glücklich ist.

Glückliche Ereignisse im eigenen Leben
Welche Situationen und Ereignisse lösen Glück aus? In Gruppen tauschen sich die SuS dazu aus. Sie denken darüber nach, welche Bedingungen erfüllt sind, wenn sie sich glücklich fühlen.

Dieser Ansatz kann beispielsweise im Zusammenhang mit den Bedürfnissen und der GFK aufgegriffen werden.

Idee zu den Ressourcen
Ausgehend vom Märchen „Das Mädchen mit den Schwefelhölzern" Szenen spielen: Was sind meine Träume? Darin Ressourcen sehen oder Potenzial/Ziele oder über Imagination erzählen

Sinn des Lebens
Je nach Gruppe oder Klasse kann über den Sinn des Lebens nachgedacht werden. Menschen, welche in ihrem Leben und in Lebensereignissen einen Sinn sehen, können meistens entspannter mit schwierigen Situationen umgehen. Bei dieser Arbeit könnte die Theorie von Antonovsky herbeigezogen werden, um zu erläutern, weshalb es hilfreich sein kann, in Erlebtem oder auch im Allgemeinen eine Sinnhaftigkeit zu sehen. Hier könnten auch die Fragen passen: „Weshalb bin ich auf diesem Planeten? Was möchte ich in die Welt bringen?"

Diskussion über das Reflektieren
In Gruppen wird darüber diskutiert, ob das Reflektieren und das schriftliche Festhalten der Gedanken als sinnvoll empfunden wird. Nicht für jeden Menschen braucht es die gleiche Art und Weise der Reflexion. So kann es in diesem Austausch auch darum gehen, herauszufinden, wer auf welche Weise Inhalte und Erkenntnisse verarbeitet. Alle Beiträge verhelfen zu einer Erweiterung des Wissens, einer gegenseitigen Bereicherung der Gruppenmitglieder sowie der Wahrnehmung Einzelner in der Klasse.

Variante zum Programm

Es wird am Prozess weitergedacht und danach darüber reflektiert. Die Reflexion erfolgt für sich allein, kann anschließend ausgetauscht werden. Gedanken, welche andere zur Reflexion haben, können notiert werden.

Einheit 6: Emotionen

In dieser Einheit beginnt der spielerische Einstieg in das Thema Emotionen.

Ziele

Die Lernenden können eine vorgegebene Emotion theatralisch darstellen.
Die Lernenden können eine vorgespielte Emotion erkennen und benennen.

Theoriebezug

Emotionen begleiten die Menschen durch ihr Leben. Viele Menschen können schon in sehr jungen Jahren Emotionen beim Gegenüber und bei sich selbst wahrnehmen und empathisch darauf reagieren.

In dieser ersten Lektion geht es darum, dass Emotionen erkannt und gespielt werden können. Des Weiteren wird der Wortschatz erweitert.

„Jede Emotion stellt ein anderes Bild oder Muster dar, sodass Emotionen voneinander unterschieden werden können" (Petermann, Petermann, & Nitowski, 2016, S. 11).

Emotionen sind Reaktionen auf innere oder äußere Ereignisse. Die Bandbreite der Emotionen ist groß. „Am besten lassen sich Emotionen optisch am Gesicht ablesen" (Petermann, Petermann, & Nitowski, 2016, S. 15).

Dies lässt sich gut beobachten, wenn wir uns an Clowns, wie beispielsweise Grock, Marcel Marceau oder Dimitri, erinnern. Durch ihren starken pantomimischen Ausdruck lassen sie das Publikum in Emotionswelten eintauchen. Die gezeigten Emotionen müssen nicht mit den gefühlten übereinstimmen. Ein Lächeln kann auch eine andere Emotion verstecken oder kulturell bedingt gezeigt werden. Schauspieler arbeiten auf der Bühne mit dieser Doppeldeutigkeit, um bestimmte Effekte sehr bewusst zu erzielen. Für das alltägliche Leben ist es einerseits hilfreich, wenn wir unsere Emotionen regulieren können, und andererseits wesentlich, dass wir authentisch sind, damit wir glaubwürdig bleiben. Hinsichtlich der personellen Resilienzfaktoren stehen hier die Selbststeuerung sowie die Selbst- und Fremdwahrnehmung im Zentrum.

Hinweise zu Didaktik, Methodik und den exekutiven Funktionen

Der Einstieg beginnt mit einer vorgespielten Emotion der Lehrperson. Im Plenum entsteht eine kurze Diskussion über das Thema Emotionen. In Einzelarbeit befassen sich die Lernenden mit den Gefühlswörtern. Sie überlegen sich, welche Wörter ihnen vertraut sind und welche sie noch nicht kennen. Diese Vorarbeit ist wesentlich für das Weiterarbeiten, denn die unbekannten Begriffe werden im Plenum geklärt. Dies ist die Voraussetzung für die darauf folgende Gruppenarbeit. Hier stehen theaterpädagogische Elemente im Vordergrund. In Dreier- oder Vierergruppen spielen sich die Lernenden Emotionen vor und erraten die Begriffe. Diese Übung dient der Erkennung von Emotionen: einerseits von außen gesehen – andererseits erlebt durch das Spielen. Diese Phase soll dem Experimentieren mit der Mimik und Gestik sowie der Körperhaltung dienen. Die Erkenntnisse werden im Plenum zusammengetragen.

Die Arbeit in den Gruppen wird reflektiert. Als Abschluss der Lektion skizzieren die Lernenden in Form von Einzelarbeit ihre Erfahrungen und Erkenntnisse. Diese Phase dient der Reflexion. Die Lernenden wechseln zwischen verschiedenen Ebenen: eigenes Handeln und Nachdenken über das eigene Handeln.

Eingang ins Langzeitgedächtnis finden neue Wörter vor allem dann, wenn sie vernetzt und gebraucht werden. Und noch etwas: Wörter, die schwer gelernt werden, werden auch schnell wieder vergessen.
(Apeltrauer, 2014, S. 246)

Werden die exekutiven Funktionen betrachtet, so spielen in dieser Einheit die emotionale Regulation (Emotionen vorspielen), das Initiieren von Handlungen (Emotionen vorspielen), das Zeitmanagement (Arbeit in der Gruppe) und die Metakognition (Selbstreflexion am Schluss) eine wichtige Rolle.

In Bezug auf den Lehrplan 21 sind nachfolgende Kompetenzen gefragt: NMG.10.1.f; D.1.A.1.e; D.3.A.1.c; D.3.C.1.b; D.4.D.1.c; überfachliche Kompetenzen (methodische Kompetenzen: Sprachfähigkeit; soziale Kompetenzen: Dialog- und Kooperationsfähigkeit)

Skizzierter Lektionsverlauf

Zeit	Unterrichtsgeschehen	Material
10	Einstieg: Vorspielen einer Emotion (Beispiel: Blick aufs Handy, erschrecken, schluchzen)	Wandtafel Handy
	Gespräch im Plenum: Was habt ihr beobachtet? Was ist bei euch geschehen, als ihr mich so … wahrgenommen habt? Emotionen: Wozu nützen sie? Wann stören sie? Wie gehe ich mit meinen Emotionen um? Welche Reaktionen erlebe ich? Stichwortartige Notizen an die Wandtafel.	Bilder von Clowns
	„Ihr habt Bilder mitgebracht. Aus welchen Gründen habt ihr genau diese Bilder ausgewählt?" Stichwortartige Notizen an die Wandtafel.	
10	Im Lernheft ist eine Liste mit Emotionen. Die Lernenden übermalen alle Wörter, die sie kennen, mit gelber Farbe. Anschließend werden die Begriffe erklärt, die unbekannt sind, indem jemand diesen Begriff vorspielt. Spätestens nach 10 Minuten wird abgebrochen, auch wenn nicht alle Begriffe geklärt sind.	Lernheft Gefühlswörter-Liste Gelber Farbstift
15	In Dreier- oder Vierergruppen spielen sich die Lernenden Emotionen vor. Die anderen erraten, um welchen Begriff es sich handelt. Die Liste darf benutzt werden. Sie tauschen sich darüber aus, woran sie erkannt haben, was gespielt wurde oder was anders dargestellt werden könnte.	Lernheft Gefühlswörter-Liste

Zeit	Unterrichtsgeschehen	Material
10	Alle sind an ihrem Arbeitsplatz. Jede Gruppe erzählt in zwei bis drei Sätzen, was sie beim Spielen erlebt habt. Was war schwierig, was fiel leicht …? In Einzelarbeit können die Lernenden auf dem leeren Blatt ihre Gedanken und Erkenntnisse zum Thema zeichnen und notieren. *Die Bilder der Clowns können im Lernheft eingeklebt werden.*	Lernheft Schreibzeug Farbstifte

Materialien

Titel im Lernheft zum Thema: **Gefühle und Emotionen – was weiß ich darüber?**

Titel im Lernheft zu den Gefühlswörtern: **Gefühlswörterliste**

Titel im Lernheft für die Reflexion: **Reflexion**

Kopiervorlage Gefühlswörterliste, gelbe Farbstifte oder Marker, Schreibutensilien, Clownbilder

Gefühlswörterliste

Ich lese die Wörterliste und übermale mit gelbem Farbstift alle
Wörter, die ich kenne.

angeregt	aufgeregt	aufgedreht
ausgeglichen	begeistert	behaglich
berührt	beruhigt	beschwingt
bewegt	eifrig	energiegeladen
engagiert	entschlossen	entspannt
entzückt	erfüllt	erleichtert
erstaunt	fasziniert	freudig
freundlich	friedlich	froh
fröhlich	gelassen	heiter
glücklich	gut gelaunt	inspiriert
hellwach	klar	jubelnd
lebendig	locker	lustig
motiviert	munter	mutig
neugierig	optimistisch	ruhig
satt	schwungvoll	selbstsicher
sicher	still	strahlend
überglücklich	überrascht	unbekümmert
vergnügt	zärtlich	zufrieden
zuversichtlich	zornig	zögerlich
zappelig	wütend	verwirrt

verzweifelt	verletzt	unzufrieden
unwohl	unruhig	ungeduldig
unglücklich	streitlustig	sorgenvoll
besorgt	schockiert	schüchtern
schlapp	sauer	traurig
nervös	mutlos	müde
lustlos	leer	kribbelig
ängstlich	irritiert	hilflos
hasserfüllt	gelangweilt	gehemmt
furchtsam	frustriert	erstarrt
erschüttert	erschöpft	enttäuscht
empört	elend	durcheinander
deprimiert	ärgerlich	bestürzt

Diese Wörterliste entstand in Anlehnung an das Buch *Gewalt-freie Kommunikation* (Rosenberg, 2009, S. 63 f).

Ergänzungsmöglichkeiten

Es können täglich kleine Sequenzen, z. B. anstelle der Glücksinputs, mit dem Vorspielen der Emotionen eingebaut werden.
Erfahrungsgemäß mögen die Lernenden diese Übungen. Somit wird der Gefühlswortschatz regelmäßig repetiert. Wenn die
Wörter bekannt sind, könnte begonnen werden, einzelne Wörter in die englische oder französische Sprache zu übersetzen und
die Lernenden nennen die Begriffe jeweils in einer der beiden
Fremdsprachen.

An alle Lernenden wird ein Satz verteilt. Die Gruppe teilt sich in
zwei Gruppen (A und B) auf. Gruppe A ist am Rand des Zimmers
verteilt. Gruppe B geht zu einer Person und liest den Satz mit einer Emotion vor. Danach geht sie weiter zu einer anderen Person
der Gruppe A. Nach fünf Minuten werden die Rollen getauscht.
So machen die Lernenden die Erfahrung, wie Sätze in verschiedenen Emotionen ausgesprochen werden können. Im Anschluss daran tauschen sich alle im Klassengespräch oder dann in kleineren
Gruppen (Vierer- oder Sechsergruppen) aus. In jeder Gruppe ist
je die Hälfte der Personen aus der Gruppe A oder der Gruppe B.

Wenn dieser Zugang zu den Emotionen vertieft werden will, so
kann beispielsweise das Emotionstraining von Petermann, Petermann & Nitkowski durchgeführt werden.

Gefühle und Farben
Es wird ein Gefühl aus der Liste gewählt und mit der dazu passenden Farbe ein Bild gemalt – nur mit dem einen Farbton. Welche Formen passen?
   Da dies individuell ist, wird es zum selben Gefühl unterschiedliche Farbbilder geben. Darüber können sich die SuS austauschen.

Gefühle und Worte
Zu einem Gefühl werden Worte gesammelt. Mit diesen kann
ein Gedicht geschrieben werden.

Gefühle und Düfte
Welcher Duft passt zu welchem Gefühl? Um dazu arbeiten zu
können, ist es wichtig, dass viele unterschiedliche Duftessenzen
zur Verfügung stehen, an denen gerochen werden kann. Es gibt
jedoch auch Menschen, die bereits das Vorwissen mitbringen und
Gefühlen sehr rasch Düfte zuordnen können.

Gefühle und Klänge
Wie klingt wütend? Wie klingt traurig? Wie klingt fröhlich? Alle
wählen ein Gefühl aus der Wörterliste und hören in sich hinein,
wie dieses Gefühl für sie persönlich klingt. Sie versuchen, diesen Klang mit Worten zu beschreiben.

Diese Übung kann erweitert werden, indem gruppenweise
Gefühle mit verschiedenen Instrumenten vertont werden: Stim-
me, Rhythmusinstrumente, Glockenspiel, Streichpsalter, Flöte,
Klavier ...

Jede Gruppe führt ihre Vertonung vor und die anderen Gruppen raten.

Eine andere Möglichkeit ist, dass sich die Lernenden mit Tier-
stimmen auseinandersetzen und herausfinden versuchen, wie sich
diese bei Wut, Angst etc. verändern.

Eine weitere Möglichkeit wäre die Auseinandersetzung mit
Vogelstimmen. Nachdem diese vorgespielt wurden, werden die
damit in Verbindung gebrachten Gefühle notiert.

Gefühle und Bewegung
Alle gehen im Raum umher und bewegen sich frei. Es wird ein
Gefühl genannt und nun bewegen sich alle gemäß diesem. Auf
ein Signal wird wieder aufgelöst und in die neutrale Gehweise
gewechselt bis der nächste Input folgt.

Gefühle und Musik
Ein Musikstück wird vorgespielt.Darauf hin analysieren die Lernenden es in Hinblick darauf, welche Gefühle darin ausgedrückt
werden und wann/ob sie wechseln.

Variante zum Programm

Jeder bisher genannte Punkt kann genauer unter die Lupe genommen werden. Welche Gefühle sind damit verbunden? Bilder von Gefühlsmonsterkarten oder Begriffe aus der Liste werden zu den Notizen hinzugeklebt bzw. notiert. Um das Ganze aufzulockern werden in der Gruppe ebenfalls spielerische Übungen zu den Gefühlswörtern durchgeführt.

Allenfalls werden Rollenspiele zu den einzelnen Situationen durchgeführt, um die Gefühle klarer herauszuschälen, die zu den Situationen passen.

Einheit 7: Emotionen

In dieser Einheit vertiefen die Lernenden das Wissen über Emotionen.

Ziele

Die Lernenden können unterschiedliche Emotionen benennen.
Die Lernenden können Emotionen Ausdruck verleihen.
Die Lernenden können zwischen echten und verbal ausgedrückten Emotionen unterscheiden.

Theoriebezug

Emotionswissen ist die Voraussetzung für die Vertiefung in diesen Themenbereich. An dieser Stelle ist es ebenso wichtig, dass sich die Lernenden überlegen, wo sie körperlich etwas spüren, wenn sie z. B. traurig sind.

> In unserer eher rational ausgerichteten Kultur ist es etwas ungewöhnlich, Gefühle wahrzunehmen oder zu zeigen, und es kann einem fremd sein, Gefühle zu äußern. Statt unsere Gefühle auszudrücken, sind wir eher gewohnt zu sagen, was wir meinen, wie die andere Person sich uns gegenüber verhält (‚Ich fühle mich missachtet von dir‘). Das kann leicht als Kritik ankommen, besonders in einem Streit, und er oder sie reagiert dann möglicherweise mit abwehrenden Gedanken oder Worten.
> (Holler, 2012, S. 59)

Die Unterscheidung zwischen echten Gefühlen oder Gedanken zu Gefühlen ist hilfreich, um das Anwenden der Gewaltfreien Kommunikation vorzubereiten. Im Alltag hören wir ab und zu Aussagen wie: „Ich habe das Gefühl, mein Auto ist kaputt." Oder „Ich habe das Gefühl, meine Kollegin ist enttäuscht." Dabei handelt es sich um Vermutungen. Diese Vermutungen können überprüft werden. Mit Gefühlen haben beide Aussagen nichts zu tun. Möglicherweise ist eine Person, die eine Aussage wie die zweite tätigt, unsicher.

Es gibt unterschiedliche Arten Gefühle auszudrücken, je nachdem, in welcher Kultur wir aufgewachsen sind. Aber es ist wichtig, einen Wortschatz an Gefühlen zu haben, der tatsächlich einfach nur beschreibt, was in uns lebendig ist und keinesfalls Interpretationen über andere Menschen enthält.
(Rosenberg, 2006, S. 29)

In diesem Zusammenhang könnte auch der Film *Inside Out* gezeigt werden, wenn eine zusätzliche Lektion eingebaut wird. Dieser arbeitet mit fünf Grundemotionen: Freude, Trauer, Ärger, Ekel, Angst. Bei Glasenapp (2013, S. 129 ff.) kommt Überraschung dazu.

Menschen beschreiben Emotionen häufig als gut oder schlecht, als positiv oder negativ. Für den ressourcenorientierten Zugang zu Emotionen ist wichtig, statt ihrer Bewertung ihre Potentiale und ihren Sinn zu verstehen und zu fördern.
(Glasenapp, 2013, S. 125)

Es geht in diesem Förderprogramm darum, Emotionen wertfrei zu betrachten, sie bei sich selbst wahrzunehmen zu lernen und zu entscheiden, wie mit ihnen umgegangen werden will.
Betrachten wir die personellen Resilienzfaktoren, so steht die Selbst- und Fremdwahrnehmung im Fokus.

Hinweise zu Didaktik, Methodik und den exekutiven Funktionen

In dieser Lektion werden Unterscheidungen nach vorgegebenen Kriterien vorgenommen. Es findet damit eine Vertiefung zu den Gefühlswörtern statt. Es ist eine Art des produktiven Übens. Wichtig ist, dass die Lernenden möglichst viel Lernzeit für sich nutzen können. Emotionswissen wird benötigt, damit Menschen Emotionen benennen und erkennen können. Sie benötigen einen Wortschatz, der differenziert benennen kann. Möglicherweise könnte im Alltag ein Spickzettel dazu dienen, den Wortschatz differenziert einzusetzen. Mit der Zeit wird sich auf diese Weise der Gefühlswortschatz erweitern und die Lernenden können sich in den unterschiedlichen Situationen nuancierter ausdrücken.

Wird der Bereich Emotionen unter dem Gesichtspunkt der exekutiven Funktionen betrachtet, so geht es an dieser Stelle um die emotionale Regulation.

Unter Selbstregulation des Affekts wird die Fähigkeit verstanden, seine Emotionen zu kontrollieren, um ein Ziel zu erreichen (zum Beispiel, um eine Aufgabe fertigzustellen). Sie ist jedoch auch nötig, um das kognitive, emotionale und soziale Verhalten zu lenken und zu steuern. (Brunsting, 2011, S. 132)

Um Emotionen regulieren zu können, ist es wichtig, sie wahrnehmen zu können und ein Wissen darüber aufzubauen. Dabei hilft es auch, im Körper nachzuspüren, wo etwas wahrnehmbar ist, und es zu beschreiben.

Durch das Bearbeiten von vorgegebenen Sätzen setzen sich die Lernenden mit Argumentieren auseinander. Sie entscheiden nach bestimmten Kriterien, wie sie ihre Sätze einordnen. Mit Hilfe des eigenen Emotionswissens entscheiden die Lernenden, wie die Sätze zuzuordnen sind. Durch den Austausch in der Gruppe werden die eigenen Ansätze teilweise überprüft und allenfalls angepasst. Die Gruppe setzt sich auf diese Weise vertieft mit dem Thema auseinander.

Werden die Kompetenzen des Lehrplans betrachtet, so wird an nachfolgenden Kompetenzen gearbeitet: NMG.1.1.b; NMG.1.2.b; NMG.4.1.b; überfachliche Kompetenzen (Personale Kompetenzen: Selbstreflexion; soziale Kompetenzen: Kooperationsfähigkeit, Umgang mit Vielfalt; methodische Kompetenzen: Sprachfähigkeit)

Skizzierter Lektionsverlauf

Zeit	Unterrichtsgeschehen	Material
10	Als Einstieg spielt die Lehrperson eine Körperhaltung vor und fragt nach, was die SuS erkennen können. Gruppenarbeiten mit einem Auftrag zu den Emotionen.	Liste mit Gefühlswörtern
5	Alle bearbeiten die Liste mit den Ausdrücken zu Emotionen. Mit gelber Farbe unterstreichen sie die Aussagen mit den echten Emotionen. Die Beispiele sind aus dem Buch von Ingrid Holler (2012, S. 64 ff.)	Lernheft Gelber Farbstift
15	Gruppenarbeit: Es bilden sich Vierergruppen. Innerhalb dieser werden die Listen verglichen. Ungleich angestrichene Sätze werden diskutiert, bis sich alle einig sind. Diejenigen Sätze, über die es zu keiner Einigung kommt, werden gesammelt, auf einem Zettel notiert und im Anschluss im Plenum diskutiert. Woran werden echte Emotionen erkannt? Bei mir selbst? Beim Gegenüber? In Texten?	Lernhefte Zettel Schreibzeug Symbolkarten Gruppe Lernhefte

Zeit	Unterrichtsgeschehen	Material
10	Diskussion im Plenum über die Gruppenarbeiten. Falls diese Diskussion kurz ausfällt, werden verschiedene Sätze an die Wandtafel gehängt und alle überlegen sich, bei welchen Aussagen es sich um echte Gefühle handelt und bei welchen Interpretationen ausgedrückt werden.	Lernhefte Wandtafel Sätze (Rosenberg, 2009, S. 65)
5	Reflexion im Lernheft: Es kann gezeichnet oder geschrieben werden.	Lernhefte

Materialien

Titel im Lernheft zu den Gefühlen: *echte und unechte Gefühle* (siehe Kopiervorlage)

Titel im Lernheft zum Abschluss der Lektion: *Reflexion zu echten und unechten Gefühlen*

Kopiervorlage: Beispielsätze fürs Klassengespräch

Ich habe das Gefühl,
du liebst mich nicht.

Ich bin traurig,
dass du gehst.

Ich bekomme Angst,
wenn du das sagst.

Wenn du mich nicht
grüßt, dann fühle ich
mich vernachlässigt.

Ich freue mich,
dass du kommen kannst.

Du bist ekelhaft.

Ich fühle mich
missverstanden.

Ich habe ein gutes Gefühl
wegen dem, was du für
mich getan hast.

Kopiervorlage: echte und unechte Gefühle

Echte Gefühle – unechte Gefühle?

Nachfolgend sind 33 Sätze notiert. Unterstreiche diejenigen, die echte Gefühle ausdrücken, mit gelber Farbe.

1. Ich habe das Gefühl, du lachst mich aus.
2. Ich fühle mich angesichts deines Gesichtsausdrucks abgewertet.
3. Ich spüre doch, dass du unglücklich bist!
4. Jetzt spüre ich eine große Freude.
5. Ich fühle mich einsam.
6. Ich bin so erleichtert, dass du kommst!
7. Nach meinem Gefühl liegst du mit deiner Meinung völlig richtig.
8. Ich habe Angst vor der Prüfung.
9. Ich fühle mich wie an die Wand gestellt.
10. Ich freue mich über die Rosen im Garten.
11. Ich habe das Gefühl, du nimmst mich nicht ernst.
12. Ich spüre, dass du bedrückt bist.
13. Ich hoffe, dass du heute etwas Gutes kochst.
14. Ich bin echt müde.
15. Im Büro fühle ich mich total unnütz.
16. Ich fühle mich, als hättest du mir einen Schlag versetzt.
17. Ich bin besorgt.
18. Ich bin gespannt auf die neue Lehrerin.
19. Ich habe das Gefühl, dass dich deine Mitarbeiterin wirklich respektiert.
20. Es stimmt mich traurig, das zu hören.
21. Diese Aussage stimmt mich wirklich zuversichtlich.
22. Ich habe das Gefühl, du übergehst mich.
23. Der Verlust ist sehr schmerzlich für mich.
24. Dein Verhalten irritiert mich.
25. Mit dem Ergebnis der heutigen Sitzung bin ich zufrieden.
26. Ich fühle mich missverstanden.
27. Ich bin wirklich berührt von deiner Erzählung.

28. Ich habe das Gefühl, dass gemogelt wird.
29. Ich fühle mich federleicht wie eine Wolke.
30. Ich fühle mich schlecht behandelt.
31. Ich habe das Gefühl, dass ich die Prüfung bestanden habe.
32. Wenn du mir mein Schreibzeug wegnimmst, bin ich wütend.
33. Ich fühle mich überfordert, wenn sich meine Arbeit auftürmt.

Die Beispiele lehnen sich an jene aus dem Buch von Ingrid Holler (2012, S. 64 ff.) an. Im erwähnten Buch sind weitere Beispiele für diese Unterscheidung zu finden.

Lösungen zu den Sätzen

1. Ich habe das Gefühl, du lachst mich aus. - kein Gefühl
2. Ich fühle mich angesichts deines Gesichtsausdrucks abgewertet. - kein Gefühl
3. Ich spüre doch, dass du unglücklich bist! - kein Gefühl
4. Jetzt spüre ich eine große Freude. - ist ein echtes Gefühl
5. Ich fühle mich einsam. - ist ein echtes Gefühl
6. Ich bin so erleichtert, dass du kommst! - ist ein echtes Gefühl
7. Nach meinem Gefühl liegst du mit deiner Meinung völlig richtig. - kein Gefühl
8. Ich habe Angst vor der Prüfung. - ist ein echtes Gefühl
9. Ich fühle mich wie an die Wand gestellt. - kein Gefühl
10. Ich freue mich über die Rosen im Garten. - ist ein echtes Gefühl
11. Ich habe das Gefühl, du nimmst mich nicht ernst. - kein Gefühl
12. Ich spüre, dass du bedrückt bist. - kein Gefühl
13. Ich hoffe, dass du heute etwas Gutes kochst. - kein Gefühl
14. Ich bin echt müde. - ist ein echtes Gefühl
15. Im Büro fühle ich mich total unnütz. - kein Gefühl
16. Ich fühle mich, als hättest du mir einen Schlag versetzt. - kein Gefühl
17. Ich bin besorgt. - ist ein echtes Gefühl
18. Ich bin gespannt auf die neue Lehrerin. - kein Gefühl
19. Ich habe das Gefühl, dass dich deine Mitarbeiterin wirklich respektiert. - kein Gefühl
20. Es stimmt mich traurig, das zu hören. - ist ein echtes Gefühl
21. Diese Aussage stimmt mich wirklich zuversichtlich. - ist ein echtes Gefühl
22. Ich habe das Gefühl, du übergehst mich. - kein Gefühl
23. Der Verlust ist sehr schmerzlich für mich. - kein Gefühl
24. Dein Verhalten irritiert mich. - ist ein echtes Gefühl
25. Mit dem Ergebnis der heutigen Sitzung bin ich zufrieden. - ist ein echtes Gefühl
26. Ich fühle mich missverstanden. - kein Gefühl
27. Ich bin wirklich berührt von deiner Erzählung. - ist ein echtes Gefühl

28. Ich habe das Gefühl, dass gemogelt wird. - kein Gefühl

29. Ich fühle mich federleicht wie eine Wolke. - kein Gefühl

30. Ich fühle mich schlecht behandelt. - kein Gefühl

31. Ich habe das Gefühl, dass ich die Prüfung bestanden habe.
    - kein Gefühl

32. Wenn du mir mein Schreibzeug wegnimmst, bin ich wütend.
    - ist ein echtes Gefühl

33. Ich fühle mich überfordert, wenn sich meine Arbeit auftürmt.
    - ist ein echtes Gefühl

Ergänzungsmöglichkeiten

Es werden Alltagssituationen gesammelt, in denen Gefühle erlebt werden. Diese werden nachgespielt. Die Zuschauenden geben ein Feedback und es findet ein Austausch über das Vorgespielte und die darin verborgenen Emotionen statt.

Die Lernenden sammeln selbst Sätze, welche Pseudogefühle ausdrücken, und besprechen sie miteinander. Es wird darüber nachgedacht, welche Gefühle hinter Pseudogefühlen verborgen sind. Innerhalb von kleineren Gruppen kann ein Austausch darüber stattfinden, da vermutlich verschiedene Möglichkeiten in Frage kommen.

Variante zum Programm

Fortsetzen der begonnenen Arbeit. Die notierten Gefühlsbegriffe werden dahingehend überprüft, ob es echte Gefühle sind oder unechte. Bei unechten Gefühlen ist es nun wichtig, diese genauer unter die Lupe zu nehmen. Wenn beispielsweise irgendwo steht „Ich fühle mich unfähig", so geht es nun darum, die Situation genauer zu betrachten. Wenn jemand zu dir sagt, du seist unfähig – wie fühlst du dich dann? Mittels dieser Frage ist es möglich, die echten Gefühle zu ergründen.

Wiederum wird zur Auflockerung eine Übung durchgeführt, die mit dem eigentlichen Thema nichts zu tun hat. Es kann ein Rollenspiel sein, ein Erraten von pantomimisch dargestellten Gefühlen oder das Zeichnen von Smileys.

Einheit 8: Emotionen als Ressourcen

In dieser Einheit steht die Frage im Zentrum, wie Emotionen als Ressourcen genutzt werden können.

Ziele

Die Lernenden können in unterschiedlichen Situationen den Zweck ihrer Emotionen erkennen.
Die Lernenden kennen die vier Reaktionsmöglichkeiten auf Aussagen.
Die Lernenden können Vorteile nennen, welche das Wahrnehmen von Emotionen mit sich bringt.

Theoriebezug

> *„Emotionen sind kein Luxus,*
> *sondern ein komplexes Hilfsmittel im Daseinskampf.*
> Antonio R. Damasio"* (Glasenapp, 2013, S. 31)

Emotionen zeigen an, ob unsere Bedürfnisse erfüllt oder nicht erfüllt sind. Manchmal werden Gefühle durch eine Situation oder Worte anderer Menschen ausgelöst. „Was andere sagen oder tun, mag ein Auslöser für unsere Gefühle sein, ist aber nie ihre Ursache" (Rosenberg, 2009, S. 69).

Nach Rosenberg (2009, S. 69 f.) haben wir vier Reaktionsmöglichkeiten auf negative Äußerungen:
1. Uns selbst die Schuld geben.
2. Anderen die Schuld geben.
3. Unsere eigenen Gefühle und Bedürfnisse wahrnehmen.
4. Die Gefühle und Bedürfnisse der anderen wahrnehmen.

Rosenberg (2009, S. 71) beschreibt differenziert, wie der Mechanismus des Übernehmens von Gefühlen anderer oder des Abgebens der eigenen Gefühle läuft. Für die Unterrichtseinheit wird das Bild mit den vier Reaktionsmöglichkeiten übernommen.

Nach Glasenapp (2013, S. 31 ff.) spielen unterschiedliche Aspekte menschlichen Lebens zusammen: die Kultur, der Körper, die Bedürfnisse und die Handlung. Emotionen übernehmen an Schnittstellen koordinierende oder vermittelnde Funktion.

Fähigkeiten eines adaptiven Umgangs mit Emotionen: Dabei lassen sich folgende Gruppen an Fähigkeiten beschreiben:

- Wie gehe ich mit Emotionen um? Die reflektierte und explizite Regulation emotionaler Prozesse durch Auswahl und Veränderung der auslösenden Situation, durch Lenkung der Aufmerksamkeit, durch Neubewertung der Gründe sowie eine flexible Gestaltung der emotionalen Reaktion und des damit verbundenen Ausdrucks.
- Wann gehe ich mit Emotionen um? Die Fähigkeit, Emotionen bei sich und anderen adäquat wahrzunehmen und die Nutzung von differenzierten Meta-Emotionen, um die Wahrnehmungen evaluieren und die Angemessenheit bestimmen zu können.
- Wozu gehe ich mit Emotionen um? Die Verknüpfung von deklarativem Wissen über Emotionen mit prozeduralem Wissen über den Umgang mit diesen Emotionen, um dieses Wissen aktiv in Problemlöseprozessen zur Veränderung der Umwelt in motivdienlicher Weise nutzen zu können.
- Welche Persönlichkeitsmerkmale sind hilfreich? Die Offenheit gegenüber dem eigenen emotionalen Erleben und dem anderer Menschen sowie die Überzeugung einer emotionalen Selbstwirksamkeit.
(Glasenapp, 2013, S. 52 f.)

Werden die personellen Resilienzfaktoren betrachtet, so wird in dieser Einheit an der Selbst- und Fremdwahrnehmung, der Selbststeuerung und der sozialen Kompetenz gearbeitet.

Hinweise zu Didaktik, Methodik und den exekutiven Funktionen

Ein gemeinsamer Einstieg in Form einer Geschichte, die vorgelesen wird, soll die Lernenden zum Denken anregen. Anhand eines Beispiels wird ein neuer theoretischer Inhalt erarbeitet. Für die Lernenden ist die Umsetzung dieser Theorie bedeutungsvoll, weil sie den Alltag sowohl in der Schule als auch in der Freizeit betrifft. Vermutlich werden alle Menschen im Alltag hin und wieder mit negativen Äußerungen konfrontiert – oder konfrontieren sich selbst gedanklich damit. Anhand eines Beispiels setzen sich die Lernenden vertieft mit den vier genannten Möglichkeiten auseinander. Die Gruppe einigt sich auf eine Möglichkeit. Dabei übt sie sich in demokratischen Prozessen, weil alle Lernenden mit der Wahl einverstanden sein müssen. In Form von Rollenspielen können sie Möglichkeiten durchspielen und lernen sich so in eine Situation einzufühlen. Ihre Erkenntnisse und Ergebnisse halten die Lernenden im Lernheft fest.

Nach dieser ersten Erfahrung wird die neue Theorie auf das persönliche Beispiel übertragen und angewendet. Die Arbeitsform wird von jeder Person frei gewählt.

Die Lernprozesse, welche wir im Unterricht auslösen und steuern, sollen dem Schüler in der Regel neue Möglichkeiten des Handelns und des Erlebens, also des Denkens, Fühlens und Wertens eröffnen. Sie sollen sich in einem Wissen niederschlagen, aus dem der Schüler in neuen Situationen richtig zu handeln und zu urteilen vermag und das ihn befähigt, emotional angepasst zu reagieren und Dinge, die Gegenstand von Wertungen sind, richtig zu beurteilen.
(Aebli, 1991, S. 277)

Mit diesen vier Reaktionsmöglichkeiten, die in der Stunde zentral sind, erhalten die Lernenden die Möglichkeit, Situationen in ihrem Leben auf eine andere Weise zu bearbeiten, als sie es gewohnt sind. Ein alternativer Auftrag liegt bereit, falls sich jemand nicht auf diese Arbeit einlassen möchte. Dies ist wichtig, weil es um sehr persönliche Themen geht und es nicht allen Menschen zu jedem Zeitpunkt möglich ist, sich darauf einzulassen.

Hinsichtlich der exekutiven Funktionen kommen hier die emotionale Regulation (Beispiel vorspielen), die Aufmerksamkeitssteuerung (beim Thema bleiben), die Organisation (innerhalb der Gruppe Entscheidungen treffen und umsetzen), die Flexibilität (andere Meinungen miteinbeziehen) und die Metakognition (Reflexion am Schluss) zum Zuge.

In Bezug auf den Lehrplan wird an nachfolgenden Kompetenzen gearbeitet: NMG.1.1.b; NMG.1.2.b; NMG.4.1.b; überfachliche Kompetenzen (Personale Kompetenzen: Selbstreflexion; soziale Kompetenzen: Kooperationsfähigkeit, Umgang mit Vielfalt; methodische Kompetenzen: Sprachfähigkeit).

Skizzierter Lektionsverlauf

Zeit	Unterrichtsgeschehen	Material
15	Ein Beispiel aus der Lebenswelt der Lernenden (siehe unter Materialien) wird vorgelesen. Danach wird im Plenum überlegt, was hier geschehen ist und welche Emotionen im Spiel sind. Die Ergebnisse werden zusammengetragen. Es ist zu erwarten, dass dabei die Worte Schuld, Fehler, Beleidigung … fallen. Nachfolgende Emotionen werden vermutlich genannt: Wut, Ärger, Frustration, Enttäuschung. Ein Kurzinput zu den vier Reaktionsmöglichkeiten auf negative Äußerungen (Rosenberg, 2009, S. 70) : Das Schema wird gezeigt und erklärt. Gemeinsam werden Beispiele gesucht, um diese vier Reaktionsmöglichkeiten zu veranschaulichen.	Wandtafel Geschichte Bild auf Folie Lernheft

15	Gruppenarbeit: In der Gruppe wird die Geschichte/das Beispiel vom Anfang nochmals betrachtet und zu den Reaktionsmöglichkeiten Notizen gemacht. Die Gruppe entscheidet sich für eine Möglichkeit und beginnt eine Fortsetzung der Geschichte zu spielen und zu schreiben. Wie ist die Einschätzung der Gruppe: Was wird geschehen?	Lernheft
10	In der nächsten Phase gibt es für alle Lernenden zwei Möglichkeiten zur Weiterarbeit. Dabei steht im Zentrum die Frage, woran erkennen wir, in welchem Sprachmuster wir uns aufhalten? • Einzelarbeit: Es wird eine Situation notiert, die Ärger oder Traurigkeit auslöste. Dabei wird betrachtet, welche Gefühle ausgelöst wurden und welches der vier Muster zum Zug kam. Wie wäre es weitergegangen mit den anderen drei Möglichkeiten? • Partnerarbeit: Austauschen eigener Beispiele. Gleiches Vorgehen wir bei a). • Einzel-/Partnerarbeit: Lesen von Sätzen und Diskussion darüber (Holler, 2012, S. 124)	Texte Lernheft Übung (Holler, 2012, S. 124 f.)
5	Reflexion im Lernheft: Alle Lernenden notieren und zeichnen ihre Erkenntnisse.	Lernheft (S. 15)

Materialien

Titel im Lernheft: *Reaktionsmöglichkeiten*

Kopiervorlage Einstiegsbeispiele

Abbildung 10: Die vier Reaktionsmöglichkeiten (Rosenberg, 2009, S. 70)

Einstiegsbeispiele
Hier folgen vier Beispiele zu den vier Reaktionsmöglichkeiten auf eine negative Äußerung. Diese Beispiele können abgeändert, angepasst ... werden. Sie sollen den Kindern eine Idee geben, worum es bei den vier Reaktionsmöglichkeiten geht.

Beispiel 1: Buch

A: Gibst du mir jetzt endlich mal das Buch zurück?

B:

1. **Mir selbst die Schuld geben**: Ich bin eine so vergessliche Person. Dauernd vergesse ich Dinge, die ich zurückbringen sollte …

2. **Anderen die Schuld geben:** Was will die eigentlich? Dauernd fragt sie so vorwurfsvoll. Sie könnte auch etwas netter fragen …

3. **Gefühle und Bedürfnisse in mir wahrnehmen:** Ich bin enttäuscht, weil ich ihr das Buch gerne rechtzeitig zurückgegeben hätte. (Mir ist Zuverlässigkeit wichtig.)

4. **Gefühle und Bedürfnisse des anderen wahrnehmen:** Ist sie/er ärgerlich, weil ihr/ihm wichtig ist, ausgeliehenes Material rechtzeitig zurückzuerhalten?

Beispiel 2: Fehler

Ich bekomme eine Matheprüfung zurück und sehe, dass ich einige Fehler gemacht habe, über die ich mich ärgere. Zuhause sagen meine Eltern, ich hätte mich wirklich mehr anstrengen/ mehr üben können …

1. **Mir selbst die Schuld geben:** Dauernd mache ich so dumme Fehler. Ich bin eben zu dumm. Ich kann das einfach nicht. Sie haben ja recht. Ich bin wirklich zu faul …

2. **Anderen die Schuld geben:** Niemand hat mir das richtig erklärt. Ich hatte einfach zu wenig Zeit. Die Lehrerin hätte mir mehr Zeit geben können, dann hätte ich weniger Fehler gemacht. Die anderen waren zu laut, weshalb ich mich nicht konzentrieren konnte …

3. **Gefühle und Bedürfnisse in mir wahrnehmen:** Ich bin traurig und enttäuscht, weil ich gerne erfolgreich wäre und die Aufgaben richtig lösen würde. (Mir sind Erfolg und Sorgfalt wichtig.)

4. **Gefühle und Bedürfnisse des anderen wahrnehmen:** Sind meine Eltern enttäuscht, weil ihnen Erfolg wichtig ist?

Beispiel 3: Negative Bemerkung

A: Du bist so grob und gleichgültig. Es kümmert dich überhaupt nicht, wie es den anderen Menschen geht. Du bist einfach ein Egoist.

B:

1. **Mir selbst die Schuld geben:** Ja, sie/er hat wirklich recht. Ich bin so egoistisch und unsozial. Ich kümmere mich nicht um andere und darum, wie es ihnen geht. Ich bin eine gleichgültige Person ...

2. **Anderen die Schuld geben:** Sie/er ist einfach eine eingebildete Person. Sie tut so besserwisserisch und will mich die ganze Zeit belehren. Sie ist ja selbst schuld, wenn ich nicht mehr mit ihr spreche ...

3. **Gefühle und Bedürfnisse in mir wahrnehmen:** Ich bin traurig und wütend, wenn mir jemand so etwas sagt. Mir ist es wichtig, dass ich mich rücksichtsvoll, freundschaftlich und sozial gegenüber meinen Mitmenschen verhalte.

4. **Gefühle und Bedürfnisse des anderen wahrnehmen:** Ist sie/er traurig oder enttäuscht, weil es ihr wichtig ist, dass Menschen achtsam miteinander umgehen?

Beispiel 4: Spiel

A: Du darfst nicht mitspielen, weil du dauernd foulst und streitest. Wir verlieren jedes Mal, wenn du in unserer Mannschaft bist!

B:

- **Mir selbst die Schuld geben:** A hat ja recht. Wenn ich mitspiele, gibt es immer Streit. Ich bin schuld daran, wenn sie verlieren. Ich kann einfach nicht richtig spielen ...

- **Anderen die Schuld geben:** A ist so ein Ego! Dauernd sucht er einen Schuldigen. Dabei ist er/sie selbst schuld. Er/sie spielt so asozial. Nie gibt er/sie den Ball ab ...

- **Gefühle und Bedürfnisse in mir wahrnehmen:** Ich bin wütend, enttäuscht und traurig, weil ich gerne mit anderen Kindern spiele.

- **Gefühle und Bedürfnisse des anderen wahrnehmen:** Ist er/sie wütend, weil ihm/ihr ein faires Zusammenspielen wichtig ist oder weil er/sie gerne gewinnen möchte?

Ergänzungsmöglichkeiten

Das Schema auf die eigene Art und Weise gestalten. Beispiele erfinden und die vier Reaktionsmöglichkeiten dazu notieren.

Variante zum Programm

Bereits in der vorherigen Sequenz wurde über die Gefühle, welche in Situationen entstehen, gesprochen. Nun geht es darum hinzuschauen, wie jede Person in der Gruppe auf diese Gefühle reagiert. Der leichteste Zugang dazu läuft über Rollenspiele. Sie wählen eine Mini-Situation aus und setzen diese in der Gruppe im Rollenspiel um. Die fallgebende Person führt Regie, d. h. sie instruiert, welche Rollen die anderen erhalten und wie sie zu spielen haben. Alle in der Gruppe erhalten die Chance, eine solche Minisequenz zu spielen. Idealerweise werden diese Rollenspiele gefilmt, damit sie für die Weiterarbeit nutzbar gemacht werden können.

Die kurzen Filmsequenzen werden gemeinsam betrachtet. Danach wird anhand des Schemas überlegt, wo die Reaktionsweisen der einzelnen Rollen einzuordnen sind. Gespräche werden geführt, und in deren Verlauf wird überlegt, wie eine andere Reaktionsweise aussehen könnte, damit die anderen drei Varianten ebenfalls gespielt werden könnten. Die Sequenzen werden szenisch so weiterentwickelt, dass am Ende alle vier Möglichkeiten gespielt werden können.

Einheit 9: Unterdrücken von Emotionen

Diese Einheit dient dazu, dass die Lernenden sich über die Wirkungsweise von Emotionen im Alltag austauschen und daraus Schlussfolgerungen ziehen.

Ziele

Die Lernenden können formulieren, welche Auswirkungen das Unterdrücken von Gefühlen haben könnte.
Die Lernenden können formulieren, welche Auswirkungen es haben kann, wenn eine Person aus Angst, Schuld oder Scham auf Forderungen eingeht.

Theoriebezug

Im Laufe unseres Lebens lernen wir Gefühle zu regulieren. Kleinkinder zeigen ihre Gefühle meistens sehr offen und leben sie. Dies hat die Wirkung, dass es Erwachsene gibt, die dies von außen her unterdrücken wollen mit Sätzen wie: „So führt man sich nicht auf" Oder „Hör auf, ein solches Theater zu machen". Dies kann dazu führen, dass Gefühle nicht gezeigt werden und ein Mensch sich selbst verurteilt. Es geht darum, einen wertefreien Zugang zu den Gefühlen zu bekommen. „Es kann hilfreich bei der Konfliktlösung sein, wenn wir unsere Gefühle ausdrücken" (Rosenberg, 2009, S. 59).

Wenn Gefühle unterdrückt werden, kann dies längerfristig verheerende Auswirkungen auf das Verhalten eines Menschen haben – auch auf sein Wohlbefinden.

Unser Repertoire an Schimpfwörtern ist oft umfangreicher als der Wortschatz, mit dem wir unseren Gefühlszustand

klar beschreiben können. Ich habe einundzwanzig Jahre lang verschiedene amerikanische Bildungsstätten durchlaufen und kann mich nicht daran erinnern, daß mich einmal jemand gefragt hätte, wie ich mich fühle. Gefühle wurden einfach nicht als wichtig angesehen. Was sehr geschätzt wurde, war ‚die richtige Art zu denken‘ – nach Definition derer, die Stellungen von Rang und Autorität innehatten. Wir werden eher dazu trainiert, ‚außenorientiert‘ zu leben, als mit uns selbst in Kontakt zu sein. Wir lernen ‚in unserem Kopf‘ zu sein und uns zu fragen: ‚Was halten die anderen für richtig in dem, was ich sage und tue?‘ Eine Auseinandersetzung, die ich im Alter von etwa neun Jahren mit einer Lehrerin hatte, macht deutlich, wie die Entfremdung von unseren Gefühlen ihren Anfang nehmen kann. Eines Tages versteckte ich mich nach der Schule im Klassenraum, weil draußen ein paar Jungen warteten, um mich zu verprügeln. Eine Lehrerin entdeckte mich und sagte mir, ich solle die Schule verlassen. Als ich ihr erklärte, dass ich Angst hätte rauszugehen, verkündete sie: ‚Große Jungs haben keine Angst.‘ Ein paar Jahre später, im Sportunterricht, wurde diese Haltung noch mehr verstärkt. Es war typisch für die Trainer, ihre Sportler einzustufen nach deren Bereitschaft, ‚alles zu geben‘ und immer weiterzuspielen, egal wie weh ihnen gerade etwas tat. Ich lernte diese Lektion so gut, dass ich einmal mit einem gebrochenen, unbehandelten Handgelenk einen Monat lang weiter Baseball spielte.
(Rosenberg, 2009, S. 57)

Dabei kommt es darauf an, dass wir zwischen Wahrnehmung und Ausdruck von Gefühlen – sowie der Art und Weise des Ausdrucks – unterscheiden. Dies hat mit Selbstwahrnehmung und Selbststeuerung zu tun. Ebenso kann es den Bereich der adaptiven Bewältigungskompetenz betreffen.

Bereits in der letzten Lektion wurde das Thema Schuld angesprochen (mir selbst oder dem anderen die Schuld geben). In dieser Lektion kommt das Thema Schamgefühle hinzu. Diese werden in vielen Situationen tabuisiert.

> Ab einem Alter von zweieinhalb Jahren beginnt das Kind zu wissen, ‚was gut und böse ist‘, und vermag zu erkennen, wenn es gefehlt hat. Diese Abweichung zwischen dem, ‚wie ich sein sollte‘, und dem, wie ich gehandelt habe, löst natürliche Schamgefühle aus, die für die weitere moralische Entwicklung des Kindes fruchtbar werden können. Wenn jedoch Abweichungen von der Norm mit Beschämungen geahndet werden, lernt das Kind, Fehler mit Schamgefühlen und Beschämungen zu verknüpfen.
> (Marks, 2011, S. 54)

Es ist eine der Möglichkeiten, die hinter dem Unterdrücken von Gefühlen steht, dass wir Situationen meiden wollen, in denen wir uns allenfalls Beschämungen aussetzen könnten. Marks (2011, S. 59 ff.) nennt acht Unterschiede zwischen Scham und Schuld. Der erstgenannte Unterschied zeigt deutlich auf, inwiefern die beiden sich unterscheiden.

> Zuallererst ist Scham ein *Gefühl*, während Schuld eine *Tatsache* bezeichnet, die allerdings mit Gefühlen verbunden sein kann: mit Reue- und Gewissens-Scham. Häufig liegt der Scham gar keine Schuld zugrunde, etwa wenn Menschen sich dafür schämen, dass sie krank oder arbeitslos sind oder wenn sie gemobbt, vergewaltigt oder erniedrigt wurden: Diese Menschen sind nicht schuldig.
> (Marks, 2011, S. 59 f.)

Wenn sich Menschen über ihre Gefühle und die dahinterstehenden Bedürfnisse bewusst werden, können sie freier und unabhängiger von den Meinungen anderer werden.

Hinweise zu Didaktik, Methodik und den exekutiven Funktionen

In dieser Einheit setzen sich die Lernenden zuerst einzeln mit einem Text auseinander. Dabei üben sich die Lernenden in Empathie, indem sie sich in die dargelegte Situation einzufühlen und darauf basierende Szenarien auszudenken versuchen. Im Plenum entsteht eine Ideensammlung, wie diese Geschichte ausgehen könnte. Es wird ein Bezug zur Theorie hergestellt, die in der vorangegangenen Lektion eingeführt wurde. Dieser Einstieg hilft den Lernenden, sich mit den Inhalten dieser Lektion zu verbinden. Im anschließenden Gruppenprozess ist der Austausch wichtig. Zudem sollten möglichst alle Ideen innerhalb der Gruppe zur Sprache kommen. Die Szenen werden gespielt, und zwar so, dass alle die Möglichkeit haben, mitzumachen. Hier üben sich die Lernenden in demokratischem Handeln. Jedes Gruppenmitglied übernimmt eine Aufgabe (Symbolkarten). Bei auftretenden Schwierigkeiten im Gruppenprozess kann die Unterstützung einer Lehrperson hilfreich sein. Diese begleitet die Gruppe so, dass sie sich moderierend zur Verfügung stellt. Die Lösung entsteht im besten Fall aus der Gruppe selbst.

Für viele Leute sind Konflikte etwas Schlimmes, das unter allen Umständen vermieden werden muss. Sie betrachten Meinungsverschiedenheiten als einen Beweis dafür, dass Leute nicht miteinander auskommen.
(Standford, 2010, S. 193)

Wenn die Lernenden mit unterschiedlichen Meinungen umgehen können, ist dies für ihre Entwicklung ein Gewinn. Am Schluss ihrer Gruppenarbeit werden die Erkenntnisse zusammengefasst und notiert. Alle Gruppenmitglieder können einen Beitrag leisten. Die Präsentation enthält die wichtigsten Ergebnisse der Gruppenarbeit sowie eine Reflexion darüber.

Beim Arbeiten in dieser Einheit sind von Seiten der exekutiven Funktionen die emotionale Regulation (Thema), die Organisation (Gruppenarbeit), das Initiieren von Handlungen (sich einbringen, handeln), die zielgerichtete Beharrlichkeit (Zielerreichung), Flexibilität (auf andere Vorschläge eingehen können) und das Zeitmanagement (Zeit einteilen) gefragt.

An nachfolgenden Kompetenzen aus dem Lehrplan 21 wird gearbeitet: NMG.1.1.b; NMG.1.2.b; NMG.4.1.b; überfachliche Kompetenzen (Personale Kompetenzen: Selbstreflexion; soziale Kompetenzen: Kooperationsfähigkeit, Umgang mit Vielfalt; methodische Kompetenzen: Sprachfähigkeit).

Skizzierter Lektionsverlauf

Zeit	Unterrichtsgeschehen	Material
10	Als Einstieg erhalten die Lernenden eine Geschichte von Marshall Rosenberg (Rosenberg, 2009, S. 60f): „Ich unterrichte eine Schülergruppe aus der Innenstadt [Anmerkung Übersetzerin: Die amerikanischen Innenstädte werden weitgehend von Farbigen bewohnt] in einem GFK-Kurs. Als ich am ersten Tag in den Raum kam, wurden die Schüler, die sich fröhlich und angeregt unterhalten hatten, ganz still. „Guten Morgen", begrüßte ich sie. Schweigen. Ich fühlte mich sehr unwohl in meiner Haut, hatte aber Angst, das zu sagen. Statt dessen machte ich so professionell wie möglich weiter: „In diesem Kurs werden wir uns mit einem Kommunikationsprozess beschäftigen, der euch in euern familiären Beziehungen und im Kontakt mit euren Freunden hoffentlich eine Hilfe ist."	Geschichte (Rosenberg, 2009, S. 60) Lernheft Folie

10	Ich präsentierte weitere Informationen über die GFK, aber keiner schien zuzuhören. Ein Mädchen wühlte in ihrer Tasche herum, fischte eine Nagelfeile heraus und begann heftig, ihre Nägel zu feilen. Die Schüler am Fenster drückten ihre Nasen an die Scheiben, als ob sie von dem, was unten auf der Straße vor sich ging, fasziniert wären. Ich fühlte mich immer unwohler, sagte aber weiterhin nichts. Schließlich meldete sich eine Schülerin, die sicher mehr Mut hatte als ich: „Es ist Ihnen einfach zuwider, mit Schwarzen zusammen zu sein, stimmt's?" Ich war fassungslos, realisierte jedoch sofort, wie ich mit meinem Versuch, mein Unbehagen zu verbergen, zur Einschätzung der Schülerin beigetragen hatte." Im Plenum gibt es einen Austausch und es werden Ideen gesammelt, die dem Modell aus der Einheit 8 zugeordnet werden können.	
20	In Gruppen sprechen die Lernenden über Situationen, in denen sie selbst Gefühle unterdrückt haben, und die Gründe, aus denen sie dies getan haben. Sie benennen die Gefühle, die dabei eine Rolle spielten. Danach spielen sie die kurzen Szenen. *Alternativ als Einzelarbeit: Selbst darüber schreiben und reflektieren.* Zentral ist dabei die Frage: Wie war die Situation? Welche Vorteile ergaben sich durch das Unterdrücken der Gefühle? Welche Nachteile entstanden? Die Gruppe trägt die Ergebnisse zusammen und notiert sie auf A3-Blätter. Jede Gruppe hat zwei Minuten Zeit, ihr Ergebnis vorzustellen.	Lernheft Symbolkarten Gruppe A3-Blätter
15	Präsentation der Gruppenergebnisse und der Reflexion (Würdigung) zur Zusammenarbeit in der Gruppe.	

Materialien

Titel im Lernheft: *Unterdrücken von Gefühlen*

Vorlage Geschichte

Ergänzungsmöglichkeiten

Strategien im Umgang mit Emotionen identifizieren. Dies kann anhand konkreter Beispiele getan werden.

Variante zum Programm

Die begonnene Arbeit mit den Filmsequenzen wird weitergeführt. Am Ende wird darüber reflektiert – einzeln und in der Gruppe.

Welche Erkenntnisse habe ich gewonnen? Was möchte ich in der nächsten Situation, die so ähnlich abläuft, ausprobieren?

Alle formulieren eine konkrete Möglichkeit und setzen diese, wenn möglich, im Verlaufe der kommenden Tage um. Sie notieren sich, ob es gelungen ist und was geschehen ist.

Einheit 10: Reflexion zu Emotionen

Die Lernenden reflektieren über die vergangenen Einheiten zum Thema Emotionen.

Ziele

Die Lernenden können die unterschiedlichen Aspekte erkennen, die mit Emotionen im Zusammenhang stehen.
Die Lernenden können konkrete Lebenssituationen erkennen, in denen sie Emotionen erlebt und genutzt haben.
Die Lernenden können im Kuchenmodell darstellen, welche Gefühle mit welcher Häufigkeit in ihrem Alltag vorkommen.
Die Lernenden können über die Unterrichtseinheiten zum Thema Emotionen reflektieren.

Theoriebezug

Glasenapp (2013, S. 66 ff.) schreibt zur Angemessenheit im Umgang mit Emotionen von zwei Dimensionen: Qualität der Emotion und Quantität der Emotion. Mit der Qualität der Emotion ist die Differenzierung der unterschiedlichen Emotionen und ihre Nutzung als Ressourcen gemeint. Unter Quantität der Emotion wird die Intensität des Empfindens und Ausdrückens von Emotionen verstanden. Daraus entsteht der individuelle emotionale Stil.

Als gezeigte Emotionen gelten diejenigen, die von anderen wahrgenommen werden können aufgrund von Mimik, Gestik, der Körperhaltung, des Verhaltens oder aufgrund verbalisierter Emotionen. Die empfundenen Emotionen können mit diesen identisch sein, müssen es aber nicht. Ein Zugang zu den empfundenen Emotionen ist nur einem Menschen selbst möglich, im besten Falle kann für jemanden, der dies nicht selbst artikulieren kann, emphatisch annähernd ausgedrückt werden, worin diese empfundenen Emotionen bestehen – was jedoch immer die Gefahr der Projektion beinhaltet.

Voraussetzung für die Beobachtung des eigenen emotionalen Stils ist die Bereitschaft, Emotionen achtsam wahrzunehmen.

(Glasenapp, 2013, S. 147 f.)

Es ist für diese Lektion zu beachten, dass es Lernende geben kann, denen diese Auseinandersetzung zu intim ist. Es ist wichtig, dies zu respektieren.

Glasenapp (2013, S. 149 f.) schlägt vor, die empfundenen und die gezeigten Emotionen in Form eines Kuchenmodells darzustellen. So kann eine Person für sich selbst visualisieren, inwiefern ihre gezeigten und empfundenen Emotionen sich entsprechen. Diese Darstellung kann sowohl für die Häufigkeit als auch für die Intensität eingetragen werden. Sich auf die Häufigkeit zu beschränken ist im Rahmen dieses Förderprogramms sinnvoll, da lediglich eine Lektion zur Verfügung steht.

Nachfolgende personelle Resilienzfaktoren stehen hier besonders im Fokus: Selbst- und Fremdwahrnehmung, Selbstwirksamkeit, Selbststeuerung und Problemlösefähigkeit.

Hinweise zu Didaktik, Methodik und den exekutiven Funktionen

Damit die Gefühlswörter ein weiteres Mal geübt werden können, wird ein Spiel durchgeführt. Nach Apeltrauer (2014, S. 248) sind 8 bis 10 Wortwiederholungen notwendig, damit ein neues Wort aus einem Lautstrom herausgefiltert werden kann, über 20 Wiederholungen, um eine Bedeutung zuzuordnen, und mehr als 50 Wiederholungen, bis ein neues Wort eigenständig gebraucht wird.

Im Anschluss steht die Reflexion über die bisher erlebten Einheiten im Vordergrund. Diese geschieht in Form von Einzelarbeit, da es um das persönliche Erleben geht. Hier ist in Bezug auf die exekutiven Funktionen die Metakognition besonders wichtig. In Hinblick auf den Lehrplan 21 spielen nachfolgende Kompetenzen eine Rolle: NMG.1.1.b; NMG.1.2.b; NMG.4.1.b; überfachliche Kompetenzen (Personale Kompetenzen: Selbstreflexion; soziale Kompetenzen: Kooperationsfähigkeit, Umgang mit Vielfalt; methodische Kompetenzen: Sprachfähigkeit).

Skizzierter Lektionsverlauf

Zeit	Unterrichtsgeschehen	Material
10	Gruppenspiel: Alle Vierergruppen bereiten ein Gefühl vor, das sie der Klasse vorspielen. Die Gruppe muss möglichst nur pantomimisch arbeiten und so abmachen, wer vorspielt und welchen Begriff sie wählt. Alle anderen schreiben das vermutete Gefühlswort auf einen Zettel (Placemat für jedes Beispiel). Innerhalb der Gruppe einigen sie sich auf einen Begriff. Für jedes Beispiel steht dafür eine Minute Zeit zur Verfügung. Der ausgewählte Begriff wird in die Mitte des Placemats geschrieben. Am Schluss wird aufgelöst, indem alle Gruppen ihren gefundenen Begriff vorlesen.	Lernheft Schreibzeug Notizpapier Sanduhr Klangsignal Placemat (Vorlage zum Kopieren)
	Variante: Alle Gruppen haben drei Versuche, um den richtigen Begriff zu finden. Eine Person spielt gemäß Vorgabe ein Gefühl pantomimisch vor. In den Gruppen einigen sich alle auf eine Möglichkeit und schreiben das Gefühlswort auf ein Blatt. Dieses halten sie in die Höhe. Sobald eine Gruppe den richtigen Begriff erraten hat, erhält sie einen Punkt und die nächste Runde beginnt.	

Zeit	Unterrichtsgeschehen	Material
30	Die LP erläutert den Verlauf der Lektion und erklärt die Fragen, mit denen sich die Lernenden beschäftigen können. Das Kuchenmodell wird anhand eines konkreten Beispiels erklärt. In Einzelarbeit werden die vergangenen Lektionen zu den Emotionen reflektiert, Schlussfolgerungen dazu gezogen und notiert. Die nachfolgenden Fragen stehen im Zentrum: • Was hat mich verblüfft? • Was wusste ich schon? • Was war neu? • Wie sieht es mit den Emotionen bei mir aus? • Welche Emotionen lebe ich im Alltag? • Welche Emotionen empfinde ich im Alltag? Die Lernenden haben die Möglichkeit, sich bei der LP zu melden, wenn sie Fragen haben. Für jene Lernenden, die nicht mehr weiterkommen oder den zweiten Teil (S. 21) nicht machen wollen, liegen Lesetexte bereit oder sie können auf der Seite 21 eine Zeichnung erstellen oder den Umschlag gestalten.	Folie (Kuchenmodell) Lernheft Texte zum Lesen
5	Austausch im Plenum: Will sich jemand zu den vergangenen Lektionen äußern? Gibt es Gedanken, die für alle interessant sein könnten?	

Materialien

Titel im Lernheft: **_Reflexion zum Thema Emotionen_**

Kopiervorlage Kuchenmodell

Placemat

Vorlage Kuchenmodell

Kuchenmodell zu den Emotionen
In diesem Kuchenmodell geht es darum, eine Einschätzung zu den gelebten (für die anderen sichtbaren) und empfundenen Emotionen zu machen.

Welche Emotionen lebe ich im Alltag?
Wie viel von jeder?

Welche Emotionen empfinde ich im Alltag?
Wie viel von jeder?

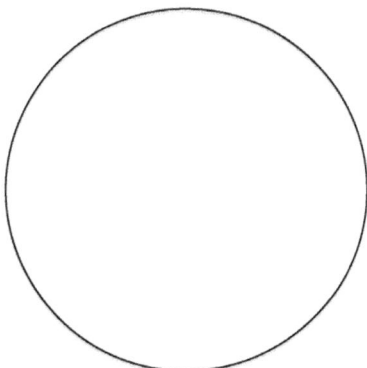

Ergänzungsmöglichkeiten

„Zwei Wölfe" – *eine kleine Legende zum Einstieg*

Ein alter Inuit saß mit seinem Enkelsohn am Lagerfeuer. Es war schon dunkel geworden und das Feuer knackte, während die Flammen in den Himmel züngelten. Der Alte sagte nach einer Weile des Schweigens: „Weißt Du, wie ich mich manchmal fühle? Es ist, als ob da zwei Wölfe in meinem Herzen miteinander kämpfen würden. Einer der beiden ist rachsüchtig, aggressiv und grausam. Der andere hingegen ist liebevoll, sanft und mitfühlend." „Welcher der beiden wird den Kampf um dein Herz gewinnen?", fragte der Junge. „Der Wolf, den ich füttere", antwortete der Alte. (Quelle unbekannt)

Innerhalb von Gruppen gibt es einen Austausch zu dieser Geschichte. Was gefällt an der Geschichte? Was irritiert? Was könnte diese Geschichte für den Umgang mit Emotionen bedeuten?

Die verschiedenen Meinungen und Aspekte werden im Plenum vorgetragen.

Variante zum Programm

Die Reflexion hat bereits in der vorhergehenden Sequenz begonnen. Es könnte nun beispielsweise anhand des Kuchenmodells an diesem einen Interessensgebiet gearbeitet werden. Die notierten Bereiche und Emotionen werden im Kuchenmodell gewichtet und so sichtbar gemacht. So kann gesehen werden, wie die Verteilung der Emotionen im Verhältnis zueinander ist. Hilfreich ist es, wenn jede Emotion eine andere Farbe erhält. Zugleich können die Farben so gewählt werden, dass Emotionen, die als Hindernisse betrachtet werden, beispielsweise in Blautönen gehalten werden, und jene, die die Kompetenzen betonen, in Gelbtönen. Somit entsteht in sich selbst nochmals eine Übersicht.

Abgeschlossen kann mit der Geschichte mit den zwei Wölfen werden.

Einheit 11: Bedürfnisse

Während dieser Lektion wird der Begriff Bedürfnis eingeführt. Die Lernenden entdecken Bedürfnisse, die hinter Emotionen stehen.

Ziele

Die Lernenden können ein konkretes Beispiel untersuchen. Die Lernenden können Bedürfnisse hinter konkreten Situationen entdecken, in denen Emotionen eine Rolle spiel(t)en.

Theoriebezug

Bedürfnisse sind nicht so offensichtlich zu erkennen. Die Bedürfnisliste ermöglicht es, sich den Begriff Bedürfnis zu erschließen. In der GFK ist das Erkennen der Bedürfnisse zentral. Hinter Gefühlen stehen, wenn wir „graben", oftmals Bedürfnisse.

Betrachten wir nun die dritte Komponente für das Ausdrücken dessen, was in uns lebendig ist: Bedürfnisse. Ebenso wie es vielen Leuten schwerfällt, ohne Urteile zu beobachten und Gefühlskenntnisse aufzubauen, ist es für sie auch sehr schwierig, Kenntnisse über ihre Bedürfnisse zu entwickeln. Viele Menschen assoziieren Bedürfnisse mit etwas Negativem. Sie denken dabei an Bedürftigkeit, Abhängigkeit und Eigennutz.
(Rosenberg, 2006, S. 31)

Für viele Lernende ist es eine neue Erfahrung, sich mit den eigenen Bedürfnissen auseinanderzusetzen. Hier geht es um die Selbst- und Fremdwahrnehmung.

Hinweise zu Didaktik, Methodik und den exekutiven Funktionen

Im Plenum wird der Begriff Bedürfnis erarbeitet. Am Ende der Lektion sollten alle Lernenden wissen, was darunter verstanden wird. „Durch das Unterrichtsgespräch über einen Begriff wird einerseits der Eintrag gesichert und kann somit schneller und müheloser abgerufen werden" (Reber & Schönauer-Schneider, 2014, S. 100). Zusätzlich werden Bilder verwendet, damit Unterbegriffe gefunden werden können. Mit Hilfe des Spiels (von Vera Heim und Susanne Ledergerber) machen sich die Lernenden mit den Zusammenhängen zwischen den Bedürfnissen und den Emotionen klar.

Für das Spiel in der Gruppe ist es wichtig, dass Begriffe kurzzeitig gespeichert werden können. Lernende mit einem Arbeitsgedächtnis, das vor allem im Bereich der Sprache über geringere Möglichkeiten verfügt, benötigen bei dieser Übung Unterstützung. Sie können beispielsweise Notizen auf einen Zettel machen oder die Lehrperson stellt eine Liste zur Verfügung, die benutzt werden kann.

Der Arbeitsspeicher ist eine der wichtigsten exekutiven Funktionen. Hier werden wenige Informationen für kurze Zeit festgehalten, ehe sie verarbeitet oder in längerfristigen Gedächtnissystemen abgelegt werden. Er besteht nach heutiger Auffassung aus zwei Teilen: einem Speicher, der auditiv speichert (die sogenannte phonologische Schlaufe) und Informationen sozusagen ‚im Ohr behält', und einem visuellen Speicher, der wie ein Notizblock wichtige Informationen kurzfristig bereithält (‚innere Wandtafel'). (Brunsting, 2011, S. 99)

Werden die exekutiven Funktionen betrachtet, die hier eine Rolle spielen, so steht die Metakognition im Vordergrund. In Bezug auf den Lehrplan 21 sind nachfolgende Kompetenzen miteinbezogen: personale Kompetenzen (Selbstreflexion, Eigenständigkeit), soziale Kompetenzen (Umgang mit Vielfalt), methodische Kompetenzen (Sprachfähigkeit).

Skizzierter Lektionsverlauf

Zeit	Unterrichtsgeschehen	Material
5	In der Klasse wird darüber diskutiert, was unter dem Begriff Bedürfnis verstanden werden kann. Unterstützend werden Fotos gezeigt, damit einige Unterbegriffe gefunden werden können.	Wandtafel Bilder zu den Bedürfnissen (Fotos)
20	Im Lernheft (S. 22) ist eine Liste mit Bedürfnissen als Hilfestellung. Unbekannte Wörter werden innerhalb der Gruppe geklärt oder die Gruppe wendet sich an die LP. Jede Gruppe erhält Fotokarten. Diese werden gleichmäßig auf die Gruppe verteilt. Jedes Gruppenmitglied hat einige Minuten Zeit, um jedem Bild ein oder zwei Bedürfnisse zuzuordnen. Danach stellen sich alle gegenseitig ihre Bilder vor: Dieses Bild drückt für mich … aus, weil …	Lernheft Bilder (Fotos) Auftrag schriftlich formuliert für die Gruppen
5	Reflexion im Plenum: Welche Erkenntnisse oder Beobachtungen gab es in den einzelnen Gruppen? Was habt ihr erlebt? Wie war diese Übung für euch?	Fragen an der Wandtafel
10	Spiel in der Gruppe: Eine Person nennt ein Bedürfnis, die Person rechts sagt, wie sie sich fühlt, wenn dieses Bedürfnis nicht erfüllt ist, und die Person links sagt, wie sie sich fühlt, wenn dieses Bedürfnis erfüllt ist. Das Spiel dauert mindestens so lange, bis alle ein Bedürfnis nennen konnten.	Liste mit Begriffen für jede Gruppe bereithalten
5	Reflexion in Einzelarbeit: Womit habe ich mich heute befasst? Was war neu? Was war bekannt? Was bedeutet für mich der Begriff „Bedürfnis"?	Lernheft Fragen an der Wandtafel

Materialien

Titel im Lernheft: ***Bedürfnisse***

Bilder Bedürfnisse: aus Zeitschriften, Kunstpostkarten, eigene Fotos ...

Kopiervorlage Gruppenauftrag zu Einheit 11

Kopiervorlage für den Gruppenauftrag

Gruppenauftrag zu Einheit 11

Für diese Gruppenarbeit habt ihr insgesamt 20 Minuten Zeit.

Material:
- 1 Set Bilder
- Lernheft: Bedürfnisliste
- Schreibzeug
- Notizpapier

Auftrag:
1. Legt die Bilder auf dem Tisch aus.
2. Arbeitet 5 Minuten lang in Einzelarbeit.
3. Wählt Bilder aus und ordnet ihnen Bedürfnisse zu.
4. Macht Notizen: Das Bild mit … drückt für mich … aus, weil …
5. Nach 5 Minuten legen alle das Schreibzeug weg.
6. Tauscht euch zu den Bildern aus. Wer hat zu welchem Bild was notiert?

Abbildung 11: Beispiel eines Fotos zu den Bedürfnissen

Bedürfnisliste (vgl. Rosenberg, 2009, S. 216 f.)

Träume	Selbstbestimmung	Kreativität
Sinn	Akzeptanz	Toleranz
Mitbestimmung	Wertschätzung	Respekt
Achtsamkeit	Gemeinschaft	Rücksichtnahme
Geborgenheit	Sicherheit	Empathie
Einfühlung	Ehrlichkeit	Liebe
Vertrauen	Verständnis	Zugehörigkeit
Ruhe	Freude	Fröhlichkeit
Leichtigkeit	Harmonie	Frieden
Schönheit	Ordnung	Klarheit
Unterstützung	ernst genommen werden	gehört werden
Erholung	Fürsorge	Kooperation
Mitgefühl	Transparenz	Zuverlässigkeit
Gleichwertigkeit	Gleichbehandlung	Entspannung
Anerkennung	Einfluss nehmen	Humor
Schutz	Wohlbefinden	Offenheit
Menschlichkeit	Integrität	Gesundheit

Ergänzungsmöglichkeiten

Alle gehen auf Motivsuche zu Bedürfnissen und fotografieren.

Es werden Bedürfniscollagen erstellt oder Bilder gezeichnet. Dazu werden Bilder aus Zeitschriften verwendet.

Alle Lernenden wählen ein Bedürfnis aus. Sie überlegen sich, was sie tun können, um dieses zu befriedigen. Dabei hilft es auch, wenn sie einen Blick in die Vergangenheit werfen und sich überlegen, in welchen Situationen dieses Bedürfnis erfüllt wurde und weshalb.

Die Bedürfnispyramide von Maslow wird aufgezeichnet. Die Bedürfnisse aus der Liste werden den einzelnen Bereichen zugeteilt. Anschließend vergleichen alle in Gruppen ihre Ergebnisse. Möglicherweise gibt es sehr unterschiedliche Lösungen und darüber kann nun ein Austausch stattfinden.

Das Besprechen der Bedürfnisse eignet sich gut, um über Sucht zu sprechen. Hier kann die Frage gestellt werden: Was erfülle ich mir, wenn ich Schokolade esse? Was erfülle ich mir, wenn ich rauche? Was erfülle ich mir, wenn ich Drogen nehme? Was erfülle ich mir, wenn ich (verbissen) trainiere? Was erfülle ich mir, wenn ich zu viel esse? Was erfülle ich mir, wenn ich einem Guru folge?
Alle Menschen haben irgendeinen Bereich, den sie im Übermaß betreiben.

Variante zum Programm

Die Kuchenmodelle und Notizen können nun zur Weiterarbeit dienen. Ein Bereich wird gewählt und dahingehend beleuchtet, welche Bedürfnisse damit erfüllt oder eben nicht erfüllt werden.

Dazu dient die Bedürfnisliste. Das Thema Bedürfnisse wird zuerst besprochen. Es können jedoch in einem ersten Durchgang auch selbst formulierte Bedürfnisse notiert werden. Am einfachsten ist es, wenn entweder mit einer Tabelle gearbeitet wird oder dann mit einzelnen Kapiteln zu jeder Mini-Situation. Die selbst formulierten Bedürfnisse können in der kommenden Sequenz darauf überprüft werden, ob es sich um Pseudobedürfnisse (Strategien, um sich ein Bedürfnis zu erfüllen) oder echte Bedürfnisse handelt.

Einheit 12: Bedürfnisse und Pseudobedürfnisse

Diese Einheit unterstützt dabei, die Begriffe zu den Bedürfnissen kennen und anwenden zu lernen sowie zwischen Pseudobedürfnissen (Strategien) und echten Bedürfnissen unterscheiden zu können.

Ziele

Die Lernenden können erklären, was ein Bedürfnis ist.
Die Lernenden können zwischen Bedürfnissen und Pseudobedürfnissen unterscheiden.

Theoriebezug

Die Unterscheidung zwischen echten Bedürfnissen und Ersatzbedürfnissen oder Ersatzhandlungen ist in der GFK zentral. Hinter der Aussage „Ich möchte eine Tasse Tee" kann etwa das Bedürfnis Durst stehen, aber auch das nach Entspannung, Ruhe oder Wärme. Wenn wir uns im Klaren sind, worum es uns geht, so sind wir weniger fixiert auf etwas. In oben genanntem Beispiel könnte die Person, die diese Aussage tätigt, eine andere Möglichkeit finden, wenn beispielsweise kein Tee vorhanden ist.

„In der GFK betrachten wir Werte und Bedürfnisse als Quelle der Lebensenergie, die in jedem Lebewesen sprudelt. Durch diese Gemeinsamkeit sind wir alle miteinander verbunden. Sobald wir unsere Aufmerksamkeit auf Bedürfnisse richten, wird uns im zwischenmenschlichen Miteinander das Verbindende deutlich. Dieses Bewusstsein kann auch eine entscheidende Wirkung auf Konfliktsituationen haben. Deren Eskalationsdynamik entsteht ja daraus, dass man meint, jemanden bekämpfen zu müssen, weil man mit dieser Person überhaupt nichts gemeinsam hat – im Gegenteil." (Holler, 2012, S. 80)

Hinsichtlich der personellen Resilienzfaktoren geht es in dieser Einheit vor allem um Selbstwahrnehmung, Selbstwirksamkeit und Problemlösefähigkeit.

Hinweise zu Didaktik, Methodik und den exekutiven Funktionen

Anhand einer alltagsbezogenen Schilderung werden die Lernenden zum Thema geführt. Sie stellen Vermutungen an und üben sich in Einfühlung, indem sie sich in die Situation gedanklich hineinversetzen, um herauszufinden, welche Gefühle und Bedürfnisse die Hauptbeteiligten in der Geschichte hatten.

Als Gruppe sind die Lernenden herausgefordert, denn sie trifft nach einer Phase des gegenseitigen Erzählens Entscheidungen. Dieser Prozess könnte bei einzelnen Gruppen zu Schwierigkeiten führen. In dieser Lektion steht das Reflektieren während der Gruppenarbeit im Vordergrund. Die Lernenden unterstützen sich gegenseitig beim Nachdenken über ihre Strategien und Bedürfnisse.

Es wird ein Bezug zum ersten Teil des Förderprogramms hergestellt. Dort ging es um Strategien im Umgang mit Schwächen. Möglicherweise entdecken die Lernenden Parallelen.

Die erarbeiteten Begriffe werden erneut aufgegriffen und angewendet. Die vorhandenen Listen mit den Gefühlswörtern und Bedürfnissen stehen zur Verfügung, um insbesondere jene Lernenden zu unterstützen, die länger Zeit benötigen, um neue Wörter zu speichern. Zusätzlich können die eigenen Bilder zu den Gefühlen, die Gefühlsmonsterkarten oder die Bilder der Pro Juventute sowie jene zu den Bedürfnissen beigezogen werden. Die Lehrperson entscheidet im Voraus, welches Material eingesetzt wird.

In Bezug auf die exekutiven Funktionen sind in dieser Einheit vor allem Metakognition (über Ereignisse nachdenken), Flexibilität (verschiedene Strategien finden, um ein Bedürfnis zu erfüllen), emotionale Regulation (Erkenntnisse in Bezug auf die Emotionen gewinnen) und Aufmerksamkeitssteuerung (die Aufmerksamkeit auf die Situation und die eigene Befindlichkeit lenken).

Bezugnehmend auf den Lehrplan 21 stehen nachfolgende Kompetenzen im Vordergrund: personale Kompetenzen (Selbstreflexion, Eigenständigkeit), soziale Kompetenzen (Umgang mit Vielfalt), methodische Kompetenzen (Sprachfähigkeit).

Skizzierter Lektionsverlauf

Zeit	Unterrichtsgeschehen	Material
10	Eine kurze Geschichte wird erzählt: „Die Kinder kochen und backen begeistert und sind stolz auf ihre Gebäcke und Menüs. Sie teilen sie miteinander und erleben viel Freude. Später kommen die Eltern nach Hause. Sie treten in die Küche und sehen Geschirr herumstehen. Sie gehen zu den Kindern und schimpfen." Worum geht es? Welche Gefühle und Bedürfnisse kommen hier zum Tragen? Die LP notiert die Begriffe, die genannt werden, an die Wandtafel (oder lässt dies die Lernenden tun).	Wandtafel Lernheft
20	In der Gruppe werden einander Beispiele erzählt, in denen Ähnliches erlebt wurde. Eines wird ausgewählt und gespielt. Danach gibt es ein Gespräch darüber, um welche Emotionen und Bedürfnisse es gehen könnte. Alle Gruppenmitglieder erhalten eine Aufgabe, die sie innerhalb der Gruppe wahrnehmen.	Lernheft Symbole Gruppe (vgl. Einheit 1)

Zeit	Unterrichtsgeschehen	Material
10	Rückmeldungen in der Klasse Nachdenken über echte Bedürfnisse und PseudobedürfnisseEine beispielhafte Situation wird dargelegt. Darin geht es um ein Kind, das seine Freunde in einer Eisdiele beim Eisessen sieht. Dieses Kind möchte nun auch ein Eis (Pseudobedürfnis). Es könnte sein, dass das Kind mit den Freunden zusammen sein möchte (Bedürfnis nach Gemeinschaft).	
5	Reflexion im Lernheft	Lernheft

Materialien

Titel im Lernheft: **Bedürfnisse und Pseudobedürfnisse**

Illustriertes Beispiel zu den Bedürfnissen und Pseudobedürfnissen

Abbildung 12: Schlüsselunterscheidungen
(Larsson & Hoffmann, 2013, S. 22)

Ergänzungsmöglichkeiten

Im Buch *42 Schlüsselunterscheidungen* sind viele Begriffe erklärt und einander gegenübergestellt. Die Begriffe können den Lernenden gegeben werden, damit sie darüber diskutieren und überlegen, was diese genau bedeuten. Allenfalls können ihnen für den Vergleich der Definitionen auch Wörterbücher zur Verfügung gestellt werden.

Die unterschiedlichen Erklärungsmöglichkeiten werden in der Klasse diskutiert.

Ein Bedürfnis herausgreifen und darüber philosophieren
Bedürfnisse wie Gelassenheit, Geborgenheit, Frieden, Vertrauen, mitmenschliche Güte, Solidarität, Freiheit, Gesundheit werden zur Auswahl gestellt. Jede Gruppe wählt einen Begriff aus und diskutiert darüber. Es wird darüber ausgetauscht, was darunter verstanden wird, wie dieses Bedürfnis im Alltag erlebt wird und mit welchen Strategien ein Mensch es sich erfüllen kann. Zudem wird zu jeder Strategie überlegt, welche Vor- und Nachteile diese hat. Im Anschluss daran referiert jede Gruppe vor der gesamten Klasse über dieses Bedürfnis. Diese Übung kann auch als Gruppenpuzzle durchgeführt werden.

Die Lernenden gestalten Comics zu den einzelnen Bedürfnissen, indem sie wie im Beispiel ein Pseudobedürfnis als Beginn der Geschichte wählen und danach die Auflösung zeigen. Allenfalls kann mit Animationsprogrammen zur Erstellung von Comics gearbeitet werden, damit die Lernenden sich deren Gestaltung zutrauen.

Dieselbe Übung kann auch als Rollenspiel durchgeführt werden. Jede Gruppe erhält einen Begriff und erfindet dazu eine Geschichte, die sie vorspielt. Die Zeitdauer des Vorspielens kann je nach zeitlichem Rahmen vorgegeben werden.

Die Listen mit den Stärken und Schwächen, sowie jene mit den Notizen zu den Fertigkeiten und Fähigkeiten zu den Stärken können herbeigezogen werden. Dabei wird zuerst mit einer Stärke begonnen, weil dazu bereits die Fähigkeiten und Fertigkeiten notiert sind. Diese werden als Mind-Map dargestellt. Danach wird geforscht, welche Gefühle damit verbunden sind und welche Bedürfnisse erfüllt oder nicht erfüllt sind. Das nachfolgende Beispiel zum Thema Gesang gibt einen Einblick, wie gearbeitet werden könnte.

Diese Fragen unterstützen die Arbeit zum Thema:

- Wie fühle ich mich beim Singen? Welche Bedürfnisse sind dabei erfüllt oder nicht erfüllt?
- Wenn ich an Lieder denke, die ich singe: Wie fühle ich mich in Bezug auf den Rhythmus, die Melodie, den Text ...? Welche Bedürfnisse sind erfüllt oder nicht erfüllt?
- Ich stelle mir vor, dass ich ein Lied vorsinge. Wie fühle ich mich dabei? Welche Bedürfnisse sind erfüllt oder nicht erfüllt?
- Ich denke an verschiedene Situationen, in denen ich gesungen habe. Wie fühlte ich mich dabei? Welche Bedürfnisse waren erfüllt oder nicht erfüllt? Hier lohnt es sich, die Situation stichwortartig zu notieren. Damit kann in Lektion 14 weitergearbeitet werden, indem die Situation ausführlicher beschrieben und danach geschaut wird, welche Notizen Beobachtungen und welche Bewertungen sind. Die Schilderung der Situation wird so stehen gelassen und der Hinweis gegeben, dass in den nachfolgenden Lektionen daran gearbeitet wird.

Es wird bei jeder Notiz überprüft, ob es sich um Pseudo- oder echte Bedürfnisse handelt. Bei Pseudobedürfnissen wird nachgedacht, welche Bedürfnisse dahinterstehen.

Variante zum Programm

Bereits in der vorhergehenden Sequenz wurde daran gearbeitet, dass die selbst formulierten Bedürfnisse darauf hin untersucht werden, um es sich um echte Bedürfnisse handelt. Damit diese Überprüfung stattfinden kann, braucht es zuerst eine Auseinandersetzung mit der Unterscheidung dieser beiden Möglichkeiten. Dies geschieht ebenfalls anhand von eigenen Beispielen, so wie dies in der vorgeschlagenen Sequenz vorkommt. Anschließend können alle ihre Notizen überarbeiten und sich, wenn sie wollen, darüber austauschen.

Einheit 13: Wertfrei beobachten

In dieser Einheit befassen wir uns mit Beobachtungen.

Ziele

Die Lernenden können Beobachtungen von Wertungen oder Interpretationen unterscheiden.
Die Lernenden können Beobachtungen mündlich und schriftlich festhalten.

Theoriebezug

Beobachtungen werden in unterschiedlichen Lebenskontexten gebraucht. Bereits Neugeborene beobachten Menschen und ihr Handeln. Mit der Zeit ahmen Menschen Handlungen nach und lernen dadurch Neues. In den Naturwissenschaften werden Beobachtungen präzise durchgeführt – diese müssen frei von Interpretationen sein, damit sie ausgewertet werden können. Diese Vorgehensweise wurde auf andere Lebensbereiche übertragen.

> Der indische Philosoph J. Krishnamurti stellte einmal fest, dass es die höchste Form menschlicher Intelligenz ist, zu beobachten ohne zu bewerten. Als ich diese Aussage zum ersten Mal las, schoss mir der Gedanke ,So ein Blödsinn!' durch den Kopf, bevor mir klar wurde, dass ich damit gerade eine Bewertung abgegeben hatte. Für die meisten von uns ist es schwierig, Menschen und deren Verhalten in einer Weise zu beobachten, die frei ist von Verurteilung, Kritik oder anderen Formen der Analyse.
> (Rosenberg, 2009, S. 48)

Aus alltäglichen Interaktionen sind viele Menschen daran gewöhnt, Wertungen und Beobachtungen zu vermischen. Es ist herausfordernd, diese beiden Bereiche zu trennen. Je öfter dies geübt wird, desto differenzierter wird die Wahrnehmung geschult, um zwischen diesen beiden Bereichen zu unterscheiden. Diese Fähigkeit hat mit analytischem Denken zu tun und wird demnach der Problemlösefähigkeit zugeordnet.

Hinweise zu Didaktik, Methodik und den exekutiven Funktionen

Bewusst wurde dieser Teil an diese Stelle gesetzt. Viele Lernende bleiben sonst an dieser Stelle stecken. Die Emotionen und die Bedürfnisse liegen näher bei einem Menschen. Das Beobachten ist abstrakt und erfordert eine hohe kognitive Leistung. Hinzu kommt, dass in der GFK zwischen Beobachten und Bewerten unterschieden wird. Dies ist für viele Menschen neu: Handlungen/erlebte Situationen werden auf das Darlegen von Zahlen, Daten, Fakten reduziert. Diese Arbeit erinnert viele an die Vorgehensweise bei naturwissenschaftlichen Experimenten.

Für viele Lernende ist es neu, eigenes Handeln oder das Handeln anderer aus einer Beobachterperspektive zu schildern und dabei Wertungen wegzulassen. Sie begeben sich auf eine Metaebene. Damit diese Auseinandersetzung gelingen kann, benötigen die Lernenden Strategien für die Vorgehensweise. Wenn sie ihre Schilderungen gemäß den vorgegebenen Fragen prüfen, wissen sie anschließend, ob sie eine reine Beobachtung formuliert haben.

Hinsichtlich der exekutiven Funktionen kommen hier insbesondere die Aufmerksamkeitssteuerung (beobachten ohne zu bewerten), die zielgerichtete Beharrlichkeit (Beobachtungen formulieren) und die Metakognition (Reflexion über die eigenen Formulierungen) zum Zug.

In Bezug auf den Lehrplan 21 spielen nachfolgende Kompetenzen eine Rolle: personale Kompetenzen (Selbstreflexion, Eigenständigkeit), soziale Kompetenzen (Umgang mit Vielfalt), methodische Kompetenzen (Sprachfähigkeit, Informationen nutzen).

Skizzierter Lektionsverlauf

Zeit	Unterrichtsgeschehen	Material
15	Auf einer Folie wird ein Bild gezeigt (Rosenberg, 2009, S. 46). Die Sprechblase ist leer. Gemeinsam wird eine Bildbeschreibung erstellt. Was ist auf dem Bild zu sehen? Danach notieren sich alle, was in der Sprechblase stehen könnte. Einige Beispiele werden vorgelesen. Im Plenum wird darüber nachgedacht und gesprochen, welche Unterschiede es zwischen den Aussagen gibt. Danach wird das Bild so gezeigt, wie es im Buch abgebildet ist. In der Klasse wird darüber diskutiert, wie es dazu kommt, dass hier die Begriffe Beobachtung und Bewertung aufgeführt sind. Alle formulieren im Lernheft ihren Satz so um, dass Beobachtung und Bewertung getrennt sind.	Wandtafel mit Programm

(Rosenberg, 2009, S. 46) |

Zeit	Unterrichtsgeschehen	Material
15	In der Vierergruppe (siehe Einheit 1) werden Sketche vorbereitet. Die TN bereiten Einstiege in ein Konfliktgespräch als Sketche vor mit der Vorgabe, entweder Bewertungen darin zu platzieren oder reine Wahrnehmungen oder eine Vermischung von beiden. Danach stellt die Gruppe Vermutungen darüber an, was Bewertungen und was Wahrnehmungen waren. (Holler, 2012, S. 55) Diese Übung wird wie folgt umgesetzt: Die Vierergruppe teilt sich in zwei Zweiergruppen auf und diese spielen einander gegenseitig ihren Einstieg vor. Die Zweiergruppen arbeiten während 5 Minuten an ihrem Beispiel. Danach spielen sie sich in der Vierergruppe die Beispiele vor. Die LP zeigt ein Beispiel vor, damit alle verstehen, wie es gemeint ist. (Holler, 2012, S. 46)	Arbeitsauftrag Folie
15	Einzelarbeit Arbeit an einem eigenen Beispiel: Es wird eine Situation, die zu einem Konflikt führte aufgeschrieben, so wie es in der Erinnerung ist. Das Erlebnis wird nach Fakten, Daten und Zahlen analysiert. Danach werden Aussagen, die Wertungen enthalten, separat festgehalten. Welche Gefühle stecken dahinter? Diese werden ebenfalls notiert. Welche Bedürfnisse wurden nicht erfüllt? Welchen Wunsch leite ich daraus ab? TEST: Wenn die andere Person NICHT sagen kann: ‚Das stimmt so nicht', dann handelt es sich um eine wertfreie Beobachtung, die nachprüfbare Tatsachen wiedergibt. (Holler, 2012, S. 53)	Lernheft Wandtafel (evtl. diesen Satz notieren)

Materialien

Titel im Lernheft: ***Beobachten ohne zu bewerten***

Titel im Lernheft: ***eigenes Beispiel zu den Beobachtungen***

Illustriertes Beispiel: Beobachtung und Bewertung

Kopiervorlage Gruppenauftrag

Beobachtung vermischt mit Bewertung

Beobachtung getrennt von Bewertung

Abbildung 13: Beobachtung und Bewertung (Rosenberg, 2009, S. 46)

Gruppenauftrag zu Einheit 13

Teilt euch innerhalb der Vierergruppe in zwei Zweiergruppen auf. Achtet darauf, dass ihr die Zeit einhalten könnt. Zuerst arbeitet ihr in der Zweiergruppe, danach in der Vierergruppe

In der Zweiergruppe (5 Min.):
Ihr überlegt euch einen Einstieg in ein Streitgespräch. Ihr baut bewusst Beobachtungen und Bewertungen ein. Ihr übt euern Sketch so, dass ihr ihn der anderen Zweiergruppe vorspielen könnt.

In der Vierergruppe (ca. 8 Min.):
Beide Zweiergruppen haben einen Sketch vorbereitet. Gruppe A spielt vor und Gruppe B schaut zu. Gruppe B gibt der Gruppe A Rückmeldung, an welchen Stellen sie Beobachtungen gespielt hat und an welchen Stellen Bewertungen gemacht wurden.

Danach spielt Gruppe B vor und Gruppe A schaut zu. Auch Gruppe A gibt eine Rückmeldung.

Ergänzungsmöglichkeiten

Im Bereich Beobachten kann sehr vieles getan werden. Einerseits lernen Menschen zu beobachten und wahrzunehmen, indem sie skizzieren oder Bilder zeichnen. Dazu wählen sie ein Motiv aus der Natur oder einen Gegenstand in einem Raum. Geübtere können Portraits von Menschen erstellen.

Eine weitere Gestaltungsaufgabe sieht wie folgt aus: In einem Zweierteam erhält Person A eine Kunstpostkarte und Person B ein weißes Blatt Papier. A beschreibt B das Bild so, dass B dies zeichnen kann. Dabei ist es wichtig, im Voraus zu besprechen, wie eine solche Beschreibung zu gestalten ist, damit die auffälligsten Merkmale zuerst platziert werden können. Allenfalls braucht es vorher ein Sammeln von Wörtern, die genaue Orte auf dem Blatt bezeichnen. Es ist empfehlenswert mit Bildern von Künstlern wie Joan Miró zu beginnen, weil dort die Farb- und Formgestaltung klar ist. Später können Landschaftsbilder oder Stilbilder hinzugezogen werden.

Einen anderen Zugang zu Beobachtungen geben theaterpädagogische Übungen. Zu zweit wird eine Spiegelübung durchgeführt. Eine Person macht vor, die andere imitiert die Bewegungen möglichst genau, als wäre sie ein Spiegelbild (also seitenverkehrt).

In der Gruppe kann diese Übung so aussehen, dass eine Person der Gruppe den Raum für kurze Zeit verlässt. Alle anderen vereinbaren, wer die Bewegungen oder Klatschrhythmen vorzeigt. Alle anderen imitieren möglichst präzise. Die Person kommt zurück in den Raum und muss herausfinden, wer vorzeigt.

Im Sprachunterricht können die Textsorten Gegenstands-, Vorgangs- oder Personenbeschreibungen bearbeitet werden. Bei diesen Textsorten geht es darum, wertfrei zu beschreiben. Diese Übung ist zudem sehr geeignet, weil mit ihr auch die Erweiterung des Wortschatzes gefördert wird.

Kurz zusammengefasst sind an dieser Stelle die Kriterien für das Erstellen von Beschreibungen aufgeführt (vgl. Scheerer, 2008, S. 25 ff.). Alle Beschreibungen werden im Präsens verfasst.

Gegenstandsbeschreibung:
Bei der Gegenstandsbeschreibung wird ein Gegenstand ohne Wertungen beschrieben. Dabei ist es wichtig, Informationen zu Größe, Farbe, Gestaltung, Oberfläche, Form, Material und Funktion des Gegenstandes anzugeben. Im Einleitungssatz wird der Gegenstand benannt. Der Hauptteil enthält zuerst die Beschreibung der auffälligsten Merkmale und danach weitere wichtige Merkmale und Eigenschaften. Die Beschreibung wird im Schlusssatz durch eine Information zur Funktion des Gegenstands abgerundet.

Vorgangsbeschreibung:
Bei einer Vorgangsbeschreibung geht es darum, einzelne Handlungsschritte zu beschreiben. Die Handlung sollte anschließend aufgrund der Beschreibung ausgeführt werden können. Im Einleitungsteil werden die Voraussetzungen genannt und die notwendigen Vorbereitungen erwähnt. Im Hauptteil sind die einzelnen Handlungsschritte ausführlich und in der richtigen Reihenfolge beschrieben. Die Sprache soll einfach und sachlich bleiben, jedoch abwechslungsreich sein. Der Schluss enthält eine kurze Information über das Ergebnis des Vorgangs.

Personenbeschreibung:
Eine Personenbeschreibung enthält die sichtbaren Merkmale eines Menschen, sodass aufgrund der Beschreibung ein Bild zu diesem Menschen erstellt werden könnte. Die Einleitung enthält Angaben zur Person, das heißt, es werden die Größe, das Alter und das Geschlecht erwähnt. Im Hauptteil sind die besonders auffälligen Merkmale zuerst beschrieben. Mit der Beschreibung wird beim Kopf (Kopfform, Gesicht, Frisur) begonnen, danach stehen Informationen zum Körperbau und zur Haltung. Anschließend erfolgt das Beschreiben der Kleidung (Farbgestaltung und Mate-

rial der Kleidungsstücke). Die Beschreibung ist in einer klaren, sachlichen Sprache verfasst und enthält die wichtigsten Merkmale. Damit der Text abgerundet ist, steht im Schlusssatz eine Formulierung zum Gesamteindruck.

Bei der Personen- und Gegenstandsbeschreibung können auch Fotographien oder Kunstbilder beigezogen werden. Dabei müssen die dazu notwendigen Angaben mitgegeben werden, beispielsweise der Name des Künstlers, die Bezeichnung des Gegenstandes, der Name der dargestellten Person und wenn möglich eine Altersangabe. Ansonsten muss Letztere geschätzt werden. Ebenso wird mit der Körpergröße der Person vorgegangen.

Variante zum Programm

Es geht darum, eine Minisequenz auszuwählen und diese zu erzählen. Die Erzählung wird entweder aufgezeichnet oder notiert, je nachdem, ob eine Person gerne schreibt oder nicht. Bei Tonaufnahmen ist der Vorteil, dass sie wiederholt angehört und an jeder Stelle gestoppt werden kann, sodass eine Analyse möglich ist.

Es könnten bereits in der Sequenz vorher Tonaufzeichnungen getätigt werden, damit diese durch die Lehrperson transkribiert werden kann. Somit liegt zur Aufnahme auch noch die schriftliche Form vor. Mit beiden kann nun weitergearbeitet werden. In der schriftlichen Form können Formulierungen einfacher identifiziert werden, welche Bewertungen enthalten. In den Tonaufnahmen kann man der Stimme allenfalls entnehmen, welche Gefühlslagen mitschwingen. Falls eine Filmaufzeichnung vorliegt, kann die Gestik und Mimik ebenso betrachtet werden. Es geht darum, diese wertfrei zu beschreiben und danach eine Interpretation zu geben, wie sie wirkt. Auf diese Weise üben die Lernenden, Vorgänge wertfrei zu beschreiben und dies von einer Interpretation zu unterscheiden.

Hinzu kommt, dass jede Person bei sich wahrnehmen kann, wie sie sich fühlt, wenn sie die andere Person sprechen hört. Hilfreich wäre es, wenn hier das Vier-Ohren-Modell hinzugezogen würde. Eine Sprechsituation kann nun analysiert werden. Der Austausch darüber kann zu Erkenntnissen führen, die den Lernenden im Alltag weiterhelfen, auf ihre Kommunikation und deren Wirkung zu achten, sowie bei Gehörtem zwischen den Ebenen zu unterscheiden. Der Handlungsspielraum wird größer.

Einheit 14: Um etwas bitten

Die vier Schritte der GFK werden erklärt und der Hinweis auf das Formulieren von Bitten gegeben. Der Unterschied zwischen Bitten und Forderungen wird erklärt.

Ziele

Die Lernenden können die vier Schritte der GFK nennen.
Die Lernenden können Bitten formulieren.

Theoriebezug

Wichtig ist, zu erklären, dass die Umsetzung dieser vier Schritte Menschen auch dann große Schwierigkeiten bereiten kann, wenn sie sich schon seit vielen Jahren damit auseinandersetzen und sie leben. Marshall Rosenberg (2009, S. 52) verdeutlicht dies anhand eines Erlebnisses in einem Workshop. Er wurde von einem Teilnehmer als ‚der aroganteste Redner, den wir je hatten' bezeichnet.

> … es ist einfach – aber nicht leicht: dieser Gedanke ist ein passendes Motto für meine Motivation, ein Trainingsbuch zu schreiben, denn die verblüffende Einfachheit der 4-Schritte-Methode in der Gewaltfreien Kommunikation (GFK) ließ mich anfangs glauben, dass es genauso leicht wäre, sie eins zu eins im Alltag umzusetzen. Zumal Herz und Einsicht gleich ‚A' gesagt haben.
> Als ich dann aber ganz andere Reaktionen als erhofft auf meine schön vorbereiteten 4-Schritte-Sätze hörte, ging es mir wie manchmal im Ausland: Ich kann etwas in der Fremdsprache sagen, verstehe aber leider die Antwort nicht,

lächle freundlich und schaue Hilfe suchend gen Himmel. Die Erleuchtungen, die von dort kamen, waren wenig ergiebig. Also machte ich mich daran, all das zu üben, was durch die 4 Schritte in Gang gesetzt wird. Es zeigte Erfolg: Langsam aber sicher verlor der Boden unter meinen Füßen seine Schwammigkeit, und ich steuerte immer festeren Schrittes und voller Zuversicht meine nächsten GFK-Abenteuer an.
(Holler, 2012, S. 11)

Neu ist die Auseinandersetzung mit dem Formulieren von Bitten. Leicht geht dieser Schritt unter. Er ist jedoch wichtig, damit unser Gegenüber eine Möglichkeit hat, auf eine konkret formulierte Bitte zu reagieren. In der GFK sind wir offen für ein JA und ein NEIN. Das NEIN wird in uns vielleicht Enttäuschung auslösen. Möglicherweise interessiert es uns, was unser Gegenüber zu diesem NEIN bewegt hat. Das Formulieren von Bitten ist eine Kunst für sich. „Echte Bitten auszudrücken erfordert Bewusstheit über unser Ziel. Wenn unser Ziel nur darin besteht, andere Leute und ihr Verhalten zu ändern oder unseren Willen durchzusetzen, dann ist die GFK nicht das geeignete Werkzeug" (Rosenberg, 2009, S. 102). Die Reaktion auf ein NEIN zeigt uns an, ob es sich um eine Bitte oder eine Forderung handelte.

Bitten werden als Forderungen aufgefasst, wenn der andere davon ausgeht, dass er beschuldigt oder bestraft wird, wenn er nicht zustimmt. Wenn jemand eine Forderung von uns hört, dann sieht er nur zwei Möglichkeiten: Unterwerfung oder Rebellion. In beiden Fällen wird die bittende Person als jemand wahrgenommen, der Zwang ausübt, und so lässt die Bereitschaft des Zuhörers, einfühlsam auf die Bitte einzugehen, rapide nach.
(Rosenberg, 2009, S. 99)

Bei einer echten Bitte setzt sich ein Mensch für seine Bedürfnisse ein und gibt zugleich dem Gegenüber eine Möglichkeit einer konkreten Handlung, um einen Beitrag dafür zu leisten. Das Gegenüber kann frei entscheiden, ob es darauf eingehen will oder nicht.

Werden die personellen Resilienzfaktoren betrachtet, so kann festgestellt werden, dass bei der Umsetzung der vier Schritte der GFK alle sechs Bereiche anklingen.

Hinweise zu Didaktik, Methodik und den exekutiven Funktionen

Die Lernenden haben sich inhaltlich mit den ersten drei Schritten bereits auseinandergesetzt. Somit kann an das Vorwissen angeknüpft werden. Um sich die Schritte besser merken zu können, wird mit Bildern gearbeitet.

Für jeden Schritt steht ein Bild zur Verfügung (Beobachtung: Bild von Picasso; Gefühle: Türe; Bedürfnisse: Perle; Bitte: Picassos Bild mit dem Tulpenstrauß in der Hand). Das Zuordnen von Bildern zu jedem der Schritte hilft die Reihenfolge zu verstehen, vorausgesetzt die Wahl der Bilder wird begründet.

Die Einführung in die GFK ist wie das Erlernen einer neuen Sprache. Dadurch, dass sich die Lernenden bereits mit Gefühlen, Bedürfnissen und Beobachtungen auseinandergesetzt haben, ist der Einstieg erleichtert und die Lernenden können an ihr erworbenes Vorwissen anknüpfen. Für Lernende mit Förderbedarf im sprachlichen Bereich ist es eine Chance, dass die GFK für alle neu ist. Die GFK ist eine „universelle Sprache", denn diese Kommunikationsform ist frei von religiösen oder kulturellen Bedingungen, auf die Sprachen aufgebaut sind. Die Gefühle und die Bedürfnisse sind bei allen Menschen ähnlich. Sie ermöglicht es, mit Menschen mit verschiedenen kulturellen Hintergründen in Beziehung zu treten und sich auszutauschen – in einer Sprache, die die Beteiligten verstehen. Im Buch *Deutsch als Zweitsprache* werden vier Grundthemen, die wesentlich für das interkulturelle Lernen sind, genannt:

1. Verstehen des Fremden/Umgang mit Fremdheit
2. Anerkennung des Anderen/Identität
3. „Alle anders – alle gleich": Nicht-wertender Umgang mit Differenz
4. Grenzüberschreitende Verständigung in globaler Verantwortung

(Holzbrecher, 2014, S. 122).

Diese Faktoren spielen in der GFK ebenso eine Rolle, indem der erste Schritt mit einer nicht-wertenden Beobachtung beginnt und daraufhin das Ausdrücken von Gefühlen und Bedürfnissen folgt. Mit der Bitte wird ein Beziehungsangebot für das Gegenüber geschaffen. Durch das offene Formulieren der Bitte wird Akzeptanz und Toleranz gelebt. Mit Hilfe der Beziehungsbitte wird in der GFK versucht, das Gegenüber zu verstehen und empathisch auf die Bedürfnisse der Mitmenschen einzugehen. Es braucht jedoch ein Bewusstsein dafür, dass viele Menschen Bitten als Forderungen hören.

Personen-/Subjektorientierung: Didaktischer Kern dieses Ansatzes ist die Erfahrung, dass Lernen meist über Identifikationsprozesse verläuft: Man möchte sich vergleichen mit anderen, einen Einblick in ihren Alltag bekommen, sich freuen oder Gefühle der Angst, Trauer oder Hoffnung mit ihnen teilen.
(Holzbrecher, 2014, S. 127)

Aus der Sicht der exekutiven Funktionen wird in dieser Lektion die emotionale Regulation geübt. Indem Beispiele mit Hilfe eines Ablaufes betrachtet werden, ist es notwendig, dass die Lernenden ihre Impulse steuern können. Die vorgegebene Struktur der GFK hilft ihnen dabei. „Unter Impulskontrolle versteht man die Fähigkeit zu denken, ehe man handelt, Handlungen zu verzögern oder zu hemmen sowie verschiedene Faktoren zu berücksichtigen" (Brunsting, 2011, S. 144).

Hinsichtlich des Lehrplans 21 spielen nachfolgende Kompetenzen eine Rolle: NMG.1.1.b; NMG.1.2.b; NMG.1.2.d; NMG.4.1.b;

NMG.9.1.c; NMG.10.1.b; NMG.10.1.c; NMG.10.2.c; NMG.11.2.a;
überfachliche Kompetenzen (personale Kompetenzen: Selbstreflexion, Eigenständigkeit; soziale Kompetenzen: Umgang mit Vielfalt; methodische Kompetenzen: Sprachfähigkeit).

Skizzierter Lektionsverlauf

Zeit	Unterrichtsgeschehen	Material
12	Die vier Schritte werden erläutert. Allenfalls wählt die LP Symbole zu jedem einzelnen Schritt. Die Formulierung einer Bitte ist neu. Dieser Schritt wird explizit erklärt. Es ist wichtig, diesen Schritt ebenfalls miteinzubeziehen, damit das Gegenüber auf etwas Konkretes reagieren kann (6 Minuten). Alle erhalten Zeit, sich die vier Schritte selbst in ihrem Heft zu illustrieren. Wer die Skizzen nicht fertigstellen kann, erhält zu einem späteren Zeitpunkt die Möglichkeit, diese zu zeichnen.	Wandtafel Bilder/Fotos Lernheft
15	Ein Bild (Holler, 2012, S. 98) dient der LP zur Vorbereitung dieser Sequenz, damit bereits einige Sätze auf Papierstreifen vorbereitet werden können. Die Lernenden erhalten nach einer einführenden Erklärung Papierstreifen und notieren Bitten darauf (5 Minuten). Diese werden gesammelt und gemeinsam in Kleingruppen sortiert. Dort, wo keine Einigkeit herrscht, wird diskutiert und argumentiert. Alle Gruppen stellen ihre Ergebnisse kurz vor.	Papierstreifen Farbstifte Wandtafel (mit Auftrag als Orientierungshilfe)

Zeit	Unterrichtsgeschehen	Material
14	Partnerarbeit: Alle überlegen sich ein konkretes Beispiel aus ihrem Alltag. Sie gehen die vier Schritte durch und formulieren eine konkrete Bitte. Es wird darüber nachgedacht und diskutiert, ob es eine echte Bitte ist, und so lange formuliert, bis eine echte Bitte daraus entstanden ist.	Lernheft
4	Reflexion im Plenum: Wie ist es euch bei den eigenen Beispielen ergangen? Was war leicht? Welche Schwierigkeiten sind aufgetreten? Im Anschluss an die Lektion macht sich die LP Notizen zum Gesagten für die Reflexion im Klassenteam.	

Materialien

Titel im Lernheft: **Die vier Schritte der GFK**
Titel im Lernheft: **Frommer Wunsch, Bitte oder Forderung?**
Titel im Lernheft: **Eigenes Beispiel mit den vier Schritten**

Illustriertes Beispiel zu frommer Wunsch, Bitte oder Forderung als Anregung

Zum Nachdenken: Wann wird aus einer Bitte eine Forderung?

Erläuterung der vier Schritte und der verwendeten Bilder

Die vier Schritte in Bildern	Erklärungen zu den Bildern
Bild mit Sinnesorganen, z. B. von Picasso oder eigene Illustration	**Schritt 1: Beobachtung** Meine Sinne nehmen wahr, was um mich herum geschieht. Ich nehme einfach wahr und beschreibe. Die vielen Nasen, Augen, Ohren ... beschreiben, wie unterschiedlich die Sinnesorgane aussehen können. Es sind gezeichnete Beobachtungen. Ebenso formuliere ich meine Beobachtung: Ich beschreibe, was ich sehe, fühle, höre, ertaste, schmecke. Dabei kommt der Aspekt der Zeit hinzu.
Bild einer Tür, hinter der sich Gefühle verbergen oder eigene Illustration	**Schritt 2: Gefühle** Wenn ich vor einer Türe stehe, so sehe ich von außen, was ist. Ich kann Vermutungen anstellen, was sich hinter der Türe befinden könnte. Nach dem Öffnen der Türe erblicke ich das Innere. Ebenso kann ich aufgrund von Körperwahrnehmung, wenn ich dieser nachgehe, Gefühle entdecken. Wenn ich mein Inneres wahrnehme, so sind die Gefühle klar wahrnehmbar und ich kann sie benennen.
Bild einer Perle in einer Muschel oder eigene Illustration	**Schritt 3: Bedürfnis** Ich begebe mich auf die Suche – so wie sich eine Perlentaucherin auf die Suche nach Perlen begibt. Manchmal dauert es länger, bis sie Perlen gefunden hat, manchmal geht es rasch. Ebenso ergeht es mir, wenn ich meine Bedürfnisse entdecken möchte, die hinter den Gefühlen stehen.

Die vier Schritte in Bildern	Erklärungen zu den Bildern
Bild eines Blumenstraußes, z. B. von Picasso oder eigene Illustration	Schritt 4: Bitte Mit einem Blumenstrauß setze ich ein Zeichen der Wertschätzung, und die Blumen stehen für etwas Buntes, Lebendiges. Ich möchte in Beziehung sein mit dem Beschenkten und ihm eine Freude bereiten sowie mich selbst freuen, dass ich schenken darf. Ebenso ergeht es mir mit der Bitte.

Ein frommer Wunsch ist eine Bitte, die vage formuliert ist. Eine echte Bitte kann mit einem JA oder mit einem NEIN beantwortet werden. Hinter einer Forderung steht die Erwartung, dass mein Gegenüber das tut, was ich von ihm möchte.

Das Bild aus einem Buch von Ingrid Holler enthält unterschiedliche Formulierungen und kann als Anregung dienen. Die Lernenden suchen selbst Sätze, welche notiert werden. Am Schluss werden diese sortiert

Abbildung 14: Bitten und Wünsche (Holler, 2012, S. 98)

Ergänzungsmöglichkeiten

Spielbrett für das Lösen von Konflikten mit Gewaltfreier Kommunikation mit der Klasse zusammen erstellen.

Variante zum Programm

Nachdem nun diese analytische Arbeit stattgefunden hat, wird erklärt, weshalb so akribisch an einer wertfreien Beobachtung gearbeitet wird. Die Lernenden erhalten Informationen zum Leben und Wirken von Marshall Rosenberg. Zudem werden ihnen die vier Schritte aufgezeigt, die in der Gewaltfreien Kommunikation wichtig sind. Zu den einzelnen Schritten gibt es kurze Erklärungen. Ausführlicher wird über den vierten Schritt, die Bitte, gesprochen. Es wird begründet, weshalb dieser Schritt wichtig ist und welche Möglichkeiten es dabei gibt: Beziehungsbitten und konkrete Handlungsbitten.

Die gezeigten Mini-Sequenzen werden nun mit dem Vier-Schritte-Verfahren durchlaufen. Zuerst notieren sich alle für sich die einzelnen Schritte. Danach spielen sie diese mit einem Gegenüber durch, das die Rolle als Gegenüber aus der Situation einnimmt. Das Ganze kann auch mit der Übung *Tabledance* (nach Vera Heim und Susanne Ledergerber) durchgeführt werden.

Einheit 15: Ja und Nein sagen

Diese Einheit widmet sich dem Nein-sagen-Können und dem Nein-Hören.

Ziele

Die Lernenden wissen, dass hinter jedem Nein ein Ja zu etwas anderem steht.
Die Lernenden können aufgrund ihrer Bedürfnisse entscheiden, ob sie Nein oder Ja sagen möchten.

Theoriebezug

Im schulischen Alltag erledigen die Lernenden häufig pflichtbewusst, was ihnen aufgetragen wird. Ausnahmsweise gibt es Lernende, die Widerstand geben, weil sie selbst bestimmen möchten.
Ein Nein auszusprechen hat mit Selbstempathie zu tun. Wir sind jedoch dazu aufgefordert, dem Gegenüber unser „Nein" zu erklären, damit es versteht, dass ein „Nein" auf eine Bitte ein „Ja" zu einem anderen Bedürfnis ist, das im Vordergrund steht.
Holler (2012, S. 141) nennt drei Gründe für ein „Nein": 1) Sachliche Gründe; 2) Die Bitte wird als Forderung gehört; 3) Es steht ein eigenes Bedürfnis der Erfüllung der Bitte entgegen.

> Viele Menschen scheuen sich NEIN zu sagen, weil sie das zu hart finden oder Bedenken vor der Reaktion darauf haben. Die GFK ermutigt Sie, aufrichtig NEIN zu sagen, wenn Sie NEIN meinen, und Ihrem Gegenüber zuzutrauen, dass er oder sie selbstverantwortlich mit Ihrem NEIN umgehen kann. Durch die GFK wird das erleichtert, denn statt einfach nur NEIN zu sagen, sagen Sie em-

pathisch NEIN. Es ist für andere leichter nachvollziehbar, wenn ihre eigenen Bedürfnisse berücksichtigt werden und wenn sie auch in Kontakt kommen mit dem Lebendigen in Ihnen, das zu Ihrem NEIN führt.
(Holler, 2012, S. 142)

In Bezug auf die personellen Resilienzfaktoren steht hier die soziale Kompetenz sowie die Selbstwahrnehmung im Vordergrund.

Hinweise zu Didaktik, Methodik und den exekutiven Funktionen

Zu Beginn wird ein spielerischer Umgang mit dem NEIN kontra einer BITTE gesucht. Dies wird mittels einer theaterpädagogischen Übung erreicht. Es geht bei der ersten Übung um Selbstbeobachtung und ein anschließendes Reflektieren darüber. Diese Reflexion bildet eine der Grundlagen für die Weiterarbeit und Vertiefung.

Beim Befassen mit diesem Thema wird die Flexibilität im Umgang mit Situationen geübt. Dies ist eine weitere exekutive Funktion, die für das Lernen und das Leben im Allgemeinen hilfreich ist, wenn sie in einem gewissen Maß geübt wurde. Wenn auf eine Bitte ein NEIN folgt, so kann dies ein Rückschlag für einen Menschen sein – er ist unter Umständen enttäuscht.

Unter Flexibilität des Verhaltens wird die Fähigkeit verstanden, beim Auftreten von neuen Informationen, Hindernissen, Rückschlägen oder Fehlern Pläne zu revidieren – sowie sich an verändernde Umstände anpassen zu können.
(Brunsting, 2011, S. 84)

Hinsichtlich der exekutiven Funktionen üben sich die Lernenden in dieser Einheit in zielgerichteter Beharrlichkeit (sein eigenes Nein/Ja vertreten), Planen/Setzen von Prioritäten (entscheide ich mich für ein Ja oder für ein Nein? Weshalb?), emotionale Regulation (Reaktion auf ein Nein) und Metakognition (nachdenken über mein Verhalten und meine Sprache). Hinsichtlich der Kompetenzen aus dem Lehrplan 21 geht es hier um: personale Kompetenzen (Selbstreflexion, Eigenständigkeit), soziale Kompetenzen (Umgang mit Vielfalt), methodische Kompetenzen (Sprachfähigkeit).

Skizzierter Lektionsverlauf

Zeit	Unterrichtsgeschehen	Material
3	Die Ziele der Einheit werden erläutert und die einzelnen Schritte kurz erklärt.	Wandtafel
5	In Partnerarbeit führen die Lernenden eine Übung zum „Nein-Sagen" durch. Diese Übung stammt aus einem theaterpädagogischen Kurs von Lisa Mamis: Eine Person sagt nur Ja, die andere Person nur Nein. Jeder muss den anderen so weit kriegen, dass er etwas anderes sagt. Erlaubt ist nur das Sprechen – keine Berührungen. Sie wird für diese Lektion wie folgt abgeändert: Nein – Bitte (jene Person, die Bitte sagt, stellt sich eine konkrete Bitte vor). Danach tauschen sich die beiden aus, was mit ihnen geschehen ist – wurden sie wütend? Mussten sie lachen? Wann fiel es schwer, NEIN zu sagen? …? Was löste dies aus? Die Zeit wird mit einer Sanduhr gestoppt (1–2 Min). Die Zeitdauer wird der Gruppe angepasst. Die Lernenden versuchen stimmlich alle Tricks.	Sanduhr Klangsignal

Zeit	Unterrichtsgeschehen	Material
	Rückmeldungen im Plenum sammeln. Wie war das für euch? Für welche Person war es wohl schwieriger? Wie oft habt ihr gedacht, es wäre einfacher nachzugeben oder aufzugeben?	Lernheft
12	Folgende Fragen werden eingebracht: • Wie fühlen wir uns, wenn wir Ja sagen, obschon wir gerne Nein sagen würden? • Was macht es schwierig, das Nein auf eine Bitte zu akzeptieren? Diese Fragen werden zuerst einzeln bearbeitet und danach im Plenum gesammelt; evtl. Notizen an der Wandtafel.	Wandtafel
15	Kurzer Input durch die LP mit Hilfe eines Beispiels. Die LP spielt ein Beispiel vor, das den Unterschied zwischen einer Bitte und einer Forderung veranschaulicht. Als Anregung für die Vorbereitung kann die Illustration von Rosenberg (2009, S. 101) genommen werden. Das Beispiel sollte jedoch der Lebenswelt der SuS entsprechen. Partnerarbeit zum NEIN-Sagen, beziehungsweise empathischen NEIN-Hören: „Erinnere dich an eine Situation, in der du NEIN gesagt hast, das NEIN jedoch nicht gehört wurde. Nimm diese Situation und spiele sie in der Zweiergruppe mit den vier Schritten durch." Oder: „Wähle eine Situation, in der du JA gesagt hast, obwohl du lieber NEIN gesagt hättest."	
10	Reflexion in Einzelarbeit zum NEIN-Sagen und JA-Sagen.	Lernheft

Materialien

Titel im Lernheft: **Nein hören – Nein sagen**
Titel im Lernheft: **Gründe für ein Nein**

Kopiervorlage: Gründe für ein Nein (vgl. Holler, 2012, S. 141)

Zur Vorbereitung: Bitte versus Forderung

Bitte kontra Forderung

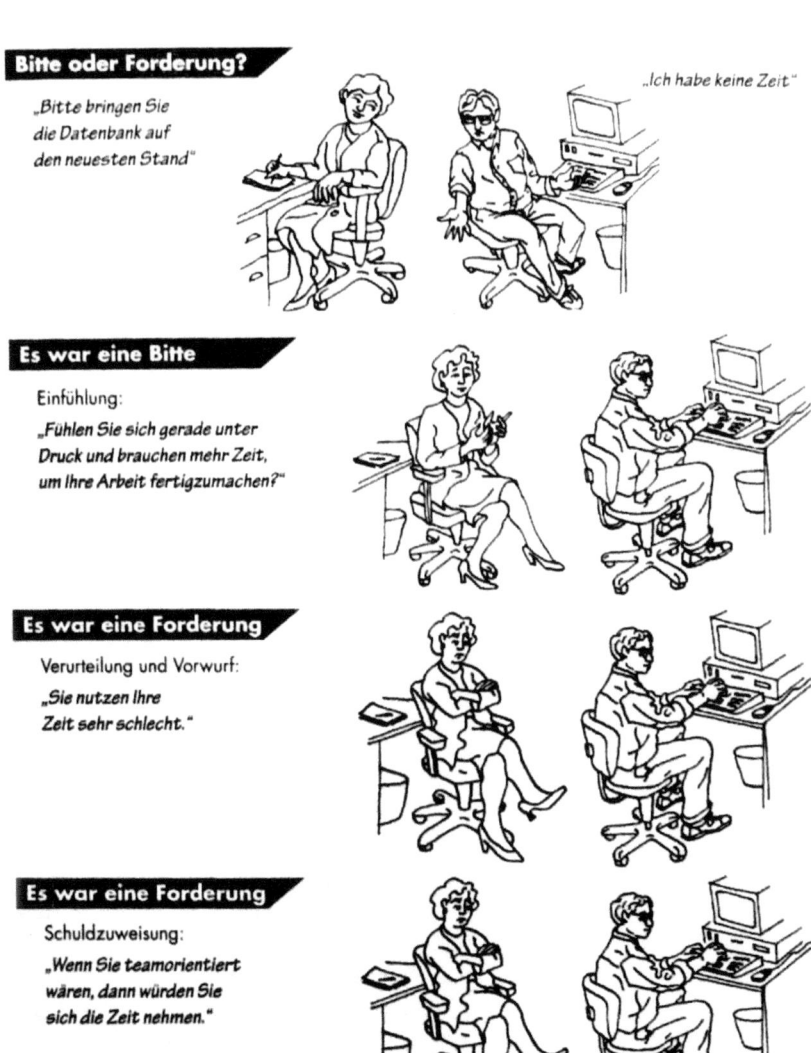

Bitte oder Forderung?

„Bitte bringen Sie
die Datenbank auf
den neuesten Stand"

„Ich habe keine Zeit"

Es war eine Bitte

Einfühlung:

„Fühlen Sie sich gerade unter
Druck und brauchen mehr Zeit,
um Ihre Arbeit fertigzumachen?"

Es war eine Forderung

Verurteilung und Vorwurf:

„Sie nutzen Ihre
Zeit sehr schlecht."

Es war eine Forderung

Schuldzuweisung:

„Wenn Sie teamorientiert
wären, dann würden Sie
sich die Zeit nehmen."

Abbildung 15: Bitte versus Forderung (Rosenberg, 2009, S. 101)

Kopiervorlage: Gründe für ein NEIN (kann ins Heft geklebt werden)

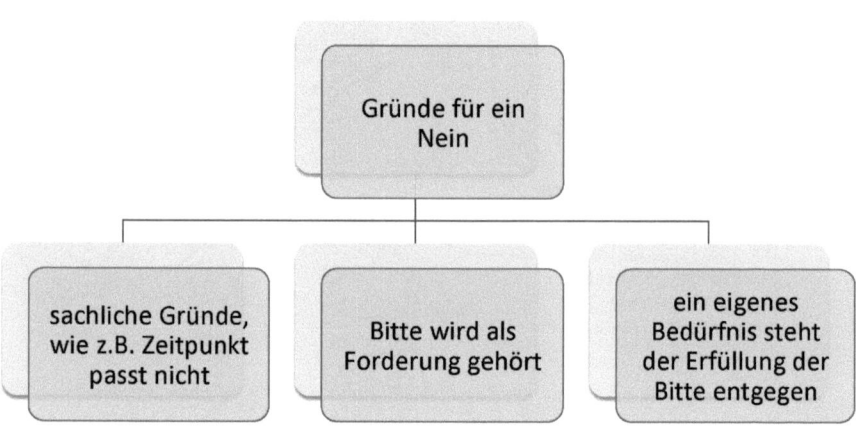

Ergänzungsmöglichkeiten

Es kann darüber philosophiert werden, welche Situationen einen Menschen veranlassen könnten, zu etwas „Ja" zu sagen, obschon er lieber „Nein" sagen möchte. Welche Folgen könnte dies haben? Welche Folgen könnte es haben, wenn dieser Mensch zu seinem „Nein" steht?

Allenfalls können Beispiele aus der Geschichte beigezogen werden, um den Lernenden Ideen zu geben, welche Gründe oder Lebenssituationen auf diese Weise wirken.

Variante zum Programm

Eines der Hindernisse (Einheit 3) wird ausgewählt, oder ein Dialog, der im Zusammenhang mit dem Interessensgebiet stattgefunden hat. Idealerweise wird nach einem Dialog gesucht, in dem die Personen *Ja* gesagt haben, obschon sie gerne *Nein* gesagt hätten. Diese Situation wird mit den drei Schritten betrachtet: Was war der Grund für das Ja? Was wären die Gründe für ein Nein gewesen? Welche Auswirkungen hatte es?

Danach oder davor wird darüber philosophiert, ob es hilfreich ist, Ja anstelle von Nein oder umgekehrt zu sagen, und was mögliche Gründe sein könnten. Die Erkenntnisse aus dem Gespräch werden gesammelt. An dieser Stelle könnte die Lehrperson Protokoll führen – oder das Gespräch wird aufgezeichnet und danach nochmals angehört. Die Tonaufzeichnung kann somit für jede einzelne Person zur Reflexion dienen.

Einheit 16: Reflexion

In dieser Einheit steht das Reflektieren über die Fördereinheit im Zentrum. Zusätzlich erhalten die Lernenden einen Input zum inneren Richter und zum inneren Entscheider.

Ziele

Die Lernenden können über eine Unterrichtseinheit reflektieren und ihre persönliche Meinung dazu äußern.
Die Lernenden kennen die beiden Begriffe *innerer Richter* und *innerer Entscheider* und können anhand eines Beispiels oder einer Geschichte analysieren.

Theoriebezug

Das Thema und die Übungen dieser Lektion gehören in den Bereich der Selbstempathie. Es gibt viele Situationen, in denen wir hadern oder uns selbst gegenüber ein schlechtes Gewissen haben. Mit Hilfe dieses Vorgehens sollen die Lernenden einen Einblick erhalten, wie sie die beiden Kräfte füreinander nutzen können anstatt gegeneinander auszuspielen.

In dieser Hinsicht stimmt die Gewaltfreie Kommunikation mit den Grundsätzen des Psychiaters Thomas Szasz überein, wie er sie in seinem Buch *Geisteskrankheit, ein moderner Mythos?* beschreibt. Ja, es gibt einige physische Probleme bei Menschen, die das geistige Wohlbefinden beeinflussen können, aber die überwiegende Mehrheit der Menschen, die wir als geisteskrank bezeichnen, sind einfach so ‚wohlerzogen‘, dass sie auf eine Weise denken und kommunizieren, die ihnen große psychische Beschwerden bereitet. Das heisst nicht, dass sie krank wären; es heisst, dass sie Formen des Denkens und Kommunizierens gelernt haben, die für sie das Leben ziemlich elend machen. (Rosenberg, 2009, S. 47)

Entscheidungen oder Handlungen, die später bereut werden, sind im Nachhinein manchmal mit Schuld- oder Schamgefühlen belegt. Ein innerer Kritiker kommt zum Zug und lässt Menschen unter Umständen über lange Zeit hinweg innerhalb derselben Gedanken kreisen und hindert sie daran, sich einzubringen.

Es gibt Situationen in denen wir ein Verhalten an den Tag legen, welches wir im Nachhinein selber verurteilen. Anstatt die inneren Stimmen mit Kritik und Vorwürfen über sich herziehen zu lassen, kann es hilfreich sein, sich mit folgenden inneren zwei Teilen empathisch zu verbinden: Dem Inneren Richter (IR), der die Kritik am eigenen Verhalten äussert und dem Inneren Entscheider (IE), der sich damals aus gutem Grund entschieden hat, dieses Verhalten an den Tag zu legen.

Mit der inneren Haltung der GFK versuchen wir, die Bedürfnisse zu finden, die sich hinter den beiden Teilen verstecken. Sind diese erstmals gefunden, können wir aus der Situation lernen und wieder handlungsfähig werden. (Heim & Ledergerber)

Hinsichtlich der personellen Resilienzfaktoren geht es in dieser Thematik um alle sechse Bereiche. Ein Schwerpunkt liegt bei der adaptiven Bewältigungskompetenz.

Hinweise zu Didaktik, Methodik und den exekutiven Funktionen

Diese Einheit beginnt mit einer Reflexion über die bisher bearbeiteten Lektionen im Rahmen dieses Förderprogrammes. Die Lernenden reflektieren in Einzelarbeit, weil es darum geht, dass sie eine Lektionsreihe innerlich Revue passieren lassen und darüber nachdenken, ob sie einen Gewinn für ihren Alltag daraus ziehen konnten. Es geht darum, dass sie sich selbst gegenüber aufrichtig darüber nachdenken und die Gedanken festhalten.

Im Anschluss daran folgt ein letzter Input. Dieser wird angestoßen, kann aus zeitlichen Gründen nicht bis zum Ende durchgeführt werden. Die Lernenden entscheiden eigenständig, ob sie diesen Input aufnehmen wollen oder ob sie dieses Unterrichtsthema „zur Seite legen" und sich davon distanzieren. Jenen, die sich für diesen Input entscheiden, wird zusätzliche Zeit zur Durchführung angeboten, damit sie den Ablauf von Anfang bis zum Schluss erleben können.

Damit ein Mensch sich mit seinen „Fehlern" auseinandersetzt und daraus Erkenntnisse ziehen kann, benötigt er einerseits Handwerkszeug, damit er weiß, wie er vorgehen kann, und andererseits Beharrlichkeit, um dranzubleiben. Es geht darum, eine Aufgabe zu Ende führen zu können. „Aufgaben gut zu Ende führen bedeutet, das Ziel im Auge zu haben und die Aufgabe zu Ende zu führen" (Brunsting, 2011, S. 158).

Unter anderem geht es um eine Methode, wie mit Fehlern umgegangen werden kann und wie diese nutzbar gemacht werden können.

Im ersten Teil der Lektion geht es um Metakognition. Der zweite Teil mit dem inneren Richter und dem inneren Entscheider kann die Bereiche Reaktionshemmung, emotionale Regulation, Initiieren von Handlungen, zielgerichtete Beharrlichkeit anklingen lassen.

Hinsichtlich des Lehrplans 21 spielen nachfolgende Kompetenzen ein Rolle: NMG.1.1.b; NMG.1.2.b; NMG.1.2.d; NMG.4.1.b; NMG.9.1.c; NMG.10.1.b; NMG.10.1.c; NMG.10.2.c; NMG.11.2.a; überfachliche Kompetenzen (personale Kompetenzen: Selbstreflexion, Eigenständigkeit; soziale Kompetenzen (Umgang mit Vielfalt; methodische Kompetenzen: Sprachfähigkeit).

Skizzierter Lektionsverlauf

Zeit	Unterrichtsgeschehen	Material
15	Reflexion zur Lektionsreihe. Fragebogen mit nachfolgenden Fragen: Was habe ich gelernt? Wie war es für mich? Was hätte ich mir anders gewünscht? Wie interessant war diese Arbeit für mich? Was davon kann ich für meinen Alltag gebrauchen?	Fragebogen
5	Suchen nach eigenen Beispielen zu „etwas bereuen" … Erinnere dich an eine Situation, in der du auf eine Weise gehandelt hast, die du später bereut hast. Notiere sie ins Lernheft.	Lernheft
15	Arbeit in der Vierergruppe (oder allein) an einem ausgewählten Beispiel.	Lernheft
	Gruppenarbeit Eine Person A stellt ein Beispiel zur Verfügung. Eine Person B überprüft, dass der Ablauf eingehalten wird. Eine Person C führt durch den Inneren Richter und die vierte Person D durch den Inneren Entscheider. Es sind Bodenkarten hingelegt. Zuerst erzählt Person A ihr Beispiel. Person B überprüft, ob es sich um eine reine Beobachtung handelt oder ob Wertungen darin enthalten sind. Falls Letzteres der Fall ist, wird gemeinsam analysiert, welche Gefühle noch im Spiel sind und welche Bedürfnisse dahinterstehen. Wenn nur noch die reine Beobachtung steht, so wird durch Schritt 2 geführt. Es geht zuerst um den Inneren Richter. C unterstützt A dabei, herauszufinden, worum es dem Inneren Richter ging. Die Gefühle und die Bedürfnisse werden auf einem Blatt Papier notiert. Danach unterstützt D beim Inneren Entscheider. Sobald die Bedürfnisse geklärt sind, werden beide Seiten gegenübergestellt und es wird nach einem Weg gesucht, alle Bedürfnisse zu erfüllen. Anschließend können Bitten formuliert werden. Die Vorgehensweise wird demonstriert, damit alle verstehen, wie es gemeint ist.	Bodenkarten

5	Zusammentragen der Ergebnisse im Plenum: Gibt es etwas, das ihr allen mitteilen möchtet?	
5	Abschluss der Unterrichtsreihe Die LP bedankt sich bei den Lernenden fürs Mit- machen.	

Materialien

Titel im Lernheft: **Reflexion zu allen durchgeführten Einheiten**
Titel im Lernheft: **etwas bereuen**

Kopiervorlagen ins Lernheft zeichnen oder Kopien einkleben:
a. Innerer Richter
b. Innerer Entscheider
c. Innerer Richter – Innerer Entscheider: Wie weiter?

Beispiele für Bilder zu *Innerer Richter* und *Innerer Entscheider*

Bewertende Aussagen	Bild mit Sprechblase, in der Symbole enthalten sind, welche dies verdeutlichen.
Trauern	Bild einer Trauerweide
Versöhnen	Bild einer Friedenstaube von Pablo Picasso
Konklusion (Bitte an sich selbst oder andere)	Bild „Blumen" von Pablo Picasso

Schritt 1
Beobachtung
Was habe ich gesehen, gehört, gerochen?

Schritt 2
Gefühle
Was habe ich in dieser Situation gefühlt?

Schritt 3
Bedürfnisse
Was hätte ich in dieser Situation gebraucht?

Zwischenschritt
Trauern
Was ist zu kurz gekommen?

Schritt 1
Beobachtung
Was habe ich gesehen, gehört, gerochen?

Schritt 2
Gefühle
Was habe ich in dieser Situation gefühlt?

Schritt 3
Bedürfnisse
Was hätte ich in dieser Situation gebraucht?

Zwischenschritt
Versöhnen
Was war für mich wichtig?

Kopiervorlage: Bedürfnisse Innerer Richter & Innerer Entscheider – Wie weiter?

Ich notiere die Bedürfnisse des Inneren Richters

Schritt 3
Bedürfnisse
Was hätte ich in
dieser Situation
gebraucht?

Ich notiere die Bedürfnisse des Inneren Entscheiders

Schritt 3
Bedürfnisse
Was hätte ich in
dieser Situation
gebraucht?

Ich überlege, was ich tun könnte, um beide Bedürfnisse zu erfüllen. Wie könnte ich in einer nächsten ähnlichen Situation handeln?

Ergänzungsmöglichkeiten

Zur GFK gibt es unzählige Bücher und Materialien, welche Anregungen zur Vertiefung geben. Materialien können auch auf der Webseite www.tcco.ch gefunden werden. Zudem gibt es im Alltag genügend Ereignisse, welche mittels der GFK gelöst werden könnten.

Umgang mit Konflikten

Innerhalb der Gruppe kann diskutiert werden, ob die GFK als Konfliktlösemöglichkeit in der Gruppe umgesetzt werden will und ob alle einander dabei unterstützen würden.

Im Buch „Erziehung, die das Leben bereichert" (Rosenberg, 2005, S. 132f) wird aufgezeigt, wie eine Mediation durchgeführt werden kann, nachdem alle Beteiligten die GFK kennen. In diesem Sinne könnte auch innerhalb der Gruppe diese Vorgehensweise geübt werden. Dazu bringen alle, die möchten, eigene Beispiele ein, welche dann in Dreier- oder Viererteams bearbeitet werden. Dabei sind zwei Personen für die Rollen im Konflikt zuständig und die andere(n) für die Mediation. Idealerweise können alle jede Rolle ausprobieren.

Wenn ein Konflikt aktuell ist, besteht die Möglichkeit, in einer solchen Gruppe Wege zu finden und anschließend den Konflikt auf eine andere Art und Weise zu lösen, als dies bis anhin der Fall war.

Umgang mit Bewertungen

Manchmal gelingt das Formulieren von Beobachtungen ohne Bewertung nicht auf Anhieb. Mit nachfolgender Vorgehensweise können die Aussagen, die Bewertungen enthalten, für das Finden von Bedürfnissen genutzt werden. Diesen Algorithmus durchlaufen wir so lange, bis keine Bewertung mehr vorhanden ist. Wenn dies so weit ist, haben wir vermutlich alle Bedürfnisse, die mit der Situation zusammenhängen, herausgefunden.

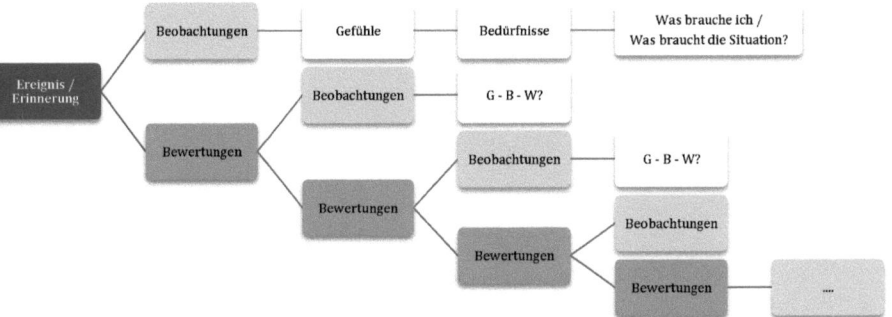

Abbildung 16: Umgang mit Bewertungen

Variante zum Programm

Es wird nach einer Entscheidung gesucht, die man in seinem Interessensgebiet getroffen hat, jedoch später bereute. Diese Situation wird wie in der Einheit 16 beschrieben bearbeitet.

Die Reflexion findet innerhalb der Gruppe mündlich statt. Zugleich wird die Frage aufgeworfen, was diese Einheiten gebracht haben, wie damit weitergearbeitet werden soll und welche Erkenntnisse gewonnen wurden.

WEITERBILDUNG FÜR MÜTTER UND VÄTER

Diesem Teil möchte ich ein Gedicht voranstellen, das zum Ausdruck bringt, wie das Mutter-, Vater-, Großmutter-, Großvater-, Onkel- oder Tante-Sein verstanden werden könnte.

Kindheit und Jugend

Eure Kinder sind nicht eure Kinder.
Sie sind die Söhne und Töchter der Sehnsucht des
Lebens nach sich selbst.
Sie kommen durch euch, doch nicht aus euch,
Und sind sie auch bei euch, gehören sie euch doch nicht.

Ihr dürft ihnen eure Liebe geben, doch nicht eure Gedanken,
Denn sie haben ihre eigenen Gedanken.
Ihren Körpern dürft ihr eine Wohnstatt bereiten, doch
nicht ihren Seelen,
Denn ihre Seelen wohnen im Haus der Zukunft, und das
bleibt euch verschlossen, selbst in euren Träumen.
Ihr dürft danach streben, ihnen ähnlich zu werden, doch
versucht nicht, sie euch ähnlich zu machen.
Denn das Leben schreitet nicht zurück, noch verweilt es
beim Gestern.
Ihr seid die Bogen, von denen eure Kinder als lebendige
Pfeile abgeschnellt werden.
Der Schütze sieht die Zielscheibe auf dem Pfad des Unendlichen,
und Er beugt euch mit Macht, damit Seine Pfeile
Umso geschwinder und weiter fliegen.
Freut euch der Beugung, die euch die Hand des Bogenschützen aufzwingt.
aus: Khalil Gibran. Der Traum des Propheten

Das gesamte Förderprogramm ist darauf ausgerichtet, dass die jungen Menschen einen wertschätzenderen Umgang mit sich selbst und der Umgebung pflegen können. Damit dies gelingen kann, brauchen sie eine Umgebung, welche sie darin ermutigt, das heißt, dass ihre nächsten Bezugspersonen in der Familie ein grundlegendes Wissen benötigen, um ermutigen zu können. Wenn in einer Familie die einzelnen Menschen friedvoll und liebevoll zueinander in Beziehung stehen und ihr Zusammenleben in diesem Sinne gestalten können, so bietet dies für alle Familienmitglieder eine solide Basis, um außerhalb der Familie friedvoll leben zu können.

Die Art und Weise, in der Väter und Mütter handeln und sprechen, hat eine Auswirkung auf das Verhalten ihrer Töchter und Söhne. Sind Handlungen und Gesprochenes inkongruent, ist es für die Heranwachsenden schwierig, aufrichtig zu sein. Jedoch ist diese Aufgabe auch äußerst anspruchsvoll. Was tun wir, wenn beispielsweise die jungen Menschen einen ganz anderen Weg gehen wollen, als wir es uns vorstellen? Dazu ist mehr zu lesen im letzten Kapitel dieses Teils.

Ann Masten (2016) beschreibt, welche Chancen und Risiken das System Familie in sich birgt. Einerseits können Risiken für die Entwicklung der Heranwachsenden innerhalb der Familie liegen, manchmal können sie außerhalb der Familie liegen. Stress im Familiensystem hat eine beeinträchtigende Wirkung auf junge Menschen. Zudem gibt es kulturelle Unterschiede, welche verschiedene Entwicklungsaufgaben für das Familiensystem mit sich bringen. Mütter und Väter, welche ein Bewusstsein und Wissen über die Entwicklungsaufgaben ihrer Söhne und Töchter haben sowie ihre eigenen Ressourcen kennen, können auf die Bedürfnisse ihrer Kinder angemessener eingehen. Der Erziehungsstil wird durch dieses Wissen geprägt, was sich wiederum auf die jungen Menschen auswirkt. Des Weiteren wird der Erziehungsstil durch das Umfeld, in dem eine Familie lebt, beeinflusst. In der heutigen Zeit werden Familien mit unzähligen Themen konfrontiert und sie sind herausgefordert, darüber zu sprechen, zu reflektieren und Lösungen zu finden.

Angesichts dieser Anforderungen ist es hilfreich, wenn Resilienzförderung auch durch die Familie geschehen kann, was voraussetzt, dass sich Mütter und Väter mit sich selbst, ihrem Verhalten als Mütter und Väter, mit ihren eigenen Bedürfnissen und ihrer Biografie auseinandersetzen.

Die Inhalte für die Weiterbildungen gestalten sich wie folgt:

- Gesundheitskonzepte, Resilienz, Resilienzkonzepte
- Ressourcen
- Emotionen, Emotionswissen
- Gewaltfreie Kommunikation, 4-Schritte-Methode

Weitere Themengebiete können hinzukommen. Es ist empfehlenswert, Fachpersonen beizuziehen, wenn innerhalb von Schulen das Förderprogramm, so wie es konzipiert ist, durchgeführt werden will.

Warum Elternkurse?
Die Familie spielt in Bezug auf das psychische Wohlbefinden von Menschen eine wichtige Rolle. Je jünger Menschen sind, desto abhängiger sind sie von der Stimmung und der Art und Weise, wie Empathie in Familien gelebt wird. Diese Erfahrungen prägen einen Menschen. Zudem sind es die Mütter und Väter, welche ihre Söhne und Töchter durch die verschiedenen Lebensphasen begleiten. Sie gewährleisten eine Kontinuität und geben den jungen Menschen ein Gefühl von Sicherheit und Geborgenheit.

Dies bestätigen die Forschungsarbeiten von Nicola Cuomo, der an der Universität Bologna unzählige Familien begleitet hat und zusammen mit Schulen für Wege in die Inklusion gesucht hat. In seinem Ansatz spielen die Empathie, die Bedeutsamkeit und die Ressourcenorientierung eine zentrale Rolle.

Die Wichtigkeit der Familie für die Entwicklung von Menschen betonen auch die Professorinnen Uta Meier-Gräwe und Inga Wagenknecht von der Universität Gießen. In einem Artikel schreiben sie über frühe Hilfen für Babys und junge Menschen.

Sie betonen, dass die wichtigste Sozialisationsinstanz die Familie bleibe, und dass Förderung, Bildung und Erziehung zuerst in der Herkunftsfamilie stattfinde. Zudem schreiben sie, dass der Aufbau der Daseins- und Fachkompetenzen vor dem KiTa- und Schulbesuch beginne. Bis diese jungen Menschen zur Schule kommen, ist vieles an Sozialisationsprozessen bereits geschehen. Jedoch ist es zu keinem Zeitpunkt zu spät, sich als Mutter oder Vater zu reflektieren und nach Wegen zu suchen, welche ein gelingendes Zusammenleben ermöglichen. Mit dem Älterwerden ihrer Töchter und Söhne sind die Eltern auf der Beziehungsebene gefordert, da die jungen Menschen auch ihnen gegenüber kritischer werden, zu hinterfragen und sich gegen für sie unsinnige Regeln aufzulehnen beginnen.

Mütter und Väter sind mit zunehmendem Alter ihrer Kinder in der Beziehungskompetenz, insbesondere auf der kommunikativen Ebene, herausgefordert. Damit sie diese Herausforderungen meistern können, ist es hilfreich, wenn sie über das notwendige Handwerkszeug verfügen, sich selbst mit ihren Stärken und Schwächen gut kennen, bewusst mit ihren Gefühlen umgehen können und unterscheiden können, welche Situationen sie in ihre eigenen Verletzungen, die sie in ihrer Kindheit erlebt haben, zurücktragen und welche Situationen sie als Menschen mit ihrer Erfahrung und ihrem Wissen ansprechen.

Zudem können Mütter und Väter, welche selbst einen Zugang zu ihren Gefühlen und Bedürfnissen haben, ihre Söhne und Töchter einfühlsamer und fürsorglicher begleiten, wenn diese innerhalb der Peers leidvolle Erfahrungen durchleben.

Auf vielen verschiedenen Wegen kann man zu Möglichkeiten und Hilfen finden, welche das Zusammenleben in der Familie unterstützen. Mit den Kursen, welche begleitend zum Förderprogramm durchgeführt werden, wird ein möglicher Weg aufgezeigt.

Inhalte der Elternkurse

Hier werden die Hintergründe erläutert, welche bei der Ausgestaltung der Elternkurse wichtig sind. Am Anfang steht ein Überblick zur möglichen Gestaltung eines Abends. Die Ausführungen zu den Kursen sind, wenn sie auf diese Weise durchgeführt werden, wie das Programm entstanden ist, kurz und prägnant. Es ist durchaus denkbar, dass einzelne Gebiete vertieft betrachtet werden und somit auch die Anzahl der Abende erhöht wird.

Erster Abend

Zeit	Inhalte
10 Min.	Begrüßung, Einstieg ins Thema, Referat zu Gesundheit und Resilienz, Resilienzfaktoren, Risiko- und Schutzfaktorenkonzept, Förderprogramm
15 Min.	Placemat zu Risikofaktoren Austausch/Diskussion/Was sagt die Forschung?
15 Min.	Placemat zu Schutzfaktoren Austausch/Diskussion/Was sagt die Forschung?
10 Min.	Wechselwirkungen
10 Min.	Pause (Vor der Pause die Zettel zur Reflexion erklären) Tee/Kaffee/weitere Getränke/...
20 Min.	Einstieg in den zweiten Teil mit einer Körperübung Erklären der verschiedenen Angebote: Situation des eigenen Kindes/eigene Situation anhand eines vorbereiteten Blattes erörtern Literaturstudium: diverse Kopien liegen auf Partnerarbeit: Austausch zu den theoretischen Inhalten Ressourcenarbeit: durch die Referentin/den Referenten angeleitet Bitte an alle: 1 Frage aufschreiben zum Thema 1 Satz zur Frage: Was kann ich heute mitnehmen? 1 Satz zur Frage: Was hat mir gefehlt?

Zeit	Inhalte
10 Min.	Reflexion: Was kann ich heute mitnehmen? Was hat mir gefehlt? Welche Fragen sind noch offen?

Zweiter Abend

Zeit	Inhalte
10 Min.	Begrüßung, überblicksartiges Aufgreifen der Theoriekonzepte der vergangenen Woche Überleitung zum Programm des Abends
10 Min.	Modell der emotionalen Entwicklung nach Dabrowski vorstellen, Atemübung von … (Heidelberg)
20 Min.	Gruppenpuzzle Emotionen/Emotionsforschung: Texte und Bilder und Dialoge
10 Min.	Pause
10 Min.	Einstieg in den zweiten Teil mit Körperübungen Einführung in die GFK
20 Min.	Diverse Übungen zur GFK, angeleitet von der Kursleitung
10 Min.	Reflexion zu den Kursabenden, Rückmeldungen zur Gestaltung evtl. schriftlich

Erster Abend: Resilienz und Ressourcen

Zentral für den Einstieg in die Elternkurse ist die Frage nach der Gesundheit. Welche Faktoren spielen mit hinein, ob ein Mensch gesund ist und sich gesund fühlt?

Diese Frage betrifft in erster Linie die Mütter und Väter, denn für das Schaffen eines für Heranwachsende Entfaltung ermöglichenden Umfeldes ist es notwendig, dass sie selbst ebenfalls entspannt und ausgeglichen sind. Damit entsteht innerhalb einer Familie eine Grundstimmung, welche sich auf alle Familienmitglieder positiv auswirkt.

Nebst der Schaffung einer positiven Grundstimmung können Mütter und Väter viel dazu beitragen, dass sich Heranwachsende weiterentwickeln können, indem sie als Eltern *Räume zum Entfalten von Begabungen sowie zum Entdecken schaffen*. Dabei können die Ressourcen aus dem Umfeld miteinbezogen und die entwicklungshemmenden Einflüsse minimiert werden. Nachfolgend ist zu sehen, welche Personen aus dem Umfeld eines jungen Menschen auf die Entwicklung einwirken können. Es ist dabei zu beachten, dass auch das Kind diese Personen beeinflusst.

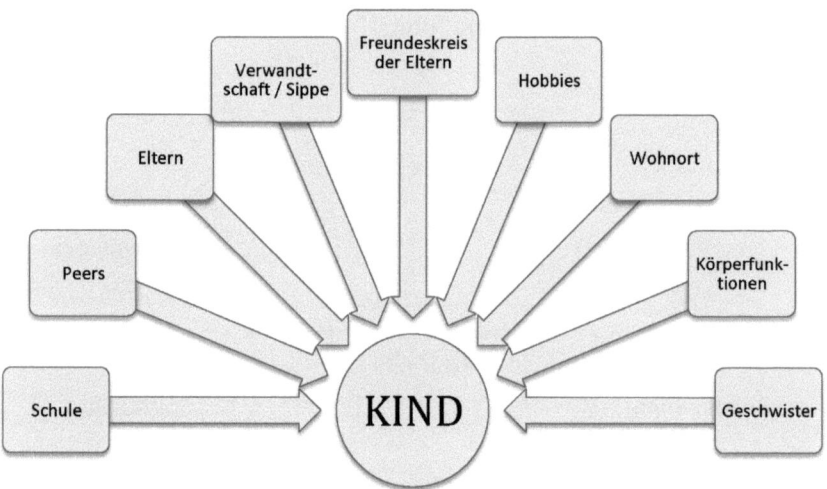

Dem Elternkurs liegt einerseits das Resilienzkonzept von Fröhlich-Gildhoff & Rönnau-Böse (2014) zugrunde. Die beiden Forscher haben sechs Resilienzfaktoren definiert. Aufgrund dieser Theorie entwickelten sie Programme für die Vorschulstufe. Sie erwähnen, dass die Förderprogramme wirksamer waren, wenn Eltern und pädagogisch Tätige miteinbezogen wurden.

Die sechs personalen Resilienzfaktoren sind:
Selbst- und Fremdwahrnehmung, Selbstwirksamkeit (Selbstwirksamkeitserwartung), Selbststeuerung, Soziale Kompetenz, Problemlösefähigkeit, Adaptive Bewältigungskompetenz. Darüber ist ausführlicher in Teil A geschrieben.

Des Weiteren sind die Hinweise von Elke Garbe (Garbe, 2015) und Rosemarie Welter-Enderlin (Welter-Enderlin, 2010) wichtig, um für den Elternkurs die Themenauswahl zu treffen. Die beiden Autorinnen haben sich als Psychologinnen mit der Entwicklung von Menschen auseinandergesetzt und zeigen auf, welche Faktoren hinsichtlich Resilienz auf welche Weise zusammenspielen können.

Die WHO hat mit dem Erstellen des Schemas zum ICF aufgezeigt, wie sich die verschiedenen Bereiche beeinflussen. Dieses Schema ist wichtig, um einen Überblick zu erhalten, welchen Einflüssen ein Mensch ausgesetzt ist. Somit kann klarer geplant werden.

Ressourcenarbeit

Die Ressourcenarbeit basiert auf dem Konzept von Flückiger und Wüsten (2008). Zudem werden einzelne Seiten aus dem Buch *Therapie-Tools Resilienz* von Engelmann (2014) verwendet.

Ressourcenorientierte Gesprächsführung
Wenn im professionellen und familiären Umfeld die Gesprächsführung ressourcenorientiert ist, kann dies bewirken, dass die Stimmung aller Beteiligten entspannter wird und die jungen Menschen an Selbstvertrauen gewinnen können.

Ziel der ressourcenorientierten Gesprächsführung ist es, das unmittelbare positive emotionale Erleben der Person zu erhöhen und dadurch die Bearbeitung problematischer Bereiche zu erleichtern. Durch sukzessives Einfließen der Ressourcenperspektive soll ein positiver Rückkoppelungsprozess in Gang gebracht werden, welcher sich durch eine verbesserte Arbeitsbeziehung, größere Offenheit und Kooperation auszeichnet sowie eigene Problembewältigungsversuche reaktivieren soll.
(Flückiger & Wüsten, 2008, S. 17)

Es geht zuerst darum, dass die Beteiligten die Ressourcen wahrnehmen und verbalisieren können. Danach wird überlegt, inwiefern das soziale Umfeld diese Ressourcen fördern könnte. Zudem gibt es unterschiedliche Arten von Ressourcen. Diese sollten erkannt und gefördert werden.

Fremd- und Selbsteinschätzung über Ressourcen einer Person müssen nicht unbedingt übereinstimmen. Zentral für die beratende Person ist dabei, die Einschätzung des Gegenübers zu kennen, da sich daraus unterschiedliche Interventionen ableiten lassen. Wird ein Gegenstand von beiden Personen übereinstimmend als Ressource betrachtet, so kann diese grundsätzlich gestärkt und gefördert werden.
(Flückiger & Wüsten, 2008, S. 34)

Wenn sich die Einschätzung unterscheidet, so beginnt ein längerer Prozess der Beteiligten. Dieser Bereich wird im Rahmen des Elternkurses erwähnt, jedoch nicht weiter verfolgt. Wenn Eltern und ihre Kinder hier zu unterschiedlichen Einschätzungen kommen, ist es sinnvoll, eine Familienberatung beizuziehen.

Ressourcenaktivierende Strukturinterventionen
Flückiger und Wüsten (2008, S. 39 ff.) stellen unterschiedliche Interventionsmethoden vor: 1) Lebenspanorama, 2) Geno- und Ecogramm unter Ressourcenperspektive, 3) Wunderfragen und Zielvisionen, 4) Personen als Ressourcen-Modell, 5) Bewältigungsressourcen aktivieren durch Rollentausch, 6) Genuss planen, 7) Ressourcenaktivierung mit imaginativen Verfahren, 8) Ressourcentagebuch, 9) Differieren positiver Gefühle und Stimmungen, 10) Reframing- und Normalisierungs-Sammlung.
Für den Familienalltag erachte ich die nachfolgend genauer beschriebenen Methoden als hilfreich. Alle anderen Methoden können bei Interesse erklärt werden.

In der konkreten Arbeit geht es darum, das Ziel der KundIn herauszuarbeiten und dazu viel über ihre Fähigkeiten kennenzulernen, um gemeinsam zu überlegen, wie diese hilfreich sein können, dass die KundIn ihrem Ziel näher kommt. So gesehen, steht eine klassisch lösungsorientierte Frage in unterschiedlichen Versionen am Anfang meiner Arbeit:

- *Was ist Ihr Ziel, wenn Sie zu mir kommen?*
- *Was möchten Sie heute am Ende mitnehmen, so dass Sie sagen, es war gut für mich?*

Das Schöne an Menschen ist für mich, dass sie eben nicht eindeutig vorhersehbar sind, sondern immer deutlich machen, wie eigenständig sie sind. Deshalb werden solche Fragen auch nicht immer so beantwortet, dass es glatt weitergeht. Vielmehr gehen Antworten oft in die Richtung, das Problem zu schildern und das ist, denke ich, das gute Recht der KundIn ... was ich dann ausreichend *wertschätzen* kann.

Der Blick auf die Ressourcen kehrt spätestens mit der Frage zurück

- *Wie haben Sie das bisher geschafft, auszuhalten?*
- *Was hat sich angesichts dieser schwierigen Lage als am meisten nützlich oder hilfreich herausgestellt?*

Eine andere Möglichkeit, Ressourcen zu erkunden, ergibt sich nach dem unerlässlichen Wertschätzen:

- *Das ist nicht einfach. Und jetzt sind Sie hier zu mir gekommen, weil Sie etwas ändern wollen. Das heisst, Sie glauben an sich. Sie haben Hoffnung, dass Sie das schaffen.*

Und nun bestehen mindestens zwei Möglichkeiten, weiterzufragen:

- *Wie gross ist Ihre Hoffnung auf einer Skala von 1 bis 10, wobei 1 bedeutet, ‚ich habe überhaupt keine Hoffnung‘ und 10 bedeutet, ‚ich bin mir sicher, das ist schon keine Hoffnung mehr, sondern Gewissheit‘?*
- *Wie haben Sie das geschafft, Ihre Hoffnung aufrecht zu erhalten?*

Diese Art zu arbeiten, ist für mich ein wesentliches Element, Ressourcen aufzuspüren und zu finden – die unveränderliche Gegebenheit und Gleichförmigkeit des Problems wertschätzend in Frage zu stellen, abzuklopfen und so erste leichte Zweifel einzuführen. Zweifel, wertschätzend gerahmt, beschreibt Situationen, in denen erste Anzeichen dafür bestehen, Sachverhalte in Frage zu stellen, aus einer anderen Perspektive zu betrachten und eigene Unsicherheiten anzuerkennen – also Vielfalt, Vielfältigkeit und Unterschiede einzuführen.

Mir ist wichtig zu betonen, dass (m)ein Blick auf Ressourcen der KundInnen eben *nicht* der einzig wahre/richtige Blick ist, sondern ein Angebot, eine *Einladung*, auch zusätzlich andere Blicke überhaupt erst einmal zuzulassen und somit *denkbar* zu machen.
(Hargens, 213, S. 52 f.)

In der Arbeit mit Familien, wo oft Kinder als diejenigen definiert werden, die ein Problem ‚besitzen' und sich ändern ‚sollen', tragen Fragen nach den Ressourcen in all ihren Varianten zu einer ‚etwas anderen Perspektive' bei:
* *Was schätzen Sie an Ihrem Kind?*
* *Worauf sind Sie bei Ihrem Kind (besonders) stolz?*
* *Welche guten Eigenschaften (Fertigkeiten, Kompetenzen) hat Ihr Kind von Ihnen?*
(Hargens, 2013, S. 53)

Auf ähnliche Weise lassen sich in allen Settings und Konstellationen Ressourcen finden:
* *Was schätzen Sie an Ihrer Frau/Ihrem Mann?*
(Hargens, 2013, S. 54)

„In der Verbindung zwischen den Motiven der Person und den von ihr wahrgenommenen Ressourcen deutet sich an, dass Personen völlig verschiedene Vorstellungen davon haben können, was eine Ressource oder ein Belastungsfaktor ist" (Willutzki,

2013, S. 68). Für den Elternkurs ist es wichtig, dass sowohl die Ressourcen als auch die Belastungsfaktoren angesprochen werden. Solange die Belastungsfaktoren nicht bewusst sind, können vorhandene Ressourcen nicht effektiv genutzt werden.

Reframing- und Normalisierungs-Sammlung

> So spezifisch und kultürlich wie gute Witze wirkt auch das positive Umdeuten (Reframing) und Normalisieren auf eine bestimmte Person bzw. Zielgruppe. Ziel des Umdeutens ist es, die Probleme handhabbarer zu machen, zu relativieren und insgesamt einzudämmen. Reframings können in Form von Metaphern, Kurzgeschichten und Sinnbildern verpackt sein.
> (Flückiger & Wüsten, 2008, S. 62)

Es geht darum, dass problematisches Verhalten neu gedeutet werden kann. Jedes Verhalten hat einen (Hinter-) Grund und verfolgt ein Ziel. Wenn wir dem auf die Spur kommen, gelingt es uns, ein Verhalten umzudeuten und neue Möglichkeiten zu finden. Gerade im Umgang mit Kindern mit schwierigem Verhalten ist dies für Eltern hilfreich, damit sie agieren können.

Differenzieren positiver Gefühle und Stimmungen
Dieser Bereich wird im zweiten Kursteil angesprochen, da im Rahmen der GFK die Gefühle differenziert benannt werden. Als Methode ist es hilfreich, sich bewusst zu werden, dass ein differenzierteres Wahrnehmen zu neuen Erkenntnissen führen kann. „Auf hoher Abstraktionsebene kann das affektive Erleben in zwei Gruppen unterteilt werden – in den positiven und negativen Affekt" (Flückiger & Wüsten, 2008, S. 61). Eltern können ihren Kindern dabei helfen, ihr Erleben ausführlicher zu beschreiben. Sie selbst dienen dabei als Vorbild, indem sie dies ebenfalls tun.

Genuss planen
Praktisch alle Menschen genießen gerne. Manchmal wird jedoch dieser Genuss geopfert, weil Pflichten rufen. Umso wichtiger ist es, diesem Bereich einen Platz einzuräumen. Zudem ist es erlernbar, auch scheinbar alltägliche Situationen genießen zu können. „So soll es im Folgenden auch nicht etwa um die Steigerung der Genussfähigkeit gehen, sondern eher um eine Einladung, den individuellen Spuren, die zum Erleben von angenehmen Sinneseindrücken führen, zu folgen." (Flückiger & Wüsten, 2008, S. 53)

Geno- und Ecogramm aus Ressourcenperspektive
Diese Methode eignet sich, um den Eltern aufzuzeigen, wo sie allenfalls nach Ressourcen suchen könnten. Das Genogramm zeigt innersippschaftliche Ressourcen auf. Das Ecogramm sucht nach Ressourcen in einem erweiterten Umfeld.

Wichtig ist es, die Stolpersteine bei der Ressourcenarbeit zu berücksichtigen und diese Arbeit regelmäßig zu reflektieren. Flückiger & Wüsten (2008, S. 37) sprechen von Risiken und Nebenwirkungen ressourcenorientierter Vorgehensweisen.

Die freie Arbeit enthält Anregungen aus unterschiedlichen Bereichen. Mir ist es ein Anliegen, die Vielfalt aufzuzeigen, die durch das Befassen mit dem Thema Resilienz ausgelöst wird. Einerseits werde ich Fachartikel zur Verfügung stellen und andererseits Unterlagen zur Selbstbearbeitung. Alle Teilnehmenden sollen möglichst viel für sich persönlich mitnehmen können. Mittlerweile gibt es zu vielen Themenbereichen Therapie-Tool-Bücher, die bereits vorstrukturierte Materialien enthalten.

Zweiter Abend: Emotionen und Kommunikation

Hier geht es darum, dass die Mütter und Väter darauf sensibilisiert werden, wie wichtig es ist, Gefühle wahrzunehmen und einen bewussten Umgang damit zu finden. Da Mütter und Väter während der ersten Lebensjahre in den meisten Fällen die wichtigsten Bezugspersonen sind, ist es meines Erachtens wichtig, dass sie einen achtsamen und liebevollen sowie bewussten Umgang und Zugang zu ihren Affekten und Gefühlen haben. Dies ist eine der schwierigsten Aufgaben von Müttern und Vätern, da sie sehr direkt mit Verhaltensweisen ihres Nachwuchses konfrontiert sind. Sie sind dann aufgefordert, auf irgendeine Weise zu reagieren. Je nachdem, wie sich die Tagesform gestaltet, können Mütter und Väter gelassen und mit Klarheit reagieren oder dann affektvoll. Es kommt insbesondere im Umgang mit den eigenen Söhnen und Töchtern vor, dass Mütter und Väter danach ihre Reaktionsweise bereuen, wenn sie aus einem Affekt heraus gehandelt haben. Es können Scham- oder Schuldgefühle entstehen, was für die gesamte Situation wenig hilfreich ist, denn alle unsere Gefühle zeigen, dass es um Bedürfnisse geht, die entweder erfüllt oder nicht erfüllt sind. Deshalb ist es wichtig, die Bedürfnisse hinter den Gefühlen (auch Scham und Schuld) zu entdecken. Dies verhilft zu gegenseitigem Verständnis.

Ein weiterer Bereich ist die Kommunikation, welche eine zentrale Rolle spielt. In diesem Kurs wird in die Gewaltfreie Kommunikation eingeführt. Bei dieser geht es ebenfalls um das Wahrnehmen der Gefühle und der dahinterstehenden Bedürfnisse.

Im ersten Teil unter dem Kapitel Emotionen ist dieses Thema ausführlich dargelegt. An dieser Stelle werden die unterschiedlichen Bereiche erwähnt, damit klar wird, was die Inhalte dieses Kursabends sind.

Emotionen spielen in jedem Moment unseres Lebens eine Rolle. Wie differenziert sie wahrgenommen werden oder wie der Umgang damit ist, hängt von den Vorerfahrungen und der Auseinandersetzung mit dieser Thematik zusammen. Jedoch ist es hilfreich, wenn Emotionen reguliert werden können. Damit dies möglich ist, ist es notwendig die drei Bereiche Emotionsbewusstsein, Emotionsverständnis und Empathie zu betrachten. Bereits bei Kindern ist ein Emotionswissen vorhanden, das sich stetig weiterentwickelt. Hierbei sind die Ausführungen zu den Entwicklungsphasen der Emotionen von Tanja Sappok und Sabine Zepperitz interessant. Dieses Wissen ist besonders für Mütter und Väter von Bedeutung, da sie ihre Kinder während vieler Jahre begleiten.

Entwicklungsphasen der Emotionen

Sappok und Zepperitz (2019) haben die SEED (Skala der Emotionalen Entwicklung – Diagnostik) erstellt. Jeder Phase der emotionalen Entwicklung wird ein Lebensalter zugeordnet. Die Autorinnen ergänzten das 5-Phasen-Modell nach Anton Dŏsen um eine sechste Entwicklungsstufe. Nachfolgend werden die sechs Phasen näher beschrieben.

SEED-Phase 1: Adaption (1.–6. Lebensmonat)
In dieser Lebensphase geschieht eine Anpassung an das Leben außerhalb der Mutter. Die Körpergrenzen sind noch verschwommen und es besteht eine emotionale Einheit zur Bezugsperson. Die Erfüllung der körperlichen Bedürfnisse ist hier wichtig. Zudem ist das Neugeborene darauf angewiesen, dass die Bedürfnisse durch die Feinfühligkeit der Bezugsperson wahrgenommen und erfüllt werden. Zudem sind Eltern dafür verantwortlich, dass der junge Mensch keinen zu starken Reizen oder bedrohlichen Situationen ausgesetzt ist. Ebenso wichtig ist die Unterstützung bei der Affektregulation.

SEED-Phase 2: Sozialisation (7.–18. Lebensmonat)

In dieser Phase wird das nächste soziale Gegenüber entdeckt. Die Person beginnt zwischen fremden und bekannten Menschen zu unterscheiden. Auf der emotionalen Ebene sind die Bedürfnisse Sicherheit und Geborgenheit wichtig. Ein junger Mensch beginnt das Urvertrauen auszubilden und fürchtet sich vor der Trennung von der primären Bezugsperson. Zunehmend wird der Körper entdeckt sowie die damit zusammenhängenden Handlungsmöglichkeiten. Materialien in der Umgebung werden erkundet und die Objektpermanenz (= das Wissen, dass ein Objekt/eine Person auch außerhalb des eigenen Wahrnehmungsfeldes existiert) entwickelt sich. Diese ist die Voraussetzung, um Kommunikationsfähigkeiten auf räumlichen Abstand entwickeln, sich zeitweise von der Bezugsperson trennen und Kritik annehmen zu können. Wenn Bezugspersonen hier eine Atmosphäre der Sicherheit und Geborgenheit schaffen, unterstützen sie den heranwachsenden Menschen.

SEED-Phase 3: Erste Individuation (19.–36. Lebensmonat)

Ein Individuum beginnt sich nun nach und nach von der emotionalen Einheit mit den nahen Bezugspersonen zu lösen. Mehr und mehr wird die eigene Autonomie entdeckt. Ein junger Mensch will in dieser Phase selbst bestimmen können und seinen Interessen sowie Bedürfnissen folgen. Die Bezugspersonen können am besten begleiten, wenn sie eine wertfreie Haltung einnehmen und nicht nachtragend sind, da der junge Mensch noch egozentrisch agiert und noch nicht zwischen Person und Handlung unterscheiden kann. Wird die Autonomie/Selbstbestimmung eingeschränkt, so ist mit Anspannung oder heftigen Wutausbrüchen zu rechnen. Ebenso reagiert ein Mensch in dieser Entwicklungsphase in Situationen, in denen die Aufmerksamkeit zur Bezugsperson geteilt werden muss. Es können sehr leicht Machtkämpfe zwischen Bezugspersonen und den jungen Menschen entstehen, welche aufgrund des starken Egozentrismus bis hin zu sach-, fremd- und selbstverletzendem Verhalten führen können. Für die Regulation der Affekte ist Unterstützung notwendig. Zudem sind Strategien zur Deeskalation gefragt, damit die Intensität des Konfliktes oder des Affektes gemildert werden kann. Da Menschen in dieser Phase sehr neugierig und entdeckungsfreudig sind, ist es hilfreich verschiedene Anregungen anzubieten.

SEED-Phase 4: Identifikation (4.–7. Lebensjahr)
Die emotionale Bindung zu nahen Bezugspersonen wird gefestigt. Das Interesse an Gleichrangigen wächst und die Fähigkeit, sich in Gruppen zurechtzufinden, entwickelt sich. In dieser Phase beginnt ein Mensch ein realistischeres Selbstbild zu entwickeln, wenngleich das Weltbild noch egozentrisch ist. Verschiedenes wird ausprobiert, um die eigene Identität zu erfahren. So sind Rollenspiele bei vielen sehr beliebt. Das Thematisieren von Nähe und Distanz sowie das Kommunizieren von klaren Regeln im Umgang mit anderen sind wichtig. Während dieser Phase beginnt sich die Theory of Mind zu entwickeln. Erst jetzt macht es Sinn pädagogische Massnahmen zu ergreifen, welche den Perspektivwechsel oder das Einsehen von Fehlverhalten miteinbeziehen. Die jungen Menschen fürchten sich am meisten vor dem Ausschluss aus der Gemeinschaft. In dieser Phase ist es hilfreich, Menschen bei der Selbstregulation zu unterstützen.

SEED-Phase 5: Realitätsbewusstsein (8.–12. Lebensjahr)
Hier beginnt die Person ihre Leistungsfähigkeit realistischer einzuschätzen. Das Selbstbild wird differenzierter und die Orientierung an Peers wird stärker. Zugleich setzt die Abgrenzung zur primären Bezugsperson ein. Die Meinung der Mutter/des Vaters wird unwichtiger. Dafür werden andere erwachsene Personen (Lehrpersonen, TrainerInnen, MusikerInnen, NachbarInnen) für die Identifikation wichtig. Die Leistungsbereitschaft und das Pflichtbewusstsein entwickeln sich zunehmend. Das Gewissen bildet sich aus und damit verbunden werden Gefühle wie Schuld und Scham wahrgenommen. Ein Mensch verlässt die egozentrische Sichtweise der Welt und kann Situationen realer einschätzen. In ihrer gewohnten Umgebung kann sich die Person selbstständig bewegen und Entscheidungen treffen. In Kri-

sensituationen ist sie nach wie vor auf die Unterstützung durch Bezugspersonen angewiesen.

SEED-Phase 6: Zweite Individuation (13.–18. Lebensjahr)

Diese Phase bildet der Übergang vom Kindes- ins Erwachsenenalter. Ein Mensch entwickelt sich in Richtung einer selbstbestimmten und von primären Bezugspersonen unabhängigen Lebensführung. Die körperliche Entwicklung erfährt große Veränderungen, welche mit sozialen und psychischen Wandlungen einhergehen. Im Gehirn erfolgt eine Umstrukturierung, welche die Entwicklung aller Bereiche beeinflusst. Während dieser Phase möchten sich Menschen selbstverwirklichen. Eine ihrer größten Ängste ist das Gefühl von Wert- und Nutzlosigkeit. Die Peers spielen eine sehr bedeutende Rolle in der Identitätsfindung. In dieser Phase werden Emotionen einerseits intensiv ausgelebt und andererseits zunehmend kontrolliert.

Weitere Gedanken zum Thema Emotionen

In einigen Familien sind Gefühle ein Tabu. Sie werden weder ausgesprochen noch dürfen sie gezeigt werden.

Ich höre von Menschen, dass sie jahrelang mit ihren Eltern zusammengelebt und nie wirklich gewusst haben, was ihre Eltern fühlten. Wie traurig, mit Menschen zusammenzuleben und keinen Zugang zu dem zu haben, was in ihnen lebendig ist!
(Rosenberg, 2006, S. 29)

Dadurch ist es jungen Menschen nicht möglich, sich einen Gefühlswortschatz zu erwerben oder mit ihren Gefühlen einen angemessenen Umgang zu finden.

Es lohnt sich, sich nachfolgenden Gefühlen ausführlicher zu widmen: Ärger, Ekel, Angst, Trauer, Freude, Überraschung,

Scham. Scham ist eines der mächtigsten Gefühle. Sie kann lähmend wirken oder Menschen aggressiv reagieren lassen.

Was das Unterdrücken von Gefühlen bewirken kann, wird anhand der Geschichte von Marshall Rosenberg (siehe Einheit 9 in Teil B) erläutert.

Bedürfnisse

Dass hinter Gefühlen Bedürfnisse verborgen sind, wurde bereits weiter oben erwähnt. Auch im Elternkurs wird der Begriff erklärt und es wird die Übung mit den Postkarten durchgeführt. Somit können sich die Teilnehmenden einen Wortschatz aneignen und einüben, der in ihrem Alltag hilfreich sein kann.

Des Weiteren wird hier ebenso zwischen echten Bedürfnissen und Pseudobedürfnissen (Strategien) unterschieden. Dazu werden einige Beispiele aus den Büchern von Marshall Rosenberg und Ingrid Holler hinzugezogen.

Kommunikation

Im Elternkurs geht es darum, dass die Mütter und Väter ein umfassenderes Verständnis von kommunikativen Abläufen erhalten. Aus diesem Grund wird zu Beginn das Vier-Ohren-Modell (Schulz von Thun, 2018) vorgestellt. Es gibt einen Austausch darüber und eine Übung in kleinen Gruppen dazu, damit die vier Bereiche verstanden werden.

Im Anschluss daran erfolgt die Einführung in die Gewaltfreie Kommunikation von Marshall Rosenberg. In dieser geht es darum, dass sich Menschen ihrer Gefühle und Bedürfnisse bewusst werden, die in bestimmten Situationen entstehen. Die Gewaltfreie Kommunikation baut auf vier Schritten auf: beobachten ohne zu bewerten, Gefühle wahrnehmen, Bedürfnisse erkennen, eine Bitte formulieren. Diese vier Schritte werden nachfolgend in Kurzform erklärt.

Schritt 1	Beobachten ohne zu bewerten Eine Situation wird so beschrieben, dass der Handlungszusammenhang mittels Daten und Fakten verstanden wird.
Schritt 2	Gefühle wahrnehmen Die betroffene Person erspürt, was sie fühlt, und benennt diese Gefühle.
Schritt 3	Bedürfnisse erkennen Es geht darum, zu erforschen, welche Bedürfnisse erfüllt beziehungsweise nicht erfüllt sind.
Schritt 4	Eine Bitte formulieren Eine konkrete Handlungsbitte oder eine Beziehungsbitte wird formuliert

Wie schwierig es sein kann, Gefühle zu benennen, ist im Dialog von Marshall Rosenberg mit einem Studenten ersichtlich (Rosenberg, 2006, S. 28f). Dieses Beispiel wird vorgelesen und kann entweder so stehen gelassen oder als Diskussionsgrundlage verwendet werden. Da vielen Menschen ein adäquater Wortschatz fehlt, können sie nicht ausdrücken, was sie fühlen. Mittels der Wörterlisten in den Büchern von Marshall Rosenberg wird dies vereinfacht, denn ein Mensch spürt, wenn ein Wort passend zu seiner Wahrnehmung ist.

Im Anschluss daran erhalten die Mütter und Väter die Möglichkeit, anhand eigener Beispiele die vier Schritte zu üben. Die Übung wird erklärt, ein vorbereitetes Blatt wird zur Verfügung gestellt.

An diesem Abend ist ein Büchertisch zum Schmökern vorhanden, damit die Mütter und Väter sehen können, welche Literatur zum Thema Gewaltfreie Kommunikation zu finden ist. So können sie sich selbst einen Überblick verschaffen und entscheiden, ob sie sich das eine oder andere Buch zur Vertiefung anschaffen möchten.

Die Teilnehmenden können auswählen, ob sie zu zweit ein Beispiel aus ihrem Alltag mit den vier Schritten durchführen wollen oder ob sie sich lieber in ein Buch vertiefen.

Ideen für Erweiterungsmöglichkeiten und vertiefende Gedanken

Der Bereich der Kommunikation kann vertieft werden. Hierzu finden sich unzählige Anregungen in der Literatur zur Gewaltfreien Kommunikation. Empfehlenswert als Diskussionsgrundlage sind die Inhalte des Kapitels 7 des Buches ‚Die Sprache des Friedens sprechen' (Rosenberg, 2006, S. 63ff). Darin wird das Thema rund um Bestrafung aufgegriffen. Zudem ist ein Dialog abgedruckt, den Marshall Rosenberg mit einer Mutter führte, die wollte, dass ihr fünfzehnjähriger Sohn mit dem Rauchen aufhört. Als Nächstes folgt die Aufzeichnung eines Dialogs zwischen Marshall Rosenberg und einem Gefängnisinsassen. Beide Dialoge zeigen auf, was es bewirken kann, wenn die Bedürfnisse der Betroffenen zur Sprache kommen.

Das selbstbestimmte Lernen kann thematisiert werden. Dazu gibt es mittlerweile unzählige Bücher, Forschungsarbeiten, YouTube-Videos und Kurse. Das selbstbestimmte Lernen kann im Zusammenhang mit der Resilienz genauer betrachtet werden. Hierfür ist auch das Modell der WHO sehr hilfreich, weil darin alle Lebensbereiche unter die Lupe genommen werden.

Mit zum Themenbereich des Selbstbestimmten Lernens gehören die Motivationstheorien. Auch diese können herbeigezogen werden, damit die Mütter und Väter Informationen erhalten und nachvollziehen können, auf welche Art und Weise die Lehrpersonen arbeiten, denn hier hat sich seit der Schulzeit der heutigen Mütter und Väter einiges verändert.

Ein weiterer Themenbereich könnte die Auseinandersetzung mit dem Thema ‚Macht' sein. Marshall Rosenberg unterscheidet zwischen *Macht mit* und *Macht über* (Rosenberg, 2017). In Familien und Institutionen sind Abhängigkeiten gegeben. Zudem werden viele Menschen so sozialisiert, dass sie die hierarchischen Strukturen innerhalb der Familie verinnerlicht haben. Diese Strukturen könnten Gewalt begünstigen.

> Er [Teilhard de Chardin] war nicht nur Geistlicher, sondern auch Paläontologe und dachte in Zeiträumen von Tausenden von Jahren. Er sah, dass die Gewalt vor ca. 8000 Jahren begonnen hatte, was seiner Meinung nach nur eine Etappe, eine Phase im Verlauf der Evolution darstellt. Aus einer Perspektive von Tausenden von Jahren betrachtet, so Teilhard de Chardin, nehmen die Dingen einen raschen Verlauf. Er sieht eine schnelle Entwicklung in Richtung Bewusstsein. Auch ich sehe diese Entwicklung, aber ich bin längst nicht so geduldig wie er. Ich wünsche mir für meine Enkelin ein Leben auf einem friedlicheren Planeten als dem, auf dem wir uns gerade befinden. Deshalb suche ich nach Wegen, schnellstmöglich Methoden zu verbreiten, die uns alternativ zur Gewalt eine andere Art des Zusammenlebens erlauben.
> (Rosenberg, 2017, S. 13f).

Wenn wir uns darüber bewusst werden, was gewaltauslösend wirkt, so ist es uns möglich, uns anders zu verhalten und einen gewaltfreien Weg zu gehen. In der Familie lernen wir, ob wir bedingungslos geliebt werden oder ob wir uns auf gewisse Weise verhalten müssen, um Liebe zu erfahren. „Bedingungslose Liebe zeigt sich für mich deshalb darin, wie wir andere behandeln, wenn sie nicht tun, was wir gerne hätten" (Rosenberg, 2017, S. 47). Mütter und Väter können Macht ausüben, um zu erreichen, dass sich ihre Söhne oder Töchter so verhalten, wie sie ‚sollten'. Sich mit dieser Thematik auseinanderzusetzen braucht eine große Offenheit und Aufrichtigkeit sich selbst und anderen gegenüber.

Des Weiteren könnte das Thema Gewalt in den Fokus gesetzt werden. Wo beginnt Gewalt? Wie zeigt sie sich? Welche Möglichkeiten haben wir, ihr zu begegnen? Menschen, welche von anderen abhängig sind, sind eher Gewalt ausgesetzt. Von ihnen wird oftmals Gehorsam oder Anpassung gefordert. Dies kann so weit gehen, dass ein Mensch krank wird, weil seine Bedürfnisse nicht mehr wahrgenommen werden. Diese Thematik hat unter anderem mit dem Menschenbild und der Weltanschauung zu tun, die wir leben.

Ergänzende Anregungen

Resilienz in den ersten Lebensjahren

Die Wichtigkeit der ersten Lebensjahre sowie auch der pränatalen Zeit wird vielerorts betont. Viele Menschen befassen sich intensiv mit Literatur und wollen es besonders „gut" machen. Dies kann bereits viel Druck erzeugen. Zudem beobachte ich ebenfalls, dass es Frauen und Männer gibt, die sagen, sie wollten es anders als ihre Mütter und Väter angehen. Dies ist jedoch, ohne sich mit dem Menschenbild auseinandergesetzt zu haben, schwierig. In Stresssituationen greifen viele Menschen auf ihre eingeübten Strategien zurück. Diese sind vertraut, weil sie sehr alt sind – so alt wie ein Mensch selbst.

Dennoch ist es möglich, andere Wege zu beschreiten. Dazu braucht es einerseits ein Wissen und andererseits die Offenheit, Situationen zu reflektieren. Mittels der Gewaltfreien Kommunikation (innerer Richter – innerer Entscheider) kann sehr rasch erfasst werden, welche Bedürfnisse im Zentrum stehen.

Zudem gibt es Möglichkeiten, die Lebensgestaltung so anzugehen, dass sie die Entwicklung von Menschen unterstützt. Zentral ist meines Erachtens der Beziehungsaufbau. Menschen, die sich von Geburt an willkommen, sicher und von ihren Bezugspersonen angenommen fühlen, stehen anders in der Welt als Menschen, welche Unsicherheit oder Ablehnung erlebten. Dies hat nebst den physischen Bedürfnissen nach Nahrung, Schutz und Pflege mit den psychologischen Grundbedürfnissen zu tun.

Werden die Grundbedürfnisse nach Bindung, Kompetenz und Autonomie ausreichend befriedigt, kann das Kind sich aktiv mit seiner Umwelt auseinandersetzen und die alterstypischen Entwicklungsaufgaben gut bewältigen. (Becker-Stoll, 2009, S. 154)

Während der ersten Lebensjahre ist es wichtig, dass die Bezugspersonen einfühlsam die Bedürfnisse des jungen Wesens wahrnehmen können und angemessen darauf reagieren. „Die meisten Kinder entwickeln in den ersten neun Lebensmonaten Bindungen gegenüber Personen, die sich dauerhaft um sie kümmern" (Becker-Stoll, 2009, S. 154). Neuere Studien zeigen ebenfalls, dass sich nebst der mütterlichen auch die väterliche Feinfühligkeit unterstützend auf die Entwicklung auswirkt. Ebenso wichtig ist die Stabilität der Beziehungen. Die Wichtigkeit des Begleitens bei Übergängen wird betont: Wenn weitere Bezugspersonen hinzukommen, so ist es wichtig, dass die bisherigen Bezugspersonen zu Beginn anwesend sind, bis sich der junge Mensch sicher fühlt. Für die Entwicklung ist die Qualität der Betreuung entscheidend, und nicht die Tatsache, ob diese innerhalb oder auch außerhalb der Familie stattfindet (vgl. Becker-Stoll, 2009).

Bowlby betont die Wichtigkeit der frühen Bindungserfahrungen. Er weist auf neuere Forschungsgebiete hin, die sich mit Säuglingen befassen, welche täglich lange Zeitspannen von ihren Müttern und Vätern getrennt sind. Er beschreibt, dass unter Umständen das Risiko für Entwicklungsprobleme steigt. „Solche Probleme scheinen häufiger in Fällen aufzutreten, in denen a) das Kind statt von einer Person, die es gut kennt, von Personen betreut wird, die ihm nicht vertraut sind, und b) das Kind weniger als rund 30 Monate alt ist" (Bowlby, 2009, S. 215). Über die Auswirkungen wird in Fachkreisen diskutiert. Auf jeden Fall haben unbefriedigte Bindungsbedürfnisse Auswirkungen auf das Leben eines Menschen. Bowlby unterscheidet zwischen der primären Bindungsbeziehung eines Menschen und der sekundären Bindungsbeziehung. In der Regel ist die leibliche Mutter die primäre Bindungsperson. Sekundäre Bindungsfiguren können wenige auserwählte Menschen im Leben eines jungen Menschen sein: der Vater, Geschwister, Großeltern, Kindermädchen oder eine Tagesmutter.

Unter einer *sicheren Bindung* versteht man die vorhersagbare (verlässliche), geschützte und zärtliche seelische Beziehung zu einer Bindungsfigur (der primären oder einer sekundären); unter einer *unsicheren Bindung* versteht man eine weniger vorhersagbare (weniger verlässliche) seelische Beziehung zu einer (primären oder sekundären) Bindungsfigur. (Bowlby, 2009, S. 216)

Säuglinge können eine mehrstündige Trennung von ihrer primären Bindungsperson in Gesellschaft einer sekundären Bindungsfigur, die einfühlsam und gleichbleibend gestimmt ist, tolerieren.

Weitere Themen

Es gibt verschiedene Infos und Beiträge im Internet zur Arbeit von Emmi Pikler. Emmi Pikler hat einen achtsamen Umgang mit Säuglingen propagiert. Emmi Pikler war eine ungarische Kinderärztin. Sie hat sich dafür eingesetzt, dass den Neugeborenen die Zeit zugestanden wird, sich zu entwickeln, dass sie ausreichende Aufmerksamkeit durch eine Bezugsperson erhalten und dass ein Vertrauensaufbau stattfindet. Der Qualität der Beziehung hat sie eine zentrale Bedeutung zugesprochen. Obschon die Kindertagesstätte, welche Emmi Pikler aufgebaut hat, geschlossen wurde, werden die Erfahrungen und die Forschungsergebnisse weitergetragen. Insbesondere engagiert sich die in Paris lebende Psychologin Agnes Szanto-Feder dafür, dass die Erkenntnisse weitergegeben werden. Im Pikler-Institut wird die Wichtigkeit von Respekt für die spontane Aktivität der Babys und Kleinkinder während der Pflege und des Spiels betont. Die Bezugspersonen können damit die Entwicklung der Babys und Kleinkinder unterstützen. Wenn die Bezugspersonen während den Interaktionen achtsam und präsent sind, die Babys und Kleinkinder in ihrem freien Ausdruck begleiten und unterstützen, wird die Möglichkeit gegeben, dass sich die Kraft zur Eigeninitiative entwickelt. Bei Kindern, die sich in den Bewegungen und im Ausdruck sehr subtil zeigen, sind die achtsame Präsenz, die Geduld und das Zeitgeben von Seiten der Bezugsperson besonders wichtig, damit die Kinder Vertrauen fassen und sich in ihrem Tempo weiterentwickeln können (vgl. Szanto-Feder, 2012).

Im Internet gibt es ein Video von Joachim Bauer zum Thema *beziehungsorientierte Pädagogik*. Untenstehend ist eine kurze Zusammenfassung davon notiert. Der gesamte Beitrag kann unter folgender URL abgerufen werden: https://www.youtube.com/watch?v=NQLsOjkGuvE&list=PLNFg7 fC6LTyDz-B6945VavCF-bVnTIgSfY (Zugriff: 16.05.2021). Gelingende Beziehungen sind von Geburt an wichtig. Die Antistresssysteme sind zum Zeitpunkt der Geburt noch nicht aktivierbar. Dies ist so, damit der Säugling auf sich aufmerksam machen kann. Durch liebevolle Zuwendung werden diese aktivierbar gemacht. Säuglinge brauchen eine individuelle Betreuung, damit sich das Selbst bilden kann. Wenn in Familien Stress herrscht und das Kind nicht die Zuwendung erhält, die es benötigt, muss darauf geschaut werden, dass diese Familien Unterstützung erhalten.

Schreienlassen macht in den ersten zwei bis zweieinhalb Lebensjahren keinen Sinn, denn die Kinder müssen verlässlich betreut werden. Dies hat mit der Gehirnentwicklung zu tun.

Später, ab dem dritten Lebensjahr, kann ein Kind Hinweise und Erklärungen verstehen. Dann kann mit Regeln begonnen werden. Ebenso kann das Kind in diesem Alter mit Frustration umgehen lernen.

Kinder sollen spielen, singen, sich bewegen und soziale Regeln lernen. So ist die Basis für das weitere Leben gelegt. Für die Hirnentwicklung ist die Haptik wichtig, weshalb Kinder eine analoge Welt brauchen. Spielen und Zeit in der Natur zu verbringen stimuliert das Gehirn. Wenn Kinder beschämt werden, fahren die Motivationssysteme herunter und es werden die Schmerzsysteme im Gehirn aktiviert.

Fortlaufend zeigen Söhne und Töchter Verhaltensweisen. Manche sind so, dass sie unseren Vorstellungen total widersprechen. Was tun wir in solchen Situationen? Setzen wir unsere Meinung, unseren Willen durch? Oder können wir in ein Gespräch darüber kommen?

Hier hilft das Prinzip der Gewaltfreien Kommunikation weiter. Wir können für uns selbst klären, worum es uns geht. Was sind die Bedürfnisse hinter unseren Vorstellungen? Sobald wir diesen Schritt für uns selbst getan haben, ist es uns möglich, unsere Töchter und Söhne ebenfalls nach den Bedürfnissen zu fragen, welche hinter ihren Vorstellungen stehen. Vielleicht sind es ähnliche Bedürfnisse? Jedenfalls ist damit eine Gesprächsgrundlage geschaffen, welche es ermöglicht, dass sich die Beteiligten wahr- und ernstgenommen fühlen.

Mütter und Väter stehen vor vielen Entscheidungen. So kann es beispielsweise vorkommen, dass ein junger Mensch von einem Tag auf den anderen nicht mehr zur Schule gehen möchte. Was machen wir? Wie gehen wir vor? Kann unsere Tochter/unser Sohn uns sagen, was der Hinderungsgrund ist?

Väter und Mütter, welche sich eingehend mit der Gewaltfreien Kommunikation auseinandersetzen wollen, können sich mittels der Bücher von Marshall Rosenberg oder in Kursen, welche vielerorts angeboten werden, in das Thema vertiefen. Es ist ein jahrelanges Weiterlernen, da wir fortlaufend mit Situationen konfrontiert sind, die wir als noch nicht erlebt empfinden.

Meiner Erfahrung nach ist es hilfreich, wenn sich Mütter und Väter täglich eine Auszeit für sich selbst nehmen, damit sie sich entspannen und zur Ruhe kommen können. Wie sie diese Zeit verbringen, hängt vom Naturell der Person ab. Einige Menschen entspannen sich wunderbar, wenn sie meditieren, Atemübungen ausführen oder Yoga praktizieren. Andere Menschen brauchen zur Regeneration Bewegung. Diese Menschen wollen dann eher Sport betreiben. Eine künstlerische oder handwerkliche Tätigkeit auszuführen kann ebenso erfüllend und entspannend sein. Wichtig ist dabei, den Leistungsdruck herauszunehmen und zu genießen. Wenn Mütter und Väter gut für sich selbst sorgen, fällt es ihnen auch leichter, auf die Bedürfnisse ihres Nachwuchses einzugehen.

Mütter und Väter, die sich auf das Abenteuer einlassen, sich mit dem auseinanderzusetzen, was ihre Söhne und Töchter auslösen, sind zusätzlich herausgefordert. So werden sie unter Umständen mit dem eigenen inneren Kind konfrontiert – dem Sonnenkind und dem Schattenkind. Es gibt mittlerweile viel Literatur, die sich mit diesem Themenbereich auseinandersetzt. Alle Menschen erleben während ihrer Entwicklung Momente der Akzeptanz und solche der Ablehnung. Diese können sich bis ins hohe Alter prägend auswirken. „Wenn ein Kind von seinen Eltern in seinen Grundbedürfnissen zu wenig Beachtung und Verständnis erfährt, dann wird es viel dafür tun, um Beachtung und Verständnis zu erhalten" (Stahl, 2015, S. 44). Aus diesem Grund ist es wichtig, dass Mütter und Väter sich selbst in ihren Bedürfnissen und Gefühlen wahrnehmen können. Dies erleichtert es ihnen, die Bedürfnisse und Gefühle ihres Nachwuchses ernst zu nehmen. „Durch das einfühlsame Handeln seiner Eltern lernt das Kind, seine Gefühle zu unterscheiden und zu benennen. Und weil seine Eltern ihm signalisieren, dass seine Gefühle grundsätzlich okay sind, lernt es auch, mit ihnen umzugehen und sie auf eine angemessene Weise zu regulieren" (Stahl, 2015, S. 46). Hinzu kommen verinnerlichte Glaubenssätze, welche viele unserer Handlungen im Alltag bestimmen, denn diese wirken wie ein Filter für unsere Wahrnehmung. Indem Menschen sich dieser Tatsache bewusst werden, können sie die Sicht auf die Dinge ändern.

Situationen und Begegnungen können in uns blitzschnell Gefühle auslösen, die uns quasi ‚kapern' und unser Denken und Handeln steuern. Sei es Wut, Trauer, Einsamkeit, Angst, Neid, aber auch Freude, Glück und Liebe. Auch die Abwesenheit von Gefühlen, so ein vorherrschendes Gefühl der inneren Leere, das in bestimmten Situationen eintritt, kann die Folge dieses Mechanismus sein. (Stahl, 2015, S. 65)

Eine schöne Möglichkeit, welche unerfüllte Bedürfnisse erfüllen könnte, ist die vierhändige Massage aus der hawaiianischen Tradition. Diese ist so wohltuend – so richtig zum Verwöhnen. Sie lässt ein Gefühl der Geborgenheit, des Geschützt- und Umsorgtseins entstehen. Eine solche Massage kann ich wärmstens empfehlen; insbesondere dann, wenn ein Mensch in seiner Babyzeit zu kurz kam. Der Körper erhält liebevolle Streicheleinheiten. Vieles wird gelöst und entspannt. Wichtig ist es, dass ein Mensch Massagen mag und sich auf diese Erfahrung einlassen möchte.

Überhaupt lernen wir durch unser Fühlen in den ersten zwei Lebensjahren, ob wir grundsätzlich willkommen sind oder nicht. Die ganze Versorgung des Säuglings und Kleinkinds läuft körperlich ab: das Füttern, Baden, Wickeln. Und ganz wichtig: das Streicheln. Durch das Streicheln, durch liebevolle Blicke und die Stimmlage der Pflegeperson erfährt das Kind, ob es willkommen ist auf dieser Welt oder nicht. (Stahl, 2015, S. 27)

In der Ausbildung an der Singschule Ammersee lernte ich das Kinder-Gibberish kennen. Dieses kann jeder Mensch für sich selbst ausführen und somit in einen entspannteren Körperzustand gelangen. Wir erinnern uns daran, wie Babys ihre ersten Laute produzieren, und tun dies ebenso. Es ist eine wunderbare Übung, bei der sich der Kiefer, die Zunge und die Lippenmuskulatur entspannen.

GLÜCKSINPUTS

Diese Glücksinputs waren ein Element, das täglich eingebaut wurde. Die Idee war, dass Menschen im schulischen Kontext täglich eine Zeitspanne erleben, in der es weder um Leistung noch um Produktivität geht. Es ist eine Zeitspanne zum Sein, zum Genießen. Während der ersten Zeit gestaltet die Lehrperson diese Inputs. Danach wird gefragt, ob das Weiterführen dieser Glücksinputs gewünscht sei, ob Ideen im Raum sind, wie diese auch noch gestaltet werden könnten, und wer gerne eine solche Ausgestaltung übernehmen möchte. Wenn unterschiedliche Meinungen im Raum sind, so wird ein gemeinsamer Nenner gesucht. Die Gruppe hat so die Chance, nach Möglichkeiten zu suchen, welche den Bedürfnissen aller entgegenkommen.

Die Rückmeldungen vieler Lernender war sehr positiv. Vereinzelt wurden die Lehrpersonen auch darauf hingewiesen, wenn sie den Glücksinput in den schulischen Alltag einzubauen vergaßen.

Sehr geschätzt wurden Inputs mit humorvollen Geschichten, das Kosten einer Leckerei mit der dazugehörigen Geschichte, die Düfte und die Geschichten dazu.

Tägliche Glücksinputs können unterschiedlich aussehen. Bevor Beispiele aufgeführt werden, gibt es einen Exkurs zum Thema Glück und in die Glücksforschung.

Glück

Was ist denn überhaupt Glück? Wie ist es möglich, dauerhaft glücklich zu sein? Diese Frage stellen sich vermutlich viele Menschen. Menschen wollen glücklich sein. Wir können uns die Frage stellen, wie das überhaupt kommt. Bernd Hornung hat hierfür eine einleuchtende Erklärung: „Glücksgefühle sind Höchstgefühle und deshalb sehr begehrenswert" (Hornung, 2013, S. 14). Das bedeutet also, dass Menschen diese Gefühle erleben möchten. Sie suchen nach Wegen, um diese zu empfinden. Jedoch führen nicht alle diese Wege zu dauerhaftem Glücksempfinden. In der aktuellen Diskussion wird Glück mit subjektivem Wohlbefinden gleichgesetzt.

Durch all die Jahrhunderte hindurch wurde über Glück philosophiert und geschrieben. Epikur (4. Jh. v. Chr.) ist einer jener Philosophen, der heraussticht. Seine Naturphilosophie ist frei von Göttern, die sich ins Menschenleben einmischen. Zudem vertrat er die Meinung, dass Frauen und Sklaven gleichberechtigt in Kreisen der Freundschaft aufgenommen werden sollten. Dies sei wichtig, um Glückseligkeit und Weisheit zu erleben.

In der aktuellen Glückswissenschaft werden auch die Emotionen erwähnt. Diese spielen im Leben von Menschen eine Rolle. Wie Menschen mit Emotionen umgehen, ist unterschiedlich. Emotionen können mächtig wirken und unsere Aufmerksamkeit lenken. Zudem sagen Gefühle etwas darüber aus, was für einen Menschen in Ordnung oder nicht stimmig ist (vgl. Hornung, 2013, S. 60).

Glücksforschung

Das Thema Glück und die Glücksforschung werden der Positiven Psychologie zugeordnet. Diese wurde durch die Arbeiten von Martin Seligmann geprägt. In der Positiven Psychologie sind nachfolgende Kernelemente wesentlich:

- das Gute – und natürlich die guten Gefühle – im Leben des Menschen zu mehren
- die menschlichen Stärken und Ressourcen nutzbar zu machen und somit
- bessere Lebensbedingungen zu schaffen.

(Engelmann, 2012, S. 7)

Die Positive Psychologie beruht zum einen auf einer wissenschaftlichen Fundierung, welche durch Studien belegt ist. Des Weiteren bilden die Fokussierung auf das Positive im Leben sowie die daraus folgenden positiven Effekte für den Alltag die weitere Basis. Miteinbezogen werden das Denken, das Fühlen und das Handeln, damit positive Effekte für den Alltag erreicht werden können. „Ein elementares Ziel der Positiven Psychologie ist, dass jeder Einzelne Verantwortung für sein Denken, Fühlen und Handeln übernimmt" (Engelmann, 2012, S. 9). Da Menschen glücklich sein möchten, bildet dieses Streben nach Glück den Antrieb im Leben vieler Menschen. Das Ziel ist es, nachhaltig glücklich werden zu können. Dies kann gewissermaßen trainiert werden. Dazu gibt es verschiedene Ansätze, wie beispielsweise die Vorschläge im Buch *Therapie-Tools Positive Psychologie* (Engelmann, 2012). In der Positiven Psychologie werden vier Strategien zur Vermehrung des Positiven verfolgt. Zum einen werden die positiven Aspekte im Auge behalten, indem für bessere Lebensbedingungen gesorgt wird. Des Weiteren werden bereits vorhandene positive Aspekte und Qualitäten gefördert, indem sich Menschen mit ihren Stärken, Fähigkeiten oder Ressourcen auseinandersetzen. Zudem wird darauf hingearbeitet, dass Negatives vermindert wird, indem der Fokus auf die positiven Aspekte einer als negativ erlebten Situation gelenkt wird. Als vierter Punkt wird darauf geachtet, dass nichts Neues entstehen kann, das als negativ bewertet wird. Dies kann beispielsweise geschehen, indem Erkrankungen vorgebeugt wird (vgl. Auhagen, 2004). Positive Gefühle sollen gemehrt oder verstärkt werden, indem der Blick auf gelingende Situationen gelenkt wird. In der Positiven Psychologie wird Wert darauf gelegt, dass sie sich im Rahmen der empirisch-naturwissenschaftlichen Psychologie bewegt. Dies bedeutet, dass Beschreibungen und Analysen wertfrei sein sollten. Damit die Positive Psychologie wirkungsvoll ist, muss sie sich nachfolgende Fragen stellen:

- Wie können bereits vorhandene Ressourcen aktiver eingesetzt werden?
- Wie können weitere Ressourcen entdeckt und entwickelt werden?
- Wie können als negativ empfundene Erlebnisse aus einem anderen Blickwinkel betrachtet werden, sodass auch positive Aspekte darin gesehen werden?
- Wie können als negativ eingeschätzte Verhaltensweisen in positiv empfundenes Verhalten gewandelt werden?
- Wie können konfliktreiche Kommunikationsformen in konstruktiv empfundene Kommunikationsformen gewandelt werden?
- Wie können wenig hilfreiche Strategien, Gewohnheiten oder Handlungsweisen im Alltag in hilfreichere Strategien gewandelt werden?

(vgl. Auhagen, 2004, S. 11)

Im Zusammenhang mit Glück gibt es viele verschiedene Begriffe, welche sich in Nuancen unterscheiden. So wird beispielsweise der Begriff Happiness, der als Glück von innen verstanden werden kann, genutzt. In der nachfolgenden Zusammenstellung sind Eigenschaften notiert, welche bei glücklichen Menschen oder Gemeinschaften im Sinne von Happiness beobachtet werden können:

Happy People
- Bekommen, was sie wollen; sie verlangen und erwarten, worauf sie Appetit und Lust haben; sie erreichen ihre Ziele, die aber prinzipiell auch in ihrer Reichweite sind *(kompetitives Gehirn; emotionales/limbisches Gehirn)*
- Vermeiden das Ungewollte; sie reduzieren oder bewältigen Stress und Belastungen, entspannen sich (*Mind-Body-Connection; körperliches Gehirn*)
- Werden geliebt, ihnen wird vertraut; sie sind in der Lage, Vertrauenswürdigkeit und Ruhe auszustrahlen und belastbare Bindungen bzw. Beziehungen aufzubauen/zu halten; sie sind *connected (mitfühlendes Gehirn/soziales Gehirn)*
- Sind gegenwärtig, präsent und in der Lage zu akzeptieren, *was ist*, d. h. was immer für Erfahrungen sie machen (*achtsames Gehirn*),
- Sind zuversichtlich, hoffnungsfroh und innerlich zufrieden; sie erleben sich und ihr Leben als sinnvoll (*sich entwickelndes, reifes oder heranreifendes Gehirn*)
- Finden und erkennen Muster und Regeln in ihrer Umgebung; sie verstehen die Welt (*rationales/kognitives oder intellektuelles Gehirn*),
- Have happy brains

(Esch, 2012, S. 104)

Verschiedene Forscherinnen und Forscher haben sich mit der Frage nach der Messbarkeit des Glückes auseinandergesetzt und dazu Studien erstellt. Letztendlich ist das Empfinden von Glück subjektiv geprägt. Dennoch können diese Studien, wenn die Kohorte groß war, einiges zur momentanen Situation in einem Land oder auch im Vergleich mehrerer Länder aufzeigen. Zugleich fragten sich die Forschenden auch, ob Glück genetisch festgelegt sei, da innerhalb einer Familie Geschwister sein können, welche von Beginn an ernst wirken, und andere, welche von Anfang an strahlen, lachen und quirlig sind. Nach dem heutigen Wissensstand wird davon ausgegangen, dass etwa 50 % der Persönlichkeitseigenschaften genetisch festgelegt sind (vgl. Bucher, 2009, S. 51). So hat der amerikanische Psychologe Lewis Goldberg fünf Persönlichkeitseigenschaften gefunden, welche im Lebenslauf außerordentlich stabil sind.

- **Verträglichkeit:** „Ich bin jemand, der rücksichtsvoll und freundlich mit anderen umgeht";
- **Extraversion:** „Ich bin jemand, der aus sich heraus geht und gesellig ist";
- **Gewissenhaftigkeit:** „Ich bin jemand, der bis zum Ende einer Aufgabe durchhält";
- **Neurotizismus:** „Ich bin jemand, der leicht nervös wird";
- **Offenheit für neue Erfahrungen:** „Ich bin jemand, der eine lebhafte Phantasie, Vorstellung hat".

(Bucher, 2009, S. 51)

Bezogen auf diese Eigenschaften wurde erforscht, welche der fünf Eigenschaften dazu verhelfen, glücklicher zu sein. Dabei wurde festgestellt, dass Extravertierte glücklicher sind. Zudem wurde herausgefunden, dass emotionale Intelligenz Glück stärker beeinflusst als die fünf Persönlichkeitseigenschaften. Jedoch wurde gesehen, dass kognitive Intelligenz Glück nicht erhöht. Da emotionale Intelligenz mit mehr sozialen Fertigkeiten einhergeht, wirkt sie glückfördernd. Hingegen kann Extraversion auch als aufdringlich empfunden werden, weshalb diese das Glücksempfinden nicht unbedingt erhöht (vgl. Bucher, 2009, S. 52 ff.).

Interventionen aus der Positiven Psychologie erweisen sich als wirksam, um die Lebensfreude und die Lebenskräfte in Menschen zu stärken. Mit fortschreitenden Erkenntnissen aus der Neurobiologie wurden auch in Bezug auf die Glücksforschung und die Positive Psychologie Studien durchgeführt. Um einen kleinen Einblick in die Abläufe im Gehirn zu erhalten, folgt ein sehr kurz gehaltenes Kapitel mit einigen Aspekten aus der Neurobiologie. Für ein vertieftes Auseinandersetzen mit dieser Thematik weise ich gerne auf die Literatur von Neurowissenschaftlern hin.

Neurobiologie des Glücks

Neurobiologen befassen sich mit dem Zusammenhang zwischen Glück und Stress sowie den zugehörigen Prozessen im Gehirn. Bereits von Geburt an, bzw. schon vor der Geburt, sind Menschen unterschiedlichen Erfahrungen ausgesetzt. Diese Erfahrungen können Stress oder Glücksgefühle auslösen. Die unten stehenden Ausführungen sind dem Buch *Die Neurobiologie des Glücks* entnommen (Esch, 2012).

Ist es Zufall, dass es eine so enge biologische Verbindung zwischen Geburt, Stillen, Stressregulation und endogener Belohnung (Glück), zwischen elementaren Bindungserfahrungen und der Plastizität des Gehirns gibt? Offenbar nicht: Aufregende Situationen lassen nicht nur Stresshormone wie Kortisol und Noradrenalin ansteigen, sondern auch neuroplastisches Dopamin und BDNF. (Esch, 2012, S. 35)

Die Abkürzung BDNF bedeutet ausgeschrieben Brain-Derived Neurotrophic Factor. Es ist ein Protein, das beim Schutz existierender Neuronen und Synapsen sowie beim Aufbau neuer eine Rolle spielt. Der Autor führt des Weiteren aus, dass die Botenstoffe Dopamin, Oxytocin und Prolaktin ebenso wichtig sind. Während der Schwangerschaft und Stillzeit hat das Prolaktin die wichtige Funktion, angstlösend zu wirken, das Brustdrüsenwachstum anzukurbeln und die Milchsekretion während des Stillens anzuregen. Bei besonders stressreichen Situationen bleibt der erhöhte Prolaktinspiegel länger bestehen, was dazu führt, dass weitere Schwangerschaften verhindert werden. Ein weiterer Effekt ist, dass Prolaktin die Myelinisierung von Neuronen stärkt und somit einen Beitrag zur Absicherung der Neuroplastizität leistet (vgl. Esch, 2012, S. 35).

Glück ist ein vielschichtiges Phänomen. Manchmal entstehen einfach so Glücksgefühle, manchmal stellen sie sich ein, wenn eine Herausforderung gemeistert wurde.

Glück, das darf man jetzt schon resümieren, hat nichts mit einem bequemen Leben zu tun. Ohne Herausforderungen und Anstrengung, ohne Neugierde und Aktivität auch keine Plastizität, keine Reifung, keine Belohnung einer erfolgreichen Ein- und Anpassung. (Esch, 2012, S. 50)

Ein gewisses Maß an Stress wird als Notwendigkeit betrachtet. Jedoch ist Stress in der Natur für bestimmte Situationen reserviert – für jene, in denen es wirklich um Leben und Tod geht. Da wir uns jederzeit im Kopf Stress machen können, denken wir uns in den Stress hinein und bewirken damit ein Übermaß an Stressreaktionen im limbischen System. Da dort die Prozesse unbewusst stattfinden, kann das System nicht unterscheiden. „Die Stressreaktionen müssen schnell und mit voller Kraft ausgelöst werden. Das allein bringt den Überlebensvorteil. Wir können dabei kaum mehr eingreifen, und das ganze Ausmaß des Ausbruchs wird uns erst bewusst, wenn sich der Nebel wieder legt" (Esch, 2012, S. 56). Eine New Yorker Forschergruppe, die ein Konzept der antizipatorischen Stressantwort beschrieben hat, wollte deutlich machen, dass Stress in mehr Bereichen enthalten ist, als im ersten Augenblick gedacht wird. Beispielsweise ist dies beim Verliebtsein der Fall, da wir in uns die Angst vor Fremdheit und Zurückweisung überwinden und Dinge tun, die wir unter normalen Umständen nicht getan hätten.

Wie *immer* beim Stress. Manches erschließt sich dabei erst auf den zweiten Blick: So berichten z. B. viele Menschen bei ihrer ersten Entspannungsübung zur *Stressbewältigung*, dass es sie ganz *unruhig und kribbelig* mache und *eher stressen* würde. Tatsächlich reagieren manche Menschen mit Stress auf die ungewohnte Herausforderung des Stillsitzens und *Nichtsdenkens*. Man muss Ungewohntes tun, das ist eine Herausforderung und – na klar – *Stress*! (Esch, 2012, S. 56)

Die Wirkung von Stressreaktionen betrifft nicht nur das Gehirn, sondern den ganzen Körper. Es besteht dennoch die Möglichkeit, Stressreaktionen zu stoppen. Dies kann geübt werden – jedoch bevor die Stresssituation eintritt. Dies geschieht durch regelmäßige Entspannungsübungen. Die Reaktionen der Hormone aufs Gehirn sind komplex. So kann Kortisol beispielsweise in einer physiologisch gesunden Konzentration zur Informationsspeicherung befähigen. Ein Übermaß an Kortisol vermindert die Merkfähigkeit und kann sogar zur Degeneration im Hippocampus führen. Gleichzeitig unterstützt das Kortisol den Umbau von Dopamin (Abenteuerhormon) zu Morphium (Wohlfühlhormon). Zudem kann beispielsweise auch Adrenalin in der richtigen Dosis glücklich machen, weil es unter anderem die Durchblutung des Gehirns fördert.

Glück muss man nicht kaufen. Wir haben vielmehr ein endogenes Belohnungs- und Glückssystem im Gehirn, das uns adäquat entschädigt. Es benötigt Aufmerksamkeit, eine Form der *motivierten Zuwendung*, die wir den Dingen zuteil werden lassen. Dort, wo die Aufmerksamkeit ist, geht auch die Energie hin – *energy flows where attention goes*. Dort entsteht auch Plastizität und Anpassung, die ihrerseits sehr (be-)lohnend sein kann. Solange die Dosis stimmt. (Esch, 2012, S. 58)

Das Belohnungssystem, das uns Glücksgefühle vermitteln kann, kann als Kreislauf betrachtet werden. Dabei spielt auch die Motivation eine Rolle. Drei Stufen werden betrachtet (vgl. Esch, 2012)

1) etwas haben wollen: Appetit
2) von etwas Abstand nehmen wollen: Aversion
3) alles ist okay: tiefe, andauernde Zufriedenheit

Meistens bewegen sich Menschen zwischen den Stufen A und B. Daraus entsteht quasi ein bewegtes Leben. Ausgehend von der Motivation, welche durch die Stufe A ausgelöst wird, entsteht ein Kreislauf, der zu Handlungen antreibt, welche sich dem gesetzten Ziel nähern und somit auf die zu erwartende Belohnung hinführt. Dies wird auch intrinsische Motivation genannt. Menschen nehmen Herausforderungen an und bewegen sich auf die zu erwartende Belohnung zu. Das Gegenteil davon ist die extrinsische Kontrolle, welche Ohnmachtsgefühle auflösen kann. In diesem Fall können ebenso Belohnungen von außen eingesetzt werden. Diese sind jedoch Verhandlungssache zwischen den Betroffenen. „Eine menschliche Besonderheit ist, Glück bewusst *auf die lange Bank schieben* zu können. Wir sind in der Lage, uns Belohnungen *vorzustellen*" (Esch, 2012, S. 62).

Die Motivations- und Belohnungsphysiologie gleicht einer Symphonie, die von einem Orchester gespielt wird: auf verschiedenen Instrumenten, in wechselnden Tonarten, mehreren Sätzen und Tempi, in einem Kontinuum und einem Spannungsbogen. Es kommt auf den Gesamtklang an, bei dem mal das eine, mal das andere Instrument führt, aber alle zusammenspielen.
(Esch, 2012, S. 73)

Stress wird durch Kreativität gemindert. Jedoch ist auch das Umgekehrte der Fall. Glücksmomente können durch Kreativität eintreten. Da Belohnungen Stress reduzieren können, besteht die Gefahr zu Suchtverhalten. Deshalb sollten exogene Belohnungen so eingesetzt werden, dass der Kreislauf „belohnen – Motivation – Verhalten" in Balance bleibt. Einen positiven Effekt auf das Glücksempfinden haben auch gemeinschaftliche Erlebnisse. „Unser Glück steigt gar in ungeahnte Höhen, wenn wir andere (und uns selbst) als authentisch erleben, als verstehbar, wenn wir Sinn erkennen bzw. Sinnzusammenhänge (vgl. Kohärenz)" (Esch, 2012, S. 87). Ebenso ist der Zustand des Flows gesund und macht glücklich. Im Team funktioniert Flow besonders gut und

schnell, wenn ein Team resonant wird und Hand in Hand gearbeitet wird. Hinzu kommt, dass wir im Flowzustand optimal
leisten, und dies mit dem geringstmöglichen Energieverbrauch.

Der kleinste Teil des Glücks (ca. 10 %) im Leben eines Menschen ist durch äußere Umstände bedingt. Ein Teil ist genetisch
angelegt und der restliche Anteil ist kontrollierbar und trainierbar.

Tägliche Glücks-Inputs zum Nachdenken und Entspannen

Für die Lernenden ist es eine neue Erfahrung, dass sie einmal täglich eine Anregung, die ohne Lernziel gestaltet ist, erhalten. Es ist eine Zeitspanne zum Sein und zum Genießen. Diese täglichen Glücks-Inputs können sich unterschiedlich gestalten: ein kurzes Märchen, eine Kurzgeschichte mit einer kleinen Weisheit, ein Gedicht, ein Bild, ein Musikstück, ein Stück Fell, ein Stück spezieller Stoff, eine Skulptur, eine Tasse Tee, ein Glas Saft, das Falten einer Origami-Figur ... Sie gestalten sich je nach Vorliebe einer Lehrperson. In der Lektion 5 wird dieses Thema Glücks-Input aufgegriffen. Zentral ist hier, die Bedürfnisse der Lernenden zu berücksichtigen. Möglicherweise gibt es Lernende, die sich gerne einbringen würden. Es kann auch sein, dass sich kreative Ideen entwickeln und diese zu einem späteren Zeitpunkt eingebracht werden.

Während der Durchführung des Förderprogramms in den Schulklassen stellte ich verschiedene Kurzgeschichten, Märchen, Fabeln und Duftgeschichten zusammen, welche die Lehrpersonen direkt einsetzen konnten. Die Idee dahinter war, dass sich alle einmal einfach mit einer Geschichte verwöhnen lassen können. Niemand in der Klasse musste etwas leisten. Es sollte eine Zeit der Muße sein.

In einer Klasse bestanden die jungen Menschen darauf, dass diese Glücksinputs stattfinden. Sie erinnerten die Lehrperson daran, wenn sie sie einmal vergaß. Auch in anderen Klassen wollten Lernende, dass die Glücksinputs nachgeholt werden, falls sie vergessen wurden.

Zwei Klassen entwickelten eigene Inputs. In einer Klasse hielten einzelne Lernende Kurzreferate zu Tieren oder einem Hobby und in der anderen Klasse wurden Smileys mit Sprüchen auf der Rückseite hergestellt. Diese Smileys verteilten sie an andere Personen, um sie aufzuheitern. Es bestand die Möglichkeit, diese Smileys weiterzuschenken oder mit sich zu tragen und zwischendurch anzugucken – so konnte man etwas sich selbst zuliebe tun.

Im Kern geht es darum, dass alle Lernenden und auch die Lehrpersonen für sich herausfinden, was bei ihnen Freude und Glücksgefühle auslöst, denn so können Menschen sich sehr bewusst im Alltag Momente einbauen, in denen sie sich etwas Gutes tun.

Zwei Jahre nachdem ich dieses Programm durchgeführt hatte, stieß ich auf das Buch „Die verzauberte Stunde" (Cox Gurdon, 2019). Darin werden Studien von Neurowissenschaftlern erwähnt, welche erforscht haben, was im Gehirn von Kindern geschieht, wenn ihnen Geschichten vorgelesen werden.

Das Team stellte fest, dass bei Kleinkindern, deren Eltern ihnen oft vorlasen und die viele Kinderbücher besaßen, eine größere Hirnaktivierung stattfand. Mit anderen Worten: Ihr Gehirn war agiler und reagierte stärker auf die vorgelesenen Geschichten, was darauf schließen ließ dass die Kinder mehr von dem, was sie hörten, verarbeiten konnten und dabei zudem schneller waren. (Cox Gurdon, 2019, S. 31)

Diese und weitere Studien zeigen auf, dass das Vorlesen auf die Entwicklung der jungen Menschen einen Einfluss hat. Nebst dem Einfluss auf die Gehirnentwicklung beschert das Vorlesen gemeinsame Zeit. Die Kinder erleben, wie ihre Väter und Mütter sich täglich Zeit nehmen, um ihnen vorzulesen. In einigen Familien ist es ein Ritual am Abend. Nachdem die Kinder im Bett sind, wird ihnen eine Geschichte vorgelesen oder frei erzählt. Diese gemeinsame Zeit schafft ein Gefühl von Nähe und Geborgenheit. Dies wiederum hat eine positive Auswirkung auf die Beziehung der Mütter und Väter zu ihren Söhnen und Töchtern. Durch die Stimme der erzählenden Person kann ein Moment des Zaubers, der Magie entstehen.

Die Geschichte der Menschheit ist die Geschichte der menschlichen Stimme, die Geschichten erzählt. Wenn wir anderen vorlesen, schöpfen wir aus einer Glücksquelle, die schon vor dem geschriebenen Wort existiert hat. (Cox Gurdon, 2019, S. 45)

In unserer Zeit, in der die Digitalisierung wichtiger wird, könnte auch das Argument kommen, dass Menschen sich ja Filme angucken könnten. So hätten sie ebenfalls Anregungen und Geschichten. Genau diese Frage beschäftigte das Team des Cincinnati Children's Hospital Medical Center. Mit denselben Kindern im Alter von drei bis fünf Jahren wurden drei Situationen geschaffen: 1) Vorlesen einer Geschichte; 2) Vorlesen einer Geschichte mit Bildern; 3) Zeigen eines Videos mit derselben Geschichte. Dabei stellten die Forscher fest, dass das Vorlesen aus Bilderbüchern genau richtig zu sein scheint, da die neuronalen Netzwerke, die für das frühe Lesen und Schreiben verantwortlich sind, gleichzeitig schießen und sich zusammenschließen. Hingegen war zu erkennen, dass beim Betrachten des Videos lediglich die visuelle Wahrnehmung aktiviert war (vgl. Cox Gurdon, 2019, S. 34 ff.).

Verschiedene Ideen zu Glücksinputs

Geschichten

Täglich eine Geschichte erzählt bekommen: Das gefällt vielen Menschen. Es gibt unzählige Bücher, in denen kurze Geschichten mit humorvollen oder philosophischen Aspekten aufgeschrieben sind.

Es können jedoch auch bewusst Geschichten gewählt werden, die eine Entwicklung des Protagonisten aufzeigen, wie dies beispielsweise in einigen Märchen der Fall ist.

Zudem ist es auch möglich, biografische Geschichten zu erzählen, welche die Resilienz eines Menschen aufzeigen, beispielsweise die von Nelson Mandela, Iris von Rothen, Mahatma Ghandi und weiteren.

An dieser Stelle sind einige Bücher aufgeführt, die Geschichten enthalten, welche vorgelesen oder erzählt werden können. Viele dieser Bücher enthalten Geschichten oder Biografien, welche mit dem Thema Resilienz in Verbindung gebracht werden können. Die von mir verwendeten sind hier aufgelistet:

Autor Verlag	Buchtitel	Kurzbeschreibung des Inhaltes
Bucay, Jorge Fischer Taschenbuch Verlag	Komm, ich erzähl dir eine Geschichte	Im Buch ist ein Dialog enthalten, der zwischen einem Psychotherapeuten und einem Klienten stattfindet. Dazwischen werden kurze Geschichten erzählt, wie beispielsweise jene des gerechten Richters. Diese Geschichten enthalten teilweise Lebensweisheiten oder zeigen Aspekte auf, über die ein Austausch stattfinden kann.
Degen-Zimmermann, Dorothee Limmat Verlag	Aus dir wird nie etwas! Paul Richner – vom Verdingbub zum Gemeindepräsidenten	Dieses Buch wurde in Co-Arbeit mit Paul Richner geschrieben. Die Autorin hat mit ihm zusammen Akten gesucht, um seine Schilderungen des Erlebten zu ergänzen. Die Lebensgeschichte von Paul Richner ist eine Geschichte, welche zum Thema Resilienz passt.
Hoffsümmer, W. Matthias-Grünewald-Verlag	77 Sonnenfenster Geschichten, die das Herz erwärmen	Kurze Geschichten sind hier zu finden, die oftmals eine Weisheit enthalten. Diese Geschichten stammen aus unterschiedlichen Ländern.

Autor Verlag	Buchtitel	Kurzbeschreibung des Inhaltes
Lechleitner, N. Herder GmbH	Sonne für die See- le 211 überraschende Weisheitsgeschich- ten, die jeden Tag ein wenig fröhli- cher machen.	Diese kurzen Geschich- ten enthalten meistens eine Weisheit oder regen zum Nachdenken an.
Seghezzi, Ursula Van Eck Verlag	Im Land der Seele Märchen	Das Buch enthält einige der bekannten Hausmärchen der Gebrüder Grimm. Diese sind jedoch neu verfasst und überraschen durch ihre an- dere Ausgestaltung.
Strich, Christoph Diogenes	Das große Mär- chenbuch Die hundert schönsten Märchen aus ganz Europa	Der Autor hat viele verschie- dene Märchen aus europäi- schen Ländern gesammelt. Es sind darunter bekann- te Märchen der Gebrüder Grimm, von Hans Christian Andersen, Ludwig Bechstein und weiteren Autoren sowie irische, italienische, jugosla- wische Volksmärchen.
Tanner, Katharina; Jurt, Laura Limmat Verlag	Sockenschlacht und Löwenzahn Mädchen und Bu- ben in der Schweiz von früher	Sechs Portraits sind mit Il- lustrationen versehen. Es werden sechs sehr unter- schiedliche Personen geschil- dert, die Widrigkeiten erlebt haben und über die Lebens- spanne hinweg gesehen ei- nen konstruktiven Umgang damit fanden. Ergänzt sind die Erzählungen mit Lie- dern, Rezepten, Gedichten.

Musik und Bewegung

Menschen mögen Rhythmen, Bewegung und Melodien. Musik spricht die allermeisten Menschen an und sie mögen es, diese zu genießen, sich dazu zu bewegen oder selbst musikalisch tätig zu sein. Je nach Gruppe, die diese Glücksinputs empfängt, wird die passende Form gewählt. Die Wünsche und Bedürfnisse der Gruppe werden aufgenommen und weiterentwickelt, sodass alle positive, bereichernde Erfahrungen mitnehmen können. Manchmal wird die Bewegung im Vordergrund stehen, manchmal die Musik. Vielleicht ist es auch eine Kombination von beiden Bereichen. Viele Menschen beginnen sich spontan zu Musik zu bewegen. Manchmal ist es ein Finger, der die Bewegung aufnimmt, andere Male ist es der ganze Körper.

Dass Singen befreiend wirkt und sich positiv auf das Wohlbefinden auswirkt, können alle Menschen bestätigen, welche gerne singen und dies regelmäßig tun. Dazu gibt es in der Literatur ebenfalls viele Hinweise. Manche Kinder beginnen zu singen, wenn sie von Freude erfüllt sind. Andere beginnen zu singen oder zu summen, wenn sie sich beispielsweise in einen dunklen Keller begeben müssen. Das Singen hilft ihnen dann, die Ängste zu überwinden. In beruflichen Kontexten beginnen Menschen manchmal zu summen, um sich zu entspannen. Was auch immer die Motivation ist, es scheint den Menschen in eine positive Stimmung zu versetzen.

Summen scheint eine sehr wohltuende Wirkung auf unseren Körper und unseren Geist zu haben. Im Vorwort des Buches ‚Heilsames Summen' (Goldman & Goldman, 2018, S. 11), das von Dr. John Beaulieu verfasst wurde, ist Nachfolgendes zu lesen:

Das Summen ist eine instinktive Klangheilung, die bereits in der Kindheit beginnt. Es handelt sich um eine Art Tonisierung (der Artikulation gedehnter Vokale) und Musizieren, die das innere Gleichgewicht wiederherstellt. Jeder auf der Welt summt, unabhängig von Kultur oder Glaubenszugehörigkeit.
(Goldman & Goldman, 2018, S. 11)

Die Autoren weisen auf die Wirkung von Schall hin und schreiben über einige erfolgreiche Anwendungen beim Menschen, welche komplizierte medizinische Eingriffe hätten über sich ergehen lassen müssen. Im Buch sind aufbauende Übungen enthalten, welche es ermöglichen, von der Atmung ausgehend ins Tönen zu kommen. Nebst dem Summen wird das Spüren der Vibrationen im Körper betont sowie die Wichtigkeit, sich bei selbst erzeugten Klängen wohlzufühlen und entspannt zu sein. „Unserer Ansicht nach führt das Summen nur zu positiven und heilsamen Erfahrungen, solange Sie fürsorglich mit sich umgehen und es nicht übertreiben" (Goldman & Goldman, 2018, S. 103). Die Autoren schließen ihre Ausführungen mit der Konklusion, dass Summen aufgrund von Forschungsergebnissen und beobachteten Erfahrungen eine wirksame Methode für Stressabbau ist. In einem Nachwort erzählen sie über die Heilkraft des Bienensummens, über die sie durch die Begegnung mit Dr. Valerie Solheim erfuhren (vgl. Goldmann & Goldmann, 2018).

Wer die Freude am Singen mit der Weiterentwicklung der Singstimme kombinieren will, findet im Buch ‚Befreie deine Stimme!' (Mausini, 2017) viele Anregungen. Das Buch ist in drei Teile gegliedert. Der erste Teil ist mit der Überschrift „Spielerisch entdecken" versehen. Darin sind viele lustvolle, spielerische Übungen zu finden, die unterschiedliche Aspekte der Singstimme miteinbeziehen. Die Übungen wecken die Lust am Tönen und Singen. Zudem werden die Zusammenhänge kurz und prägnant erklärt. Im zweiten Teil wird diese Arbeit vertieft. Darin sind weitere Übungen enthalten, welche die Wahrnehmung in Bezug auf alle ins Singen und Sprechen involvierten Organe miteinbeziehen. Dieser Teil ist mit „Kreativ entfalten" betitelt. Durch das differenzierte Arbeiten mit der Stimme werden die Möglichkeiten des Gebrauchs erhöht und somit ist ein kreativerer Umgang mit den Klängen und Tönen möglich. Im dritten Teil, „Harmonisch gestalten", geht es um das Innere der Musik, um das Lauschen, um Wohlfühlklänge und die Heilkraft der Stimme.

Bereits das Hören von Musik kann sehr wohltuend sein. Wichtig ist dabei, herauszufinden, welche Musik das Wohlbefinden steigert. Die Psychoanalytikerin Luise Reddemann hat einige Werke von Johann Sebastian Bach erläutert und dabei aufgezeigt, inwiefern diese als Ressource dienen können und resilienzfördernd wirken. Die Begeisterung, die die Musik Bachs bei ihr auslöst, ist beim Lesen des Buches spürbar. Sie verbindet unterschiedliche Themenbereiche damit, teilweise auch Bedürfnisse von Menschen wie Akzeptanz, Dankbarkeit, Trost (Reddemann, 2016).

Dass Bach auf der ganzen Welt so viele Menschen begeistern kann wie sonst wohl nur noch Mozart, erkläre ich damit, dass er in der Lage ist, Gefühle auszudrücken, die universell sind, und dass es ihm in seiner musikalischen Sprache gelingt, hier eine Dimension anzusprechen, die uns Menschen gemeinsam ist.
(Reddemann, 2016, S. 65)

Klangmeditationen/-massagen

Klänge wirken auf den Körper. Klangmassagen können eine tiefe Entspannung herbeiführen. Mittlerweile gibt es viele Erfahrungswerte in der Arbeit mit Klangmassagen. Dazu werden Klangschalen, Klangbetten, Stimmgabeln, Gongs etc. verwendet. Die Klangarbeit mit Klangschalen wird in einigen tibetischen Klöstern seit Jahrhunderten praktiziert und kann auf viele Heilerfolge zurückblicken. Da nicht jeder Mensch die Möglichkeit hat, sich Klangschalen zu kaufen oder sich Klangmassagen zu leisten, gibt es die Möglichkeit, zu summen. Auf diese Weise kann sich jeder Mensch selbst eine Klangmassage geben.

Duftmeditationen

Düfte lösen bei vielen Menschen starke Emotionen aus. Menschen, welche eine ausgeprägte Wahrnehmung in diesem Bereich haben, brauchen eine sehr zurückhaltende Dosierung, damit sie sie genießen können. So ist es wichtig, in einer Gruppe genau zu beobachten, wie die Reaktionen auf Düfte sind. Die Qualität der ätherischen Öle spielt zu dem eine wichtige Rolle.

Aus meiner engen Zusammenarbeit mit den ätherischen Ölfirmen weiß ich, wie wichtig es ist, den Bauern deutlich zu machen, dass wirklich nur beste Qualität, also optimale Kultivierung der Pflanzen, schonende Ernte und Destillation, Voraussetzungen für ein gutes ätherisches Öl sind. (Stadelmann, 2003, S. 78)

Iris Jermann hat in ihrem Buch ‚Immer der Nase nach' Duftgeschichten zu einzelnen ätherischen Ölen aufgeschrieben. Diese eignen sich für Familien und Schulen.

Achtsamkeitsübungen

Achtsamkeit ist momentan ein Modebegriff. Es gibt unterschiedliche Definitionen von Achtsamkeit. An dieser Stelle sei eine mögliche Definition notiert:

Achtsamkeit ist eigentlich nichts anderes als bewusste Anwesenheit. Sie entspringt dem Wunsch, in einer offenen und liebevollen Haltung wahrnehmen zu wollen, was gerade los ist. Achtsamkeit bedeutet, hier und jetzt, in diesem Moment anwesend zu sein, ohne zu urteilen, Dinge zu verleugnen oder sich durch die Unruhe des Alltags mitreißen zu lassen. (Snel, 2013, S. 15)

Meditation ist eine Möglichkeit, sich in Achtsamkeit zu üben. Wie diese umgesetzt wird, hängt von der Zusammensetzung der Gruppe ab und von deren Bereitschaft, sich darauf einzulassen. Es gibt die Möglichkeit von Klangmeditationen, in denen die Teilnehmenden bequem liegen oder sitzen und durch Klänge geführt werden. Diese Klänge können beispielsweise durch ein Monochord oder Klangschalen entstehen.

Es gibt jedoch auch die Möglichkeit ganz einfache, kurze Achtsamkeitsübungen durchzuführen, wie wie beispielsweise das Zählen der Atemzüge während des Tönens eines Klangstabes. Eine solche Übung lässt sich mit Leichtigkeit in den schulischen Alltag einbauen.

Wenn wir Übungen mit dem Atem ausbauen wollen, so können wir die Geschichte von Sara und dem Krankenhausbesuch erzählen und anschließend in Gruppen darüber sprechen. Zusätzlich kann das Bild eines Frosches als Metapher verwendet werden (vgl. Snel, 2013, S. 40 ff.).

Des Weiteren können wir unterschiedliche Körperpositionen einnehmen und den Atem beobachten. Was geschieht mit dem Atem, wenn ich aufrecht sitze, und was, wenn ich mit herunterhängendem Oberkörper sitze? Es geht dabei darum, dass alle bei sich selbst wahrnehmen können, was geschieht. Die Wahrnehmungen können notiert oder in einer kleinen Gruppe ausgetauscht werden.

In den buddhistischen Lehren wird das Praktizieren von Achtsamkeit seit Jahrhunderten gelehrt und gelebt. Einer der bekannteren Meditationslehrer im deutschsprachigen Raum ist Thich Nhat Hanh, weil er einige Bücher geschrieben hat, die in deutscher Sprache erhältlich sind. Ein weiterer buddhistischer Lehrer und Heiler, Lama-Heiler Gangchen Rinpoche, lebte in Albagnano (Norditalien). In Albagnano hat er das Healing Meditation Centre aufgebaut. Während vieler Jahre ist er rund um den Globus gereist und hat Projekte aufgebaut, welche für die Menschen vor Ort Unterstützung brachten, beispielsweise indem er in Tibet den Bau eines Spitals unterstützte. Zudem führte er an unzähligen Orten Retreats durch. Unter anderem hat er eine

Selbstheilungspraxis, genannt Ngalso, der Öffentlichkeit zugänglich gemacht.

Jon Kabat-Zinn ist emeritierter Medizinprofessor und Meditationslehrer. Er ist der Gründer der Stress Reduction Clinic in Massachusetts. Er arbeitet unter anderem im Mind and Life Institute, das der Dalai Lama ins Leben gerufen hat. In der Stress Reducation Clinic wird das MBSR Programm seit über 40 Jahren durchgeführt. Es ist ein intensives Acht-Wochen-Programm. MBSR bedeutet Mindfulness-Based Stress Reduction.

Vielmehr ist sie eine Plattform für aktives Lernen, das auf vorhandenen inneren Potenzialen aufbaut und die Menschen, wie gesagt, in die Lage versetzt, selbst für sich etwas zu tun, körperlich und seelisch gesünder zu werden und sich wieder wohler mit sich selbst zu fühlen. (Kabat-Zinn, 2013, S. 31)

In seinem Buch ,Gesund durch Meditation' beschreibt er die MBSR-Methode, damit Menschen diese auch zuhause anwenden können. Darin sind die Auswirkungen von Stress, auch auf der Körperebene, beschrieben. Zugleich ist erwähnt, dass der Körper in der Lage ist, viele Auswirkungen abzufangen oder gar auf Chromosomenebene zu reparieren. Diese Ausführungen reichen bis hin zu den Vorgängen im Gehirn, wenn Stress entsteht. Anschließend geht er auf Strategien ein, mit denen Menschen Stress bewältigen, und zeigt die Auswirkungen ungeeigneter Strategien auf. Danach erklärt er die Wirkung eines achtsamen Umgangs mit Stress. Des Weiteren erläutert er verschiedene Arten von Schmerz und Angst. Im letzten Teil des Buches wird das Acht-Wochen-Programm beschrieben.

In diesem Zusammenhang möchte ich auch die Arbeit von Chris Germer erwähnen, der das „Mindful Self-Compassion-Programm" entwickelt hat. Sein Buch wurde in die deutsche Sprache übersetzt und heißt „Der achtsame Weg zur Selbstliebe".

Entspannungstechniken

Wenn Menschen angespannt, unter Stress oder sehr belastet sind, so können Entspannungstechniken sehr weiterhelfen. Bei den Entspannungstechniken ist die Palette groß, und je nach Gruppe kann die passende ausgewählt und eingesetzt werden. So lernen wir gelassen zu bleiben und können klarere Entscheidungen treffen, als wenn wir unter Stress stehen. Manchmal braucht es auch Mut, diese Gelassenheit zu leben, weil wir unter Belastung auch dazu neigen, Ängste zu entwickeln, was zu Reaktionen aus dem Affekt heraus führen kann. Eine Möglichkeit bietet hier die Geschichte von Bao, dem weisen Panda. Es ist eine Fortsetzungsgeschichte, in welcher der Protagonist Bao, der weise Panda, ist. Im Anschluss an jeden Geschichtenteil folgt ein Vorschlag für eine Übung (vgl. Long & Schweppe, 2015).

Ulrike Petermann (2014) erwähnt die Wichtigkeit von Entspannungstechniken für den Alltag, insbesondere auch bei verhaltensauffälligen jungen Menschen. Sie schlägt unterschiedliche Programme vor, welche je nach Alter und Vorliebe durchgeführt werden können. Dabei betont sie die Wichtigkeit für die Erfahrung mit Entspannungstechniken von Seiten der anleitenden Person. Des Weiteren weist sie auf die Risiken hin, welche Entspannungsverfahren haben können. Es lohnt sich, sich eingehend mit der Thematik auseinanderzusetzen, bevor Entspannungstechniken mit Gruppen durchgeführt werden.

Improvisationstheater

Viele Menschen lieben Rollenspiele. Sie schlüpfen gerne in eine Rolle und verkörpern diese. Im Bereich der Theaterpädagogik und im Improvisationstheater gibt es verschiedene kurze Übungen, auf welche junge Menschen gut ansprechen. So könnte täglich eine kurze Sequenz eingebaut werden. Übungen, welche in der Gruppe besonderen Anklang finden, können wiederholt werden – oder in abgeänderter Form noch einmal eingebracht werden. Mittlerweile gibt es genügend anregende Literatur zu diesem Thema. Einige Theaterschulen bieten Weiterbildungskurse an.

Der Reiz jedes Spiels liegt zum großen Teil im Improvisieren, das vom Lateinischen im-provisus, das heisst unvermutet, unvorhergesehen, abgeleitet wird. Ein Spiel beginnt, und keiner weiss, wie es endet. Das trifft nicht nur auf das kindliche Spielen zu. Auch das Improvisieren auf einem Musikinstrument lässt dem Ausführenden alle Möglichkeiten offen.
(Metzenthin, 1988, S. 22)

Projekt der Gruppe

Möglicherweise will eine Gruppe ein gemeinsames Projekt entwickeln, welches sie mit Begeisterung ausführt und mit dem sie allenfalls anderen Menschen eine Freude bereitet. So hat eine Schulklasse, welche das achtwöchige Programm durchgeführt hat, gearbeitet und viele positive Rückmeldungen erhalten. Sie verteilten Smileys an Menschen mit der Idee, dass diese den Smiley weitergeben können. Dies kann in den Bereich des Service-Learning gehen. Was Service-Learning ist, wird im Teil A beschrieben.

Tee trinken

In meinem Unterricht hat es sich ergeben, dass die Lernenden um eine Tasse Tee bitten. Während sie an ihren Aufträgen arbeiten, bereite ich Tee für sie vor. Viele schätzten dies sehr und freuten sich über diese Tasse Tee. Schülerinnen und Schüler aus anderen Klassen fragten, ob sie ebenfalls eine Tasse Tee trinken dürften. Das Teetrinken schien auf einige Lernende eine wohltuende Wirkung zu haben.

Wenn alle Lernenden einer Klasse teebegeistert sind, könnte mit ihnen besprochen werden, ob eine Person eingeladen werden sollte, welche Teezeremonien durchführt. Es gibt vereinzelte Museen, welche in ihrem Programm Teezeremonien aufgeführt haben.

LITERATURVERZEICHNIS

Aebli, H. (1991). *Zwölf Grundformen des Lehrens* (Sechste Auflage). Stuttgart: Klett-Cotta.

Aichinger, A. (2011). *Resilienzförderung mit Kindern. Kinderpsychodrama. Band 2.* Wiesbaden: Verlag für Sozialwissenschaften.

Antonovsky, A. (1997). *Salutogenese. Zur Entmystifizierung der Gesundheit.* (A. Franke & N. Schulte, Übers). Tübingen: dgvt.

Apeltrauer, E. (2014). *C9 Wortschatzentwicklung und Wortschatzarbeit.* In B. Ahrenholz & I. Oomen-Welke (Hrsg.), Deutsch als Zweitsprache (3. Korrigierte Auflage). Baltmannsweiler: Schneider Verlag Hohengehren.

Auhagen, A. E. (2004). *Das Positive mehren. Herausforderungen für die Positive Psychologie.* In A. E. Auhagen (Hrsg.), Positive Psychologie. Anleitung zum "besseren" Leben. Weinheim, Basel: Beltz.

Baer, U. & Frick-Baer, G. (2008). *Wie Kinder fühlen.* Weinheim, Basel: Beltz.

Bauer, J. (2016). *Warum ich fühle, was du fühlst. Intuitive Kommunikation und das Geheimnis der Spiegelneurone* (24. Auflage). Hamburg: Hoffmann und Campe.

Becker-Stoll, F. (2009). *Von der Eltern-Kind-Bindung zur Erzieherin-Kind-Bindung.* In K. H. Brisch & T. Hellbrügge (Hrsg.), Wege zu sicheren Bindungen in Familie und Gesellschaft. Stuttgart: Klett-Cotta.

Berndt, C. (2014). *Resilienz. Das Geheimnis der psychischen Widerstandskraft* (9. Auflage). München: Deutscher Taschenbuch Verlag.

Born-Kaulbach, C., Cammenga, T. & Welter, J. (2016). *Wundersame Wandlungen zur Selbstwirksamkeit. Neue lösungsfokus-*

sierte Strategien der Begleitung von Kindern, Jugendlichen und Familien am Beispiel der Jugendhilfe. Dortmund: modernes lernen Borgmann.

Bowlby, R. (2009). *Das Londoner Modell der bindungsorientierten Tagesbetreuung.* In K. H. Brisch & T. Hellbrügge (Hrsg.), Wege zu sicheren Bindungen in Familie und Gesellschaft. Stuttgart: Klett-Cotta.

Brendtro, L. K. & Opp, G. (2006). *"Ein Klima der Grosszügigkeit schaffen".* In G. Opp & N. Unger (Hrsg.), Kinder stärken Kinder. Positive Peer Culture in der Praxis. Hamburg: edition Körber-Stiftung.

Brisch, K. H. (2009). *Bindung, Psychopathologie und gesellschaftliche Entwicklungen.* In K. H. Brisch & T. Hellbrügge (Hrsg.), Wege zu sicheren Bindungen in Familie und Gesellschaft. Stuttgart: Klett-Cotta.

Brisch, K.-H. (2008). *Diagnostik und Intervention bei frühen Bindungsstörungen.* In G. Oppe & F. Michael (Hrsg.), Was Kinder stärkt. Erziehung zwischen Risiko und Resilienz (3. Auflage). München: Ernst Reinhardt.

Brown, B. (2013). *Verletzlichkeit macht stark. Wie wir unsere Schutzmechanismen aufgeben und innerlich reich werden* (3. Auflage, Deutsche Erstausgabe). (M. Randow-Tesch, Übers). München: Kailash.

Brunsting, M. (2011). *Lernschwierigkeiten – Wie exekutive Funktionen helfen können. Grundlagen und Praxis für Pädagogik und Heilpädagogik* (2. Auflage). Bern, Stuttgart, Wien: Haupt.

Brunsting-Müller, M. (2000). *Lernexpeditionen. Potentiale finden und entwickeln.* Luzern: schweizerische Zentralstelle für Heilpädagogik.

Bucher, A. A. (2009). *Psychologie des Glücks. Handbuch.* Weinheim, Basel: Beltz.

Cox Gurdon, M. (2019). *Die verzauberte Stunde.* (F. Sievers, Übers). Berlin: Insel.

Cyrulnik, B. (2011). *Scham. Im Bann des Schweigens – Wenn Scham die Seele vergiftet.* (A. Alvermann & M. Buchwald, Übers). Hünfelden: Präsenz Kunst & Buch.

Dawson, P. & Guare, R. (2012). *Schlau, aber ... Kindern helfen, ihre Fähigkeiten zu entwickeln durch Stärkung der Exekutivfunktionen.* (I. Erckenbrecht, Übers). Bern: Hans Huber.

Engelmann, B. (2012). *Therapie Tools. Positive Psychologie. Achtsamkeit, Glück, Mut.* Weinheim, Basel: Beltz.

Esch, T. (2012). *Die Neurobiologie des Glücks. Wie die Positive Psychologie die Medizin verändert.* Stuttgart: Thieme.

Flückiger, C. & Wüsten, G. (2008). *Ressourcenaktivierung. Ein Manual für die Praxis.* Bern: Hans Huber, Hogrefe.

Fröhlich-Gildhoff, K. & Rönnau-Böse, M. (2014). *Resilienz* (3., aktualisierte Auflage). München: Ernst Reinhardt.

Frank, A. (2008). *Belastung von Kindern durch Mitschüler, Lehrer und Unterricht. Eine empirische Studie zu Problemen, Ressourcen und Bewältigung im Grundschulalltag.* Hamburg: Dr. Kovac.

Frick, J. (2015). *Gesund bleiben im Lehrberuf. Ein resssourcenorientiertes Handbuch.* Bern: Hans Huber.

Frick, J. (2011). *Was uns antreibt und bewegt. Entwicklungen verstehen, begleiten udn beeinflussen* (1. Auflage) Bern: Hans Huber.

Götz, F. (2013). *Ressourcenorientierte Kunsttherapie.* In J. Schaller & H. Schemmel (Hrsg.), Ressourcen ... Ein Hand- und Lesebuch zur psychotherapeutischen Arbeit (2., vollständig überarbeitete und erweiterte Auflage). Thübingen: dgvt.

Garbe, E. (2015). *Das kindliche Entwicklungstrauma verstehen und bewältigen.* Stuttgart: Klett Cotta.

Gardner, H. (1991). *Abschied vom IQ. Die Rahmen-Theorie der vielfachen Intelligenz.* (M. Heim, Übers). Stuttgart: Klett-Cotta.

Gardner, H. (2002). *Intelligenzen. Die Vielfalt des menschlichen Geistes.* (U. Spengler, Übers). Stuttgart: J. G. Cotta'sche Buchhandlung.

Glasenapp, J. (2013). *Emotionen als Ressourcen. Manual für Psychotherapie, Coaching und Beratung* (1. Auf-lage). Weinheim, Basel: Beltz.

Goldman, J. & Goldman, A. (2018). *Heilsames Summen. Klangmassage für Körper & Seele.* (T. Übelhör, Übers). Murnau: Mankau.

Höch-Corona, J. L. & Corona, C. (2007). *Gefühlsmonsterkarten.* Berlin: Gefühlsmonster GmbH.

Hüther, G. (2008). *Resilienz im Spiegel entwicklungsneurobiologischer Erkenntnisse.* In G. Opp & M. Fingerele (Hrsg.), Was Kinder stärkt. Erziehung zwischen Risiko und Resilienz (3. Auflage). München: Ernst Reinhardt.

Hargens, J. (2013). *Also gut ... lassen Sie uns über Ihre Ressourcen sprechen ...* In J. Schaller & H. Schemmel (Hrsg.), Ressourcen ... Ein Hand- und Lesebuch ur psychotherapuetischen Arbeit (2., vollständig überarbeitete und erweiterte Auflage). Tübingen: dgvt.

Heim, V. & Ledergerber, S. (2014). *Innerer Richter – Innerer Entscheider.* Küsnacht: © The Coaching Company.

Hillenbrand, C., Hennemann, T. & Schell, A. (2016). *"Lubo aus dem All!" – Vorschulalter. Programm zur Förderung sozial-emotionaler Kompetenzen* (2. Auflage). München, Basel: Ernst Reinhardt.

Holler, I. (2012). *Trainingsbuch. Gewaltfreie Kommunikation* (6. Auflage). Paderborn: Junfermannsche Verlagsbuchhandlung.

Holtmann, M. & Laucht, M. (2008). *Biologische Aspekte der Resilienz.* In G. Opp & M. Fingerele (Hrsg.), Was Kinder stärkt. Erziehung zwischen Risiko und Resilienz (3. Auflage). München: Ernst Reinhardt.

Holzbrecher, A. (2014). *B7 Interkulturelles Lernen.* In B. Ahrenholz & I. Oomen-Welke (Hrsg.), Deutsch als Zweitsprache (3., korrigierte Auflage). Baltmannsweiler: Schneider Verlag Hohengehren.

Hornung, B. (2013). *Wie man wirklich glücklicher wird und dauerhaft bleibt. Glücksforschung und Glückswissenschaft Band I. Standardwerk der Glückswissenschaft.* (10. Auflage). München: IFG.

Imber-Black, E. (2012). *Wird es schlimmer, wenn man darüber spricht?* In R. Welter-Enderlin & B. Hildenbrand (Hrsg.). Resilienz – Gedeihen trotz widriger Umstände (Vierte Auflage). Heidelberg: Carl-Auer-Systeme.

Janke, B. (2002). *Entwicklung des Emotionswissens bei Kindern.* Göttingen: Hogrefe.

Jerabek, J. (1998). *KEKU. Körperübungen für Entspannung und Konzentration im Unterricht.* Elgg: ZKM.

Jopp, A. (2010). *Risikofaktor Vitaminmangel* (4. Auflage). Stuttgart: Trias.

Julius, H. & Goetze, H. (1998). *Resilienzförderung bei Risikokindern. Ein Trainingsprogramm zur Veränderung maladaptiver Attributionsmuster.* Potsdam: AVZ-Hausdruckerei der Universität Potsdam.

Kabat-Zinn, J. (2013). *Gesund durch Meditation. Das grosse Buch der Selbstheilung mit MBSR* (vollständig überarbeitete Neuausgabe). (H. Kappen, Übers). München: Knaur.

Kalisch, R. (2017). *Der resiliente Mensch. Wie wir Krisen erleben und bewältigen.* München, Berlin: Berlin Verlag in der Piper.

Kappas, A. (2009). *Ausdruck: Kommunikations- und Regulationsmedium.* In G. Stemmler (Hrsg.), Enzyklopädie der Psychologie. Psychologie der Emotion. Göttingen: Hogrefe.

Karres, B. (2016). *Komm raus, ich seh dich! Von Glück, Selbstwirksamkeit und Wachsen hochsensibler und hochbegabter Kinder.* Wien: Festland Verlag.

Krohne, H. & Hock, M. (1994). *Elterliche Erziehung und Angstentwicklung des Kindes* (1. Auflage). Bern: Hans Huber.

Lösel, F. & Bender, D. (2008). *Von generellen Schutzfaktoren zu spezifischen protektiven Prozessen.* In G. Opp & M. Fingerle (Hrsg.), Was Kinder stärkt. Erziehung zwischen Risiko und Resilienz (3. Auflage). München, Basel: Ernst Reinhardt.

Larsson, L. & Hoffmann, K. (2013). *42 Schlüsselunterscheidungen in der GFK.* (J. M. Henke, Übers). Paderborn: Junfermann.

Lechleitner, N. (2008). *Sonne für die Seele. 211 überraschende Weisheitsgeschichten, die jeden Tag ein wenig fröhlicher machen.* Freiburg im Breisgau: Herder GmbH.

Lerch, C. (2017). *Kinder entdecken ihre innere Kraft. Integrative Imaginationsarbeit* (2. durchgesehene Auflage) Freiburg i. B.: Arbor.

Levine, P. A. (2010). *Sprache ohne Worte. Wie unser Körper Trauma verarbeitet und uns in die innere Balance zurückführt* (9. Auflage). (K. Petersen, Übers). München: Kösel.

Long, A. & Schweppe, R. (2015). *Bao, der weise Panda, und das Geheimnis der Gelassenheit.* München: Lotos.

Müller-Hostettler, D. (2001). *Individuelle Interessenforschungsmethode.* Entwicklung der IIM – Independent Investigation Method – durch C. Nottage & V. Morse (D. Müller-Hostettler, Übers). Schmerikon: Eigenverlag.

Marks, S. (2011). *Scham – die tabuisierte Emotion* (3. Auflage). Ostfildern: Patmos.

Martinek, D. (2014). *Selbstbestimmt lehren und lernen. Lehrer/innen zwischen Autonomie und beruflichem Druck.* Hamburg: Dr. Kovac.

Maslow, A. H. (1977). *Motivation und Persönlichkeit.* (P. Kruntorad, Übers.). Olten und Freiburg im Breisgau: Walter-Verlag.

Masten, A. S. (2016). *Resilienz: Modelle, Fakten & Neurobiologie.* (C. Campisi, Übers). Paderborn: Junfermann.

Mausini, C. (2017). *Befreie deine Stimme!* (2. Auflage). Battweiler: Traumzeit.

Mendaglio, S. (2008). *Dabrowski's Theory of Positive Disintegration: A Personality Theory for the 21st Century.* In S. Mendaglio (Hrsg.), Dabrowski's Theory of Positive Disintegration. Tucson: Great Potential Press.

Mentha, D. (2013). *Zur Neurobiologie der Ressourcenorientierung.* In J. Schaller & H. Schemmel (Hrsg.), Ressourcen … Ein Hand- und Lesebuch zur psychotherapeutischen Arbeit (2., vollständig überarbeitete und erweiterte Auflage). Tübingen: dgvt.

Metzenthin, R. (1988). *Schöpferisch Spielen und Bewegen* (2. Auflage). Zürich, Wiesbaden: Orell Füssli.

Mussmann, J. (2012). *Inklusive Sprachförderung in der Grundschule.* München: Ernst Reinhardt.

Omer, H. & von Schlippe, A. (2012). *Autorität ohne Gewalt. Coaching für Eltern von Kindern mit Verhaltensproblemen* (8. Auflage). Göttingen: Vandengoeck & Ruprecht.

Opp, G. (2006). *Die Kraft der Peers nutzen – Theorie und Konzeption.* In G. Opp & U. Nicola (Hrsg.), Kinder stärken Kinder. Positive Peer Culture in der Praxis. Hamburg: edition Körber-Stiftung.

Opp, G. (2008). *Schule – Chance oder Risiko?* In G. Opp & M. Fingerle (Hrsg.), Was Kinder stärkt. Erziehung zwischen Risiko und Resilienz (3. Auflage). München: Ernst Reinhardt.

Petermann, F., Petermann, U. & Nitkowski, D. (2016). *Emotionstraining in der Schule. Ein Programm zur Förderung der emotionalen Kompetenz.* Göttingen: Hogrefe.

Petermann, U. (2014). *Entspannungstechniken für Kinder und Jugendliche. Ein Praxisbuch* (8. Auflage). Weinheim und Basel: Beltz.

Rönnau-Böse, M. & Fröhlich-Gildhoff, K. (2015). *Resilienz und Resilienzförderung über die Lebensspanne.* Stuttgart: Kohlhammer.

Rüegg, J. C. (2009). *Frühkindliche Erfahrungen und Psychosomatik.* In K. H. Brisch & T. Hellbrügge (Hrsg.), Wege zu sicheren Bindungen in Familie und Gesellschaft. Stuttgart: Klett-Cotta.

Rauh, H. (2008). *Resilienz und Bindung bei Kindern mit Behinderung.* In G. Opp & F. Michael (Hrsg.), Was Kinder stärkt. Erziehung zwischen Risiko und Resilienz (3. Auflage). München: Ernst Reinhardt.

Reber, K. & Schönauer-Schneider, W. (2014). *Bausteine sprachheilpädagogischen Unterrichts* (3., durchgesehene Auflage). München: Ernst Reinhardt.

Reddemann, L. (2016). *Überlebenskunst* (8. Auflage). Stuttgart: Klett-Cotta.

Roos, S. & Grünke, M. (2011). *Resilienz in Förderschulen.* In M. Zander (Hrsg.), Handbuch Resilienzförderung (1. Auflage). Wiesbaden: VS Verlag für Sozialwissenschaften.

Rosenberg, M. B. (2006). *Die Sprache des Friedens sprechen – in einer konfliktreichen Welt. Was Sie als Nächstes sagen, wird Ihre Welt verändern.* (S. Pasztor, Übers). Paderborn: Junfermannsche Verlagsbuchhandlung.

Rosenberg, M. B. (2005). *Erziehung, die das Leben bereichert* (2. Auflage). (K. Weidenbach, Übers.) Paderborn: Junfermann.

Rosenberg, M. B. (2017). *Gewaltfreie Kommunikation und Macht. In Institutionen, Gesellschaft und Familie.* (Petra Quast, Übers), Paderborn: Junfermann.

Rosenberg, M. B. (2016). *Gewaltfreie Kommunikation. Eine Sprache des Lebens* (12., überarbeitete und erweiterte Auflage). Paderborn: Junfermann.

Rosenberg, M. B. (2009). *Gewaltfreie Kommunikation. Eine Sprache des Lebens. Gestalten Sie Ihr Leben, Ihre Beziehungen und Ihre*

Welt in Übereinstimmung mit Ihren Werten (8. Auflage), (I. Holler, Übers). Paderborn: Junfermann.

Rosenberg, M. B. (2009). *Konflikte lösen durch Gewaltfreie Kommunikation. Ein Gespräch mit Gabriele Seils* (10. Auflage). Freiburg im Breisgau: Herder GmbH.

Sappok, T. & Zepperitz, S. (2019). *Das Alter der Gefühle. Über die Bedeutung der emotionalen Entwicklung bei geistiger Behinderung.* (2. Auflage). Bern: Hogrefe.

Schütz, A., Hertel, J. & Heindl, A. (2004). *Positives Denken.* In A. E. Auhagen (Hrsg.), Positive Psychologie. Anleitung zum "besseren" Leben. Weinheim, Basel: Beltz.

Schaller, J. & Schemmel, H. (2013). *Ressourcen, Ressourcenaktivierung, Ressourcenorientierung.* In J. Schaller & H. Schemmel (Hrsg.), Ressourcen ... Ein Hand- und Lesebuch zur psachotherapeutischen Arbeit (2., vollständig überarbeitete und erweiterte Auflage). Thübingen: dgvt.

Schulz von Thun, F. (2018). *Miteinander reden 1* (55. Auflage). Reinbek bei Hamburg: Rowohlt.

Seifert, A. (2011). *Resilienzförderung an der Schule. Eine Studie zu Service-Learning mit Schülern aus Risikolagen.* Wiesbaden: VS Verlag für Sozialwissenschaften.

Siaud-Facchin, J. (2012). *L'Enfant surdoué. L'aider à grandir, l'aider à reussir.* Paris: éditions Odile Jacob.

Snel, E. (2013). *Stillsitzen wie ein Frosch. Kinderleichte Meditationen für Groß und Klein.* (A. Lademacher, Übers). München: Wilhelm Goldmann.

Stadelmann, I. (2003). *Bewährte Aromamischungen. Mit ätherischen Ölen leben, gebären, sterben* (3., korrigierte Auflage). Kempten: Stadelmann-Verlag.

Stahl, S. (2015). *Das Kind in dir muss Heimat finden* (20. Auflage). München: Kailash.

Standford, G. (2010). *Gruppenentwicklung im Klassenraum und anderswo: Praktische Anleitungen für Lehrer und Erzieher.* In G. Schreiner (Hrsg.), (8. Auflage). Aachen-Hahn: Hahner Verlag und Schulbuchversand.

Steele, M. (2009). *Klinische Arbeit mit Adoptiv- und Pflegekindern und ihren Eltern.* In K. H. Brisch & T. Hellbrügge (Hrsg.), Wege zu sicheren Bindungen in Familie und Gesellschaft. Stuttgart: Klett-Cotta.

Szanto-Feder, A. (2012). *Loczy: Un nouveau paradigme? L'Institut Pikler dans un miroir à facettes multiples* (2. Auflage). Paris: Presses Universitaires de France.

Tausch, R. & Tausch, A.-M. (1979). *Erziehungspsychologie. Begegnung von Person zu Person* (9. Auflage). Göttingen: Hogrefe.

Van der Kolk, B. (2016). *Verkörperter Schrecken. Traumaspuren in Gehirn, Geist und Körper und wie man sie heilen kann* (2. Auflage). (T. K. Höhr, Übers). Lichtenaus/Westf: G.P. Probst.

Welter-Enderlin, R. (2010). *Resilienz und Krisenkompetenz. Kommentierte Fallgeschichten* (Erste Auflage). Heidelberg: Carl-Auer-Systeme Verlag.

Welter-Enderlin, R. & Hildenbrand, B. (2012). *Resilienz – Gedeihen trotz widriger Umstände* (4. Auflage). Heidelberg: Carl Auer.

Wende-Ochsenbein, G. & Brugger, M. (2004). *Die Bedeutung des Humors für die pädagogische und heilpädagogische Arbeit.* In S. Amft, K. Bernath & K. Häfeli (Hrsg.). Heilpädagogik in einer veränderten Forschungslandschaft. Luzern: SZH/CSPS.

Werner, E. E. (2008). *Entwicklung zwischen Risiko und Resilienz.* In G. Opp & M. Fingerle (Hrsg.), Was Kinder stärkt. Erziehung zwischen Risiko und Resilienz (3. Auflage). München: Ernst Reinhardt.

Werner, E. E. (2012). *Wenn Menschen trotz widriger Umstände gedeihen – und was man daraus lernen kann.* In R. Welter-Enderlin & B. Hildenbrand (Hrsg.), Resilienz – Gedeihen trotz widriger Umstände (Vierte Auflage). Heidelberg: Carl-Auer-Systeme Verlag.

Werner, E. E. & Smith, R. S. (2001). *Journeys from Childhood to Midlife. Risk, Resilience and Recovery.* New York: Cornell University Press.

Werner, E. E. & Smith, R. S. (1976). *Vulnerable but invincible. A longitudinal Study of Resilient Children and Youth.* New York, St. Louis: McGraw-Hill Book Company.

Werner, E. (2008). *Resilienz: ein Überblick über internationale Längsschnittstudien.* In G. Opp & F. Michael (Hrsg.), Was Kinder stärkt. Erziehung zwischen Risiko und Resilienz (3. Auflage). München: Ernst Reinhardt.

Wild, R. (2001). *Erziehung zum Sein* (10. Auflage). Freiamt: Arbor Verlag Valentin.

Willutzki, U. (2013). *Ressourcen: Einige Bemerkungen zur Begriffserklärung.* In J. Schaller & H. Schemmel (Hrsg.), Ressourcen ... Ein Hand- und Lesebuch zur psychotherapeutischen Arbeit (2., vollständig überarbeitete und erweiterte Auflage). Tübingen: dgvt.

World Health Organisation. (2012). *ICF-CY. Internationale Klassifikation der Funktionsfähigkeit, Behinderung und Gesundheit bei Kindern und Jugendlichen* (korrigierter Nachdruck der 1. Auflage 2011), (J. Hollenweger, Übers). Bern: Hans Huber.

Wustmann Seiler, C. (2015). *Resilienz. Widerstandsfähigkeit von Kindern in Tageseinrichtungen fördern* (5. Auflage). Berlin: Cornelsen.

Zander, M. (2010). *Armes Kind – starkes Kind? Die Chance der Resilienz* (3. Auflage). Wiesbaden: VS Verlag für Sozialwissenschaften.

Zander, M., Alfert, N. & Kruth, B. (2011). *Lichtpunkte – für benachteiligte Kinder und Jugendliche.* In M. Zander (Hrsg.), Handbuch Resilienzförderung (1. Auflage). Wiesbaden: VS Verlag für Sozialwissenschaften.

Zimmer, R. (2007). *Toben macht schlau! Bewegung statt Verkopfung.* (3. Auflage). Freiburg im Breisgau: Herder.

Zutavern, M. (1995). *Des einen Freud – des andern Leid?!* In E. Beck, T. Guldimann & M. Zutavern (Hrsg.), Eigenständig lernen. St. Gallen: UVK.

Bilderverzeichnis

Bild/Abb.	Angabe der Quelle/Name der Abbildung
Bild 1 Abb. 1	Zusammenspiel von risikomildernden und –erhöhenden Bedingungen nach Petermann et al. (Fröhlich-Gildhoff & Rönnau-Böse, Resilienz 2014, S. 32)
Bild 2 Abb. 2	Rahmenmodell von Resilienz (Wustmann Seiler, 2015, S. 65)
Bild 3 Abb. 3	Resilienzfaktoren (Fröhlich-Gildhoff & Rönnau-Böse, Resilienz, 2014, S. 42)
Bild 4 Abb. 4	Systemtheoretische Betrachtung von Entwicklungsumwelten nach Bronfenbrenner (Rönnau-Böse & Fröhlich-Gildhoff, 2015, S. 44)
Bild 5 Abb. 5	Wechselwirkungen zwischen den Komponenten der ICF (Weltgesundheitsorganisation, 2012, S. 46)
Bild 6 Abb. 6	Übersicht zum Förderprogramm (S. Roth-Hauert)
Bild 7 Abb. 7	Beispiel eines Glücksinputs: Glücksmeter (Foto: S. Roth-Hauert)
Bild 8 Abb. 8	Bedürfnispyramide nach Maslow (adaptiert von S. Roth-Hauert)
Bild 9 Abb. 9	Vier-Ohren-Modell nach Schulz von Thun modifiziert (Schulz von Thun, 2018, S. 33)
Bild 10	Kopiervorlage Ressourcen (S. Roth-Hauert)
Bild 11 Abb. 10	Die vier Reaktionsmöglichkeiten (Rosenberg, 2009, S. 70)
Bild 12	Kuchenmodell (Kreise: S. Roth-Hauert)
Bild 13 Abb. 11	Beispiel eines Fotos zu den Bedürfnissen (Foto: S. Roth-Hauert)
Bild 14 Abb. 12	Schlüsselunterscheidungen (Larsson & Hoffmann, 2013, S. 22)

Bild/Abb.	Angabe der Quelle/Name der Abbildung
Bild 15 Abb. 13	Beobachtung und Bewertung (Rosenberg, 2009, S. 46)
Bild 16 Abb. 14	Bitten und Wünsche (Holler, 2012, S. 98)
Bild 17 Abb. 15	Bitte versus Forderung (Rosenberg, 2009, S. 101)
Bild 18	Kopiervorlage: Gründe für ein Nein (S. Roth-Hauert)
Bild 19 Abb. 16	Umgang mit Bewertungen (S. Roth-Hauert)
Bild 20	Gesundheit (S. Roth-Hauert)
Bild 21	Kind und Umfeld (S. Roth-Hauert)

Die Autorin

In den vergangenen 25 Jahren bewegte sich
Sandra Roth-Hauert in verschiedenen Tätigkeitsfel-
dern, welche einander ergänzten und bereicherten.
Nach ihrer Ausbildung zur Sekundarschullehrerin
für Mathematik, Naturwissenschaften und Sport
sammelte sie an Schulen und in anderen Bereichen
Erfahrung. Während der Zeit der Kindererziehung
bildete sie sich kontinuierlich weiter und nahm
schließlich eine Anstellung als Förderlehrperson
an. Berufsbegleitend absolvierte sie den Master-
studienlehrgang Schulische Heilpädagogik sowie
Ausbildungen im Bereich Klangtherapie und ganz-
heitliches Stimmcoaching/ganzheitliche Stimm-
therapie. Seit einigen Jahren bietet sie in eigener
Praxis Klangmassagen mit Planetenklangschalen
und Stimmgabeln an.

novum VERLAG FÜR NEUAUTOREN

Der Verlag

*Wer aufhört
besser zu werden,
hat aufgehört
gut zu sein!*

Basierend auf diesem Motto ist es dem novum Verlag
ein Anliegen neue Manuskripte aufzuspüren, zu ver-
öffentlichen und deren Autoren langfristig zu fördern.
Mittlerweile gilt der 1997 gegründete und mehrfach
prämierte Verlag als Spezialist für Neuautoren in
Deutschland, Österreich und der Schweiz.

**Für jedes neue Manuskript wird innerhalb
weniger Wochen eine kostenfreie, unverbind-
liche Lektorats-Prüfung erstellt.**

Weitere Informationen zum Verlag und
seinen Büchern finden Sie im Internet unter:

www.novumverlag.com